Klaus Türk

Soziologie der Organisation

Eine Einführung

56 Übersichten

W0171567

Ferdinand Enke Verlag Stuttgart 1978

Dr. Klaus Türk
Ordinariat für Personalwirtschaftslehre
der Universität Hamburg
D-2000 Hamburg 13

CIP-Kurztitelaufnahme der Deutschen Bibliothek

Türk, Klaus
Soziologie der Organisation : e. Einf. —
1. Aufl. — Stuttgart : Enke, 1978.
 ISBN 3-432-89711-1

Dieses Buch trägt — mit Einverständnis
des Georg Thieme Verlages, Stuttgart —
die Kennzeichnung

flexibles Taschenbuch

© 1978 Ferdinand Enke Verlag, POB 1304, 7000 Stuttgart 1
Printed in Germany

Druck: Druckhaus Dörr, Inhaber Adam Götz, Ludwigsburg

Vorbemerkung

Die vorliegende Einführung in die Soziologie der Organisation wendet sich vornehmlich an Studenten mit einer Grundausbildung in der Allgemeinen Soziologie, an Dozenten, die einen ersten Zugang zu diesem Gebiet suchen sowie an interessierte Laien und Praktiker.

Wir konnten nicht anstreben, andere Einführungen etwa ersetzen zu wollen, vielmehr soll der Leser ermuntert werden, von den Literaturhinweisen lebhaften Gebrauch zu machen, kann man doch auch in einer Einführung in die Organisationssoziologie im Rahmen gegebener Umfangsbeschränkungen angesichts der Komplexität dieses Bereiches nur sehr selektiv verfahren.

Der bibliographische Apparat ist so gestaltet worden, daß zu dem Teil A relativ viele Fußnoten zu finden sind, weil dort schwergewichtig eine Auseinandersetzung mit Autoren erfolgt. Sonst haben wir die Anmerkungen auf das unabdingbare Ausmaß reduziert, um den Leser zu entlasten. Statt dessen wird ein kommentiertes Literaturverzeichnis angeboten.

Eine alphabethische Auflistung der Literatur, die ja häufig auch wenig Informationsgehalt hat, entfällt damit.

Allen, die durch Einsatz ihrer Arbeitskraft an der Entstehung dieses Büchleins mitgewirkt haben, sei an dieser Stelle herzlich gedankt.

Hamburg, im Herbst 1977 *Klaus Türk*

Inhalt

A. Organisationssoziologie als soziologische Teildisziplin

I. Organisationen als sozialer Sachverhalt und soziologischer Tatbestand

1. Organisationen als soziale Phänomene

Die Allgegenwart von Organisationen ist nicht nur eine alltägliche Erfahrung unseres sozialen Lebens, sondern deren Feststellung ebenso schon ein soziologischer Allgemeinplatz. In unserem All- tagserleben und -handeln gehen wir sogar soweit, den Organisatio- nen eine Persönlichkeit zuzuschreiben, indem wir davon sprechen, daß „der Deutsche Gewerkschaftsbund diese und jene Meinung geäußert hat", daß „das Volkswagenwerk soundsoviele Arbeitskräf- te einstellt", daß „die CDU diese und jene Ziele habe" etc. Wir er- leben diese Organisationen offenbar als Gebilde, die unser Leben ganz erheblich beeinflußen bzw. durch die wir uns selbst artiku- lieren. Organisationen sind für das praktische Erleben und Handeln eine Faktizität, ein sozialer Sachverhalt.

Die Existenzberechtigung einer Organisationssoziologie nun, die diesen sozialen Sachverhalt als soziologischen Tatbestand erfassen will, steht und fällt mit der Möglichkeit, sich einen allgemeinen Begriff von diesen Organisationen machen zu können.

Was hat die SPD mit der Haftanstalt XY, was die Bürgerinitiative Umweltschutz mit der Aktiengesellschaft Z, was hat das Städtische Krankenhaus mit der Universität Soundso und der Katholischen Kirche gemeinsam? Worin gleichen sich die Staatsbürokratie des Einwohnermeldeamtes und die Innung der Dachdecker, der Deutsche Gewerkschaftsbund und der Heimatverbund der Vertrie- benen, die Bundeswehr, der Bund der Freiheit der Wissenschaft und die Mafia? Worin besteht der gemeinsame Unterschied dieser genannten Organisationen zu einer Familie, der Ehe, dem Recht, der Freundesgruppe innerhalb einer Schulklasse?

Ein solches allgemeines Konzept von Organisation existiert nun ganz offenbar zunächst einmal in dem Alltagsbewußtsein im Sinne einer phänomenologischen Gebildevorstellung. Wir nennen diese Ge- bilde ja alle „Organisation"; sie haben den Charakter phänomenolo- gischer Identitäten oder Entitäten. Sie werden aufgefaßt als sinn- haft integrierte Zusammenhänge von gewisser Selbständigkeit. Da- durch sind sie als sozialer Sachverhalt im alltäglichen Leben hand- lungsrelevant; sie sind darüber hinaus kulturelle Selbstverständlich- keiten, von denen in der sozialen Alltagskommunikation vorausgesetzt wird, daß jedermann weiß, was „Organisationen sind". Wichtig festzuhalten ist aber, daß Organisationen eben nur in den Köpfen der Menschen „existieren"; sie sind keine Stühle oder Tische, die man sehen, anfassen könnte; man kann sie nur erleben. Eine Universität ist ja ganz offenbar nicht die vorfindbare Aggregation von Räumen, Mobilar und menschlichen Organismen, sondern der identifizierbare spezifische Sinngehalt von aufeinanderbezogenen Handlungen mehrerer Menschen, das unsichtbare Netz, das Aktionen und Menschen zusammenhält und sie von anderen — „außen liegenden" — Handlungszusammenhängen und Ereignissen abgrenzt.

Die erste Aufgabe der Organisationssoziologie liegt nun darin, den Organisationsbegriff zu explizieren. Was sind das für Phänomene, die wir als Organisationen *bezeichnen*?

Bevor wir zu solchen Abgrenzungen kommen, soll noch auf andere in der Umgangssprache — wie auch zum Teil in der wissenschaftlichen Sprache — vorhandene Organisationsbegriffe hingewiesen werden. Wir haben bisher — zunächst noch ganz allgemein und vorläufig — unter Organisationen soziale Gebilde verstanden. Mit „Organisation" kann aber dreierlei gemeint sein:

- das *Organisieren* als Tätigkeit (Gründung, Veränderung)
- die *Organisiertheit* als Eigenschaft eines Gebildes
- das *Organisat* als Produkt des Organisierens (soziales Gebilde).

Die Organisationssoziologie hat alle drei Momente der Organisation zu berücksichtigen; vornehmlich wenden wir uns aber in dieser Einführung den Organisaten zu, für die wir den Begriff „Organisation" verwenden werden. Bei der Kennzeichnung dieser Gebilde wird die Organisiertheit allerdings explizit behandelt (das Organisationale an den Organisationen), im weiteren Verlauf der Darstellung wird das Moment des Organisierens ebenfalls Beachtung finden.

2. Abgrenzungen des Begriffs der Organisation

Wir wollen uns an Begriff und Phänomen der Organisation heranarbeiten, indem wir zunächst einige Abgrenzungen zu anderen sozialen Sachverhalten bzw. soziologischen Tatbeständen vornehmen.

a) Organisation und Institution

Die Begriffe der Organisation und Institution werden sowohl in der Umgangssprache als auch in der wissenschaftlichen Literatur häufig in enger Verbindung miteinander, wenn nicht gar alternativ für die gleichen Sachverhalte verwendet. So gebraucht z.B.*Malinowski* in seinem Aufsatz „Freiheit durch Organisation" die Begriffe „Institution" und „Organisation" zum Teil synonym, zum Teil spricht er von „institutionellen Organisationen"[1], worunter er z.B. Familien, Dörfer, Staaten, Arbeitsgruppen, freiwillige Vereinigungen, Zünfte, Standesgruppen versteht. Diese begriffliche Unklarheit findet sich auch in seiner „Wissenschaftlichen Theorie der Kultur" in dem Kapitel „Theorie des organisierten Verhaltens"[2]. Institutionen sind bei *Malinowski* organisierte Kollektive von Menschen zum Zwecke der Hervorbringung von Bedürfnisbefriedigungsmitteln. Diese werden von einer „Charta" als „Leitsystem" sowie durch Normen unter Einsatz von Personal und einem materiellen Apparat gesteuert.

Ähnlich ist auch in neuester Zeit die Unterscheidung von Institution und Organisation bei *Lapassade*[3] nicht immer klar, wenn auch dort einige Differenzierungen deutlich werden, wenn er schreibt: „Als soziale Organisation werde ich also ein Kollektiv bezeichnen, das im Hinblick auf bestimmte Ziele wie etwa Produktion, Verteilung von Gütern oder Ausbildung von Menschen eingerichtet wird"[4] und wenn er unter Institutionen neben „offiziellen gesellschaftlichen Gruppen" wie „Betrieben", „Schulen", „Gewerkschaften" auch „Regelsysteme, die das Leben dieser Gruppen bestimmen"[5] versteht, wobei „institutionelle Techniken" in Schulen z.B. „Gruppenarbeit" oder „Klassenrat"[6] sind.

Institutionen als soziale Regelsysteme allgemeiner Art zu begreifen und demgegenüber Organisationen als Kollektive, findet sich ähnlich auch schon bei *Parsons*[7], der unter Organisationen „Systeme kooperativer Beziehungen"[8] versteht, bei denen instrumentelle — gegenüber emotionalen — Interessen dominieren[9].

Bei *Durkheim* gar wird mit „Institution" jeglicher sozialer Sachverhalt bzw. soziologischer Tatbestand bezeichnet. Soziologie wird von ihm als „Wissenschaft von den Institutionen" definiert[10].

Institutionen im Sinne allgemeiner sozialer Regelsysteme mit beziehungsstiftender, regulatorischer oder sinnstiftender Funktion (diese funktionsbezogene Unterscheidung trifft *Parsons*) sind auch Gegenstand der Anthropologie, wobei hier z.B. nur auf die *Gehlen*'sche Institutionenlehre hinzuweisen wäre[11]. Institutionen sind in dieser Sichtweise soziale Einrichtungen, die der Entlastung des Menschen dienen, derer er wegen seiner Instinktarmut bedarf und die Gesellschaft überhaupt erst ermöglichen.

Institutionen in diesem Sinne sind z.B. das Recht, das Eigentum, die Ehe, der Staat, aber auch Schule, Betrieb und Heer, wenn man sie unter dem generellen Aspekt der Art und Weise der sozialen Regulation von Bedürfnisbefriedigung und Interaktion betrachtet. Schule als *Institution* ist die Art und Weise wie in einer Gesellschaft die Bildung von Kindern geregelt ist; es sind — das ist wohl deutlich — auch andere Möglichkeiten denkbar, wie diese Bildungsfunktion grundsätzlich erfüllt werden könnte. Schule als *Organisation* zu betrachten hieße dagegen, die bestimmte historische, gesellschaftliche Konkretisierung oder Realisationsweise der Institution zu thematisieren, das konkrete soziale Gebilde einer Schule im Auge zu haben.

Analog heißt Staat als *Institution*, die Art und Weise, wie in einer Gesellschaft grundsätzlich politische Entscheidungsfindung und Verwaltung geregelt ist (etwa im Unterschied zu nicht-staatlichen Regelungen in nomadisierenden Völkerstämmen); wenn wir dagegen den Staat *organisations*soziologisch betrachten, untersuchen wir etwa die konkrete Erscheinungsform der Verwaltungsbürokratie.

Zu einer anderen Unterscheidung kommt *Burisch*, der unter „Institution" verfestigte, verselbständigte soziale Handlungsmuster versteht[12] und unter „Organisation" kooperative Aktivitäten, die der Entinstitutionalisierung dienen[13]. Diese Begriffswendung erscheint allerdings etwas willkürlich, obwohl die Intention *Burischs*, soziale Verfestigungstendenzen nicht auch theoretisch-begrifflich zu perpetuieren, zu unterstützen wäre; man braucht dazu allerdings nicht „Organisation" wirklichkeitsfern, rein nominalistisch zu definieren, sondern kann über entsprechende Analysen auch ohne dies mögliche Verfestigungen, „Verdinglichungen" in und durch Organisationen aufdecken und bewußt machen.

Wir wollen deshalb hier bei der oben durchgeführten Differenzierung festhalten.

b) Organisation und soziale Gruppe

Eine Unterscheidung von „Organisation" und „sozialer Gruppe" läßt sich — trotz gegenteiliger Meinung *Burischs*[14] — relativ leicht finden.

Soziale Gruppen (wie z.B. Freundes-, Freizeit- und Bekanntschaftsgruppen) entstehen durch spontane Interaktion von Personen und sind in ihrer Etablierung abhängig von Persönlichkeitsstrukturen und den sich auf ihrer Grundlage ergebenden sozio-emotionalen Sympathiebeziehungen. Soziale Gruppen sind primäre Interaktionssysteme, die sich durch face-to-face-Kontakt, Kohäsion („Wir-Gefühl") und relative Abgeschlossenheit nach außen auszeichnen.

Von einer Organisation sprechen wir aber dann, wenn eine Personenmehrheit sich aus primär instrumentellen Zwecken zusammentut, ein Handlungsprogramm entwickelt, das sich im Laufe der Zeit stabilisiert und insofern das Verhalten standardisiert. Im Gegensatz zu sozialen Gruppen wird das Verhalten in Organisationen weniger durch spontane Interaktion — unter Umständen in jeder Situation neu — geregelt, sondern vielmehr über Aufgabenzuweisung und zumindest eine gewisse Formalisierung relativ dauerhaft gesteuert. Die Organisationsmitgliedschaft wie auch die Organisationsexistenz ist — prinzipiell — nicht von den jeweils konkreten Gesamtpersönlichkeiten abhängig, sondern von den partialen, häufig sehr speziellen Fähigkeiten, eine bestimmte — in der Regel vorbestimmte — Position einnehmen zu können oder von der speziellen (etwa politischen) Interessen- und Einstellungslage[15]. Ein- und Austritte bei einer sozialen Gruppe sind deshalb nicht per Entscheidung möglich, bei Organisationen ist dies gerade ein kennzeichnendes Merkmal[16].

Während in sozialen Gruppen die Regelgenerierung durch interaktionale Abstimmungsprozesse sich in der Regel implizit, unbewußt, ungeplant vollzieht, entstehen Verhaltensregeln in Organisationen zu einem großen Teil durch explizite, häufig formalisierte Verfahren.

Wegen der genannten Eigenschaften sind der Größe einer sozialen Gruppe nach oben hin auch enge Grenzen gesetzt (vielleicht fünf bis sieben Menschen), während eine Organisation viele Tausend Mitglieder haben kann. Dies liegt eben an den prinzipiell anderen Steuerungsweisen.

Organisationen können natürlich von sozialen Gruppen geschaffen werden. So mag z.B. eine Freundesgruppe aus drei Personen bestehen, die bisher mit allerlei verschiedenster Beschäftigung in der Freizeit befaßt war. In der Nähe ihres Wohngebietes soll nun eine Fabrik errichtet werden, die das Interesse dieser erregt. Sie unterhalten sich zunächst beiläufig, dann konzentrierter darüber und stellen fest, daß sie — sagen wir einmal aus Gründen der Erhaltung des ruhigen Wohngebietes — eigentlich alle drei gegen dieses Projekt sind. Sie überlegen, was man dagegen tun könnte und entscheiden sich, eine Zettelaktion in ihrem Wohngebiet zu starten, um den Mitbürgern ihre Bedenken mitzuteilen und sie ebenfalls gegen die Errichtung dieser Fabrik zu mobilisieren. Diese Handzettel sind mit den drei Namen der Freunde unterzeichnet. Nach einiger Zeit stellt sich heraus, daß viele Mitbewohner des Wohnviertels ihrer Meinung sind. Man kommt zu Versammlungen zusammen, um politische Aktionen zu diskutieren und zu beraten. Es wird ein Ausschuß ins Leben gerufen mit den drei Initiatoren und weiteren Personen als Mitglieder, der ständig Kontakt zu politischen

Instanzen und zur Presse aufnehmen und weitere Aktionen vorbereiten soll. Nach einiger Zeit findet innerhalb des Ausschusses eine Aufgabenteilung statt: eine Person wird Kontaktmann zur Presse, eine andere zu dem Stadtrat, eine andere Person wird aufgefordert, Beziehungen zu anderen Gruppierungen aufzunehmen, die schon Erfahrungen in solchen Aktionen haben. Der Kontaktmann zur Presse muß nun aus beruflichen Gründen wegziehen; eine andere Person wird für diese Aufgabe bestimmt: aus der personengebundenen Tätigkeit ist eine *Position* oder besser: *Stelle* geworden. In den Handzetteln und Aufrufen erscheinen nun auch nicht mehr die Namen der Initiatoren, sondern es heißt: ,,Bürgerinitiative Wohnschutz''. Man entschließt sich, einen Verein zu gründen, um nach außen besser geschlossen auftreten zu können; es heißt nun: ,,Bürgerinitiative Wohnschutz e.V.'', womit verbunden ist, einen Vorsitzenden zu bestimmen, Zwecke und Verfahrensweisen in Form von einer Satzung zu formulieren; es wird eine Teilzeit-Schreibkraftstelle eingerichtet usw. Die Mitgliedschaft und Arbeit in dieser Bürgerinitiative ist nicht mehr an persönliche, sozio-emotionelle Beziehungen gebunden, sondern an Anerkenntnis der satzungsgemäßen Zwecke und Regeln. Es ist eine Organisation entstanden — auch im Bewußtsein aller Menschen, die jetzt nur noch von der ,,Bürgerinitiative Wohnschutz e.V.'' reden und nicht mehr von den Herren Soundso, die einmal die Initiatoren gewesen sind. Diese Organisation kann prinzipiell sämtliche Mitglieder austauschen, ohne ihre Identität verlieren zu müssen. Dies wäre in einer sozialen Gruppe nicht möglich.

c) Organisation und Tradition

Organisation und Tradition sind in ihrer Funktion äquivalente Legitimationsgründe für Ordnungen[17]; in ihrem Prinzip aber different. Während die Legitimation der Standardisierung des Verhaltens und der Wahrnehmungen im Wege der Tradition sich auf die Kultur- und Interaktionsgeschichte gründet und somit ihre Berechtigung aus gewachsenen Ordnungen sowie tatsächlicher oder vermeintlicher Bewährung bezieht, sind Organisationen ein soziales Mittel, Ordnung legal zu ,,satzen'', neu im Wege der Positivierung zu schaffen und somit auch u.U. Traditionsbrüche hervorzurufen. Organisationen sind in diesem Sinne im Unterschied zu Tradition also auf Entscheidung gerichtete Systeme — was natürlich nicht heißt, daß Organisationen aus ihrem jeweiligen historischen Zusammenhang herauszulösen wären.

d) Organisation und Führung

Auch Organisation und Führung sind „partiell" gegeneinander substituierbare soziale Prinzipien. Führung ist ein Interaktionsmuster, durch das dem Inhaber der Führerrolle eine koordinative, initiierende, repräsentative und aufgabendelegierende Tätigkeit zukommt. Diese Leistungen werden von dem Führer jeweils spontan, situationsbezogen, vollbracht. In Organisationen oder durch Organisation wird ein Teil dieser notwendigen Leistungen durch vorformulierte Handlungsprogramme, also durch Handlungsstandardisierung vollzogen. In gewissen Grenzen sind Führung und Organisation gegeneinander austauschbar. Jenseits dieser Grenzen bei Anwachsen von Ereignis- und Verhaltenskomplexität sind diese Leistungen durch Führung allein nicht mehr zu gewährleisten, es muß „organisiert" werden.

So ist es in unserem vorherigen Beispiel der Bürgerinitiative denkbar, daß in einer Zwischenstufe vielleicht durch einen Führer mit besonderem Charisma solche koordinativen, vereinheitlichenden, jeweils spontan nach Situation delegierenden Aufgaben bewältigt werden, man eine Organisation also (noch) nicht gründen muß; wenn aber Mitgliederzahl, Probleme und Heterogenität der Meinungen und Aufgaben anwachsen, wird eine organisationale Verhaltensstandardisierung unvermeidlich. So kommen etwa manche nomadisierende Stämme mit dem Prinzip der Führung aus, bei Seßhaftwerdung und dem damit möglichen Anwachsen von Differenzierungen werden dann Organisationen erforderlich.

e) Organisation und Markt

Organisation und Markt werden bei *Zetterberg*[18] und im Anschluß daran von *Albert*[19] als zwei soziale Muster verstanden, die sich dahingehend unterscheiden, daß sich eine Organisation durch eine zentrale Führung auszeichne, ein Markt dagegen nicht. Wir haben nun oben festgestellt, daß eine zentrale Führung noch kein hinreichendes Kriterium für eine Organisation ist, sondern daß Führung und Organisation sogar z.T. als Alternativen betrachtet werden können. Trotzdem lohnt ein kurzer Blick auf eine Abgrenzung dieser beiden Phänomene und Begriffe.

Markt und Organisation sind offenbar zwei soziale Steuerungsprinzipien, die in dem soziologischen, aber auch in dem ökonomischen Denken (man denke an die in der Ökonomie übliche Dichotomie von „Marktwirtschaft" und „Zentralverwaltungswirtschaft", an die Differenzierung in „Markt" und „Plan") eine große Rolle spielen. Auch hat das ökonomische Markt-Paradigma in weite Bereiche der Sozialwissenschaft Eingang gefunden, was sich in den sog. austauschtheoretischen Modellen niederschlägt, die z.B. das Austauschprinzip dem Machtprinzip gegenüberstellen[20]. Markt und Organisation sind insofern unterschiedliche soziale Regulationsmechanismen als im Falle des Markt- oder Austauschprinzips soziale Beziehungen sich durch „frei" transferierbare gegenseitige Gratifikationen und Deprivationen herausbilden und sich somit auch je nach „Angebots"- und „Nachfragestruktur" permanent — prinzipiell der Idee nach — Umstrukturierungen ergeben können; damit sind spontane Anpassungen an Situationen möglich, es können sich stets neue „Gleichgewichte" einstellen.

Organisation demgegenüber ist ein Prinzip, mit dem tatsächliches oder vermeintliches „Gleichgewicht", Handlungsstrukturen und Sozialbeziehungen vorfabriziert und generalisiert, „geplant", werden. Spontane Anpassungen sind somit nicht mehr möglich, Organisationsstrukturen „hinken" u.U. der Realität nach, es kann ein „organisationaler lag" entstehen.

3. Zusammenfassung und Relativierung

Wir können die vorgenommenen Abgrenzungen in einigen „Zwardoch-Sätzen" zusammenfassen und relativieren:

● Zwar sind Organisationen im Verhältnis zu Institutionen die konkretisierenden und realisierenden sozialen Gebilde, doch wirken die gesellschaftlichen Institutionen auch in die Organisationsstrukturen und -prozesse tief hinein.

● Zwar weisen Organisationen im Unterschied zu sozialen Gruppen stärker formalisierte und standardisierte Handlungsstrukturen auf und sind weniger sozio-emotional als instrumentell ausgerichtet, doch entstehen im organisationalen Kontext selbst in aller Regel auch soziale Gruppen.

● Zwar ist Organisation ein alternatives Legitimationsprinzip zur Tradition, doch gehen in die Sozialstrukturen einer Organisation stets tradierte Sinngehalte und Verhaltensmuster mit ein, ein totaler Traditionsabbruch ist nicht möglich.

● Zwar ist Organisation gegenüber Führung ein differentes soziales Kontroll- und Zuweisungsmuster, doch kommt auch eine Organisation in aller Regel nicht ohne Führung aus.

● Zwar ist Organisation ein vom Markt verschiedenes Steuerungsprinzip, das eher auf Vorplanung, denn auf permanentem Austausch beruht, doch lassen sich in Organisationen in aller Regel zusätzlich marktähnliche Autauschsituationen ausmachen.

Im Zuge der gesamten weiteren Einführung werden diese Punkte eine nähere Erläuterung erfahren.

II. Konzeptionen und Methoden der Organisationssoziologie

1. Klassifikationen in der Literatur

In einführenden Arbeiten zur Organisationssoziologie spiegelt sich die Unsicherheit über den Gegenstand dieser Disziplin häufig wider. In vielen Fällen wird nämlich nicht zwischen einer z.T. multidisziplinären, z.T. ökonomisch ausgerichteten Organisations*theorie* und der Organisations*soziologie* unterschieden. Zudem wird in vielen Werken vornehmlich auf Betriebswirtschaften Bezug genommen, nicht aber auf Organisationen im allgemeinen. Dies zeigt sich deutlich daran, daß immer wieder auf die Klassifikation bzw. Epochisierung der „organisationstheoretischen Ansätze", wie sie *Scott*[21] vorgenommen hatte, zurückgegriffen wird. Dies gilt auch für neuere Einführungen wie die von *Mayntz/Ziegler*[22] und *Pfeiffer*[23]; aber z.T. auch für *Etzioni*[24].

a) Scott

Scott unterscheidet folgende drei Phasen:
● *die „klassische Lehre".* Diese umfaßt Organisationsstudien, die wir heute als „arbeitswissenschaftlich-betriebswirtschaftlich" bezeichnen würden, wie sie z.B. von *F.W. Taylor*[25] veröffentlicht wurden. Die Arbeiten von *Taylor* haben seinerzeit große Verbreitung gefunden und die Grundideen sowie die impliziten Persönlichkeits- und Sozialtheorien haben das Denken bis heute nicht unerheblich bestimmt. Obwohl es sich hier nicht um eine soziologische Theorie der Organisation handelt, sondern um ein praktisches Anleitungsbuch, sollen wegen der großen Bedeutung *Taylors* die Grundelemente seines Konzepts kurz herausgestellt werden.

Seine Grundüberlegung läßt sich in einer von ihm selbst getroffenen Aussage wie folgt kennzeichnen: „Bisher stand die ‚Persönlichkeit' an erster Stelle, in Zukunft wird die Organisation und das System an erste Stelle treten"[26].

Um dies zu erreichen, schlägt er insbesondere vor:

● die strikte und weit differenzierte Arbeitsteilung, besonders die Trennung von Kopf- und Handarbeit[27]

● die weitestgehende Standardisierung der Arbeitsvollzüge nach vorheriger „arbeitswissenschaftlicher" Analyse

● die genaue Vorgabe der von einem Arbeiter zu erledigenden Arbeit („Pensum")[28]

● die Zahlung von Akkordlöhnen, die der Betriebsleitung wie den Arbeitern zugute komme, weil beide allein nach dem höchsten finanziellen Erfolg strebten.

Dies geschieht alles unter der Einstellung, daß Arbeiter „geistig sehr tief stehen"[29].

Die nachstehende Passage mag Geist und Intention der Arbeiten *Taylors* verdeutlichen.

Taylor bezieht sich hier auf seinen „Beispielarbeiter Schmidt", mit dem man wie folgt umzugehen habe:

Unsere Aufgabe bestand nunmehr darin, Schmidt dazu zu bringen, 47 t Roheisen pro Tag zu verladen, seine Lebensfreude jedoch nicht zu stören, ihn im Gegenteil froh und glücklich darüber zu machen. Dies geschah in folgender Weise. Schmidt wurde unter den anderen Eisenverladern herausgerufen und etwa folgende Unterhaltung mit ihm geführt: „Schmidt, sind Sie eine erste Kraft?" „Well, – ich verstehe Sie nicht." „O ja, Sie verstehen mich ganz gut. Ich möchte wissen, ob Sie eine erste Kraft sind oder nicht?" „Ich kann Sie nicht verstehen." „Heraus mit der Sprache! Ich möchte wissen ob Sie eine erste Kraft sind oder einer, der den übrigen billigen Arbeitern gleicht. Ich möchte wissen, ob Sie 1,85 Doll. pro Tag verdienen wollen oder ob Sie mit 1,15 Doll. zufrieden sind, d.h. mit dem, was diese billigen Leute da bekommen." „1,85 Doll. pro Tag verdienen wollen, heißt man dann eine erste Kraft? Well, dann bin ich so einer." „Sie machen mich ärgerlich. Freilich wollen Sie 1,85 Doll. pro Tag, das will jeder. Sie wissen recht gut, daß das sehr wenig damit zu tun hat, ob Sie eine erste Kraft sind. Antworten Sie endlich auf meine Fragen und stehlen Sie mir nicht meine Zeit! Kommen Sie hierher, sehen Sie diesen Haufen Roheisen?" „Ja." „Sehen Sie diesen Waggon?" „Ja." „Wenn Sie eine erste Kraft sind, dann laden Sie dieses Roheisen morgen für 1,85 Doll. in den Waggon! Nun wachen Sie auf und antworten Sie auf meine Fragen! Sagen Sie mir, sind Sie eine erste Kraft oder nicht?" „Well, bekomme ich 1,85 Doll., wenn ich diesen Haufen Roheisen morgen auf den Wagen da lade?" „Ja, natürlich, und tagtäglich, jahraus, jahrein bekommen Sie 1,85 Doll. für jeden solchen Haufen, den Sie verladen; das ist, was eine erste Kraft tut." „Well, dot's all right. Ich kann also dieses Roheisen morgen für 1,85 Doll. auf den Wagen laden und bekomme das jeden Tag, ja?" „Gewiß, gewiß." „Well, dann bin ich eine erste Kraft." „Nur langsam, guter Freund! Sie wissen so gut wie ich, daß eine erste Kraft vom Morgen bis zum Abend genau das tun muß, was ihr aufgetragen ist. Sie haben diesen Mann schon vorher gesehen, nicht?" „Nein, nie." „Wenn Sie nun eine erste Kraft sind, dann werden Sie morgen genau tun, was dieser Mann Ihnen sagt, und zwar von morgens bis abends. Wenn er sagt, Sie sollen einen Roheisenbarren aufheben und damit weitergehen, dann heben Sie ihn auf und gehen damit weiter! Wenn er sagt, Sie sollen sich niedersetzen und ausruhen, dann setzen Sie sich hin! Das tun Sie ordentlich den ganzen Tag über. Und was noch dazu kommt, keine Widerrede! ‚Eine erste Kraft' ist ein Arbeiter, der genau tut, was ihm gesagt wird, und nicht widerspricht. Verstehen Sie mich? Wenn dieser Mann zu Ihnen sagt: Gehen Sie!, dann gehen Sie, und wenn er sagt: Setzen Sie sich nieder!, dann setzen Sie sich und widersprechen ihm nicht." Das scheint wohl eine etwas rauhe Art, mit jemandem zu sprechen, und das würde es auch tatsächlich sein einem gebildeten Mechaniker oder auch nur einem intelligenten Arbeiter gegenüber. Jedoch bei einem Mann von der geistigen Unbeholfenheit unseres Freundes ist es vollständig angebracht und durchaus nicht unfreundlich, besonders da es seinem Zweck erreichte, sein Augenmerk auf die hohen Löhne zu lenken, die ihm in die Augen stachen, und ihn ablenkte von dem, was er wahrscheinlich als unmöglich harte Arbeit bezeichnet hätte, wenn er darauf aufmerksam gemacht worden wäre.

● *Die „neoklassische Theorie der Organisation"*. Ebenso wie die „klassische Lehre" befaßt sich auf die sog. „neoklassische Theorie", wie sie *Scott* kennzeichnet, mit Betriebswirtschaften. Diese „Theorie" hinterfragt zwar nicht die formale Organisationsstruktur, wie sie von den „Klassikern" gelehrt wurde, befaßt sich aber im Unterschied zu diesen mit einigen sozialpsychologischen Prozessen in Betrieben. Bekanntgeworden ist diese Richtung unter dem Schlagwort „Human Relations" oder „Human-Relations-Schule", die sog. „informelle", d.h. nicht geplante Verhaltensweisen des Betriebspersonals untersuchte und dabei besonderes Augenmerk auf Gruppenprozesse richtete. Die wohl meist zitierten Untersuchungen in diesem Zusammenhang sind die von *E. Mayo* und Mitarbeitern in den *Hawthorne*-Werken der Western Electric Company[30]. Durch diese empirischen Arbeiten, die ursprünglich mit rein arbeitswissenschaftlicher Intention begonnen wurden, gelang zum ersten Male sehr deutlich ins wissenschaftliche Bewußtsein, daß das restriktive „homo-oeconomicus-Modell", das *Taylor* unterstellte, zu einfach ist. Vielmehr sind sozialpsychologische Einflußprozesse für das konkrete Verhalten von Betriebsmitgliedern von großer Bedeutung.

Weiterhin zählt *Scott* in diese Rubrik erste Untersuchungen zur Arbeitszufriedenheit („morale").

● *Die „moderne Organisationstheorie"*. Dies ist nach *Scott* die dritte und letzte Epoche der Organisationstheorie, die vornehmlich durch eine „systemtheoretische" Analyse gekennzeichnet sei und sich folgende Fragen stelle:

(1) Welches sind die strategischen Teile eines Systems?
(2) Welcher Art ist ihre gegenseitige Abhängigkeit?
(3) Welches sind die hauptsächlichen Prozesse in dem System, die die Teile zusammenhalten und ihre gegenseitige Anpassung aneinander ermöglichen?

(4) Was sind die Ziele, die von Systemen verfolgt werden?

Scott betont, daß es sich in dieser Epoche nicht um eine einheitliche Theorie handele, aber die Gemeinsamkeit in der Betrachtung von Organisationen als Gesamtheit liege[31].

b) Hoffmann

Eine etwas differenziertere Klassifikation der „Entwicklung der Organisationsforschung" gibt *Hoffmann*[32]. Wie *Scott* unterscheidet *Hoffmann* zunächst „klassische" und „neoklassische Organisationstheorie", gliedert dann aber in „entscheidungsbezogene Organisationstheorie" einerseits und „systembezogene" andererseits. Unter die „entscheidungsbezogenen" Ansätze fallen einmal mathematische Theorien der Stellenbildung, Kommunikation und Koordination in Organisationen, und zum anderen „verhaltenswissenschaftliche Entscheidungstheorien", zu denen Untersuchungen über Individual- und Kollektiventscheidungsverhalten gehören. Eine Gegenüberstellung von „mathematischen" und „verhaltenswissenschaftlichen" Ansätzen ist allerdings weder zwingend noch einsehbar. Zu den „systembezogenen Organisationstheorien" zählt *Hoffmann* vornehmlich „kybernetische" und technologisch orientierte Modelle.

Obwohl *Hoffmann* allgemein von „Organisationsforschung" und „Organisationstheorie" spricht, liegt doch das Schwergewicht auf einer betriebswirtschaftlichen Orientierung, wenn auch disziplinäre Abgrenzungen auf diesem Gebiet nicht immer leicht fallen oder sinnvoll sein müssen.

c) Lapassade

Eine Epochisierung findet sich auch bei *Lapassade*[33], der drei Phasen der Entwicklung der „Psychosoziologie" unterscheidet, die sich z.T. mit organisationspsychologischen Fragen befaßt hat:

● *„Phase A: Frühsozialismus und Soziokratie"*. Hierunter faßt *Lapassade* die sich nach der französischen Revolution entwickelnden sozialistischen und bürgerlichen Theorien, die mit den Namen *Fourier, Saint-Simon, Comte* und *Marx* verknüpft sind, zusammen. Dies ist die Zeit der gesellschaftstheoretischen Entwürfe, denen das Element des bewußten Organisierens gemein ist. Allerdings handelt es sich hier vornehmlich um makrosoziologische Konzepte.

● *„Phase B: Klassische Organisationstheorie und Human Relations"*: Diese „Epoche" kennen wir bereits von *Scott* her.

● *„Phase C: Neue Bürokratie, Nicht-Direktivität und Selbstbestimmung"*. So kennzeichnet *Lapassade* die heutige Zeit, in der Widersprüche innerhalb von Organisationen (der Bürokratie) entstehen bzw. aufgedeckt werden, in der politische Bestrebung zur Selbstbestimmung neu aufkommen und in der eine Pädagogisierung und praktische Nutzbarmachung der Gruppendynamik auszumachen ist. *Lapassade* geht hier aber auf organisations*soziologische* Konzepte so gut wie nicht ein.

d) Stogdill

Zu der Gruppe, die allgemein Organisations*theorien* klassifizieren wollen, gehört auch *Stogdill*[34]. *Stogdill* geht von dem zweifellos zutreffenden Sachverhalt aus, daß eine einheitliche Organisationstheorie nicht existiert und auch in der Vergangenheit nicht existiert hat. Vielmehr gibt es eine Vielzahl heterogener Ansätze, die jeweils Teilbereiche des Organisationsphänomens thematisieren bzw. mit unterschiedlichen theoretischen Paradigmen dieses Phänomen angehen.

So stellt er z.B. folgende Konzeptionalisierungen — die sich gegenseitig gar nicht ausschließen müssen — zusammen[35]:

● Organisation als kulturelles Produkt

● Organisation als Austauschagent mit der Umwelt

● Organisation als eine unabhängige Einrichtung

● Organisation als ein System von Strukturen und Funktionen

● Organisation als eine Struktur, die längere Zeit überdauert

● Organisation als ein System dynamischer Funktionen

● Organisation als ein verarbeitendes System

● Organisation als ein Input-Output-System

● Organisation als eine Struktur von Teilgruppen.

Diese Liste ließe sich mühelos noch weiterführen (z.B. Organisation als Instrument, als Eigenschaft von sozialen Gebilden, als Tätigkeit usw.).

Um der Vielfalt der Aspekte und Partialtheorien gerecht werden zu können, entwirft *Stogdill* ein Schema von fünf „Segmenten", d.h. Bereichen, die die Organisationstheorie zum Gegenstand gemacht hat und die miteinander zusammenhängen. Übersicht 1 zeigt dieses Schema.

Für jedes dieser fünf Segmente entwickelt er nun ein dreidimensionales Schema, in dem die Kernvariablen, die Objekte der jeweiligen Theorierichtungen sind, abgebildet werden.

Diese Vorgehensweise wird der Vielfalt organisationstheoreti-

14

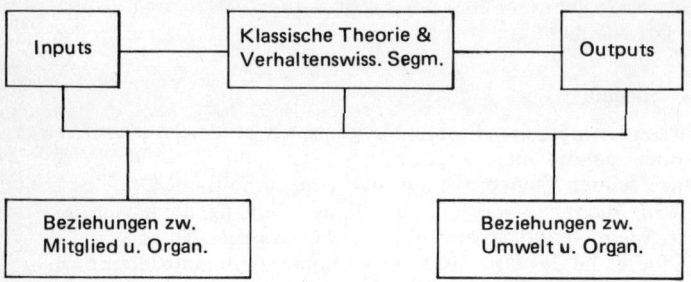

schen Denkens besser gerecht als eine reine historisierende Betrachtung; allerdings ist auch der *Stogdill*'schen Systematisierung eine gewisse Willkür nicht abzusprechen.

Übersicht 2   Das klassische Segment (Deutsche Übersetzung aus *Stogdill, R.M.:* ebenda, S. 7)

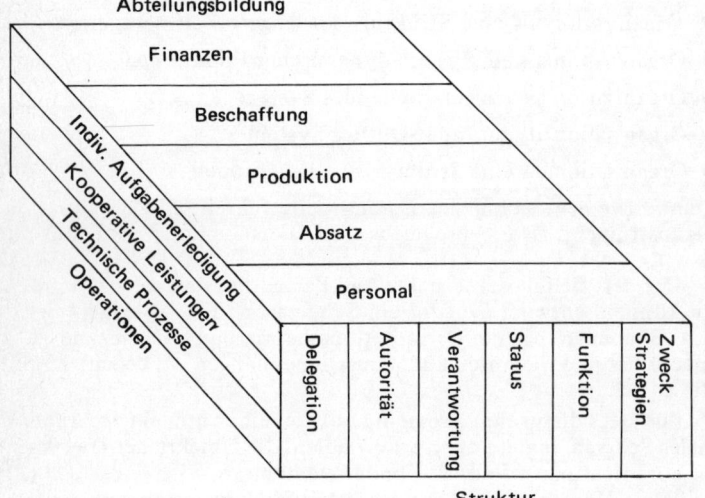

15

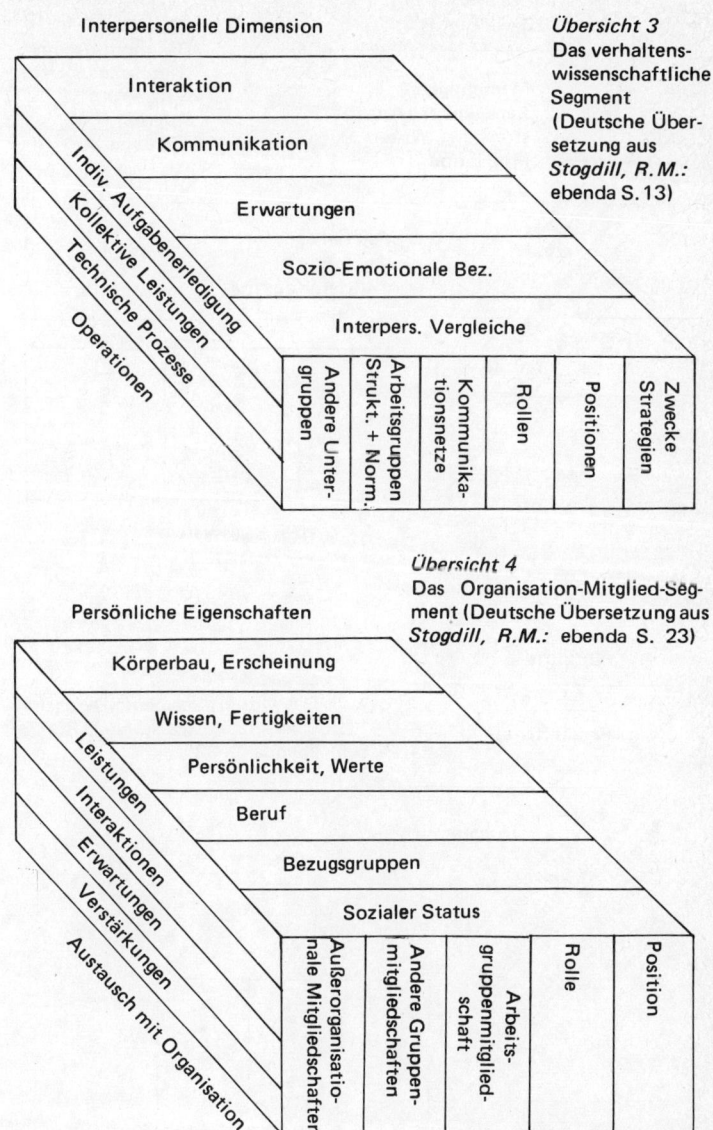

Interpersonelle Dimension

Interaktion

Kommunikation

Erwartungen

Sozio-Emotionale Bez.

Interpers. Vergleiche

Indiv. Aufgabenerledigung
Kollektive Leistungen
Technische Prozesse
Operationen

Andere Unter-gruppen
Arbeitsgruppen Strukt. + Norm.
Kommunika-tionsnetze
Rollen
Positionen
Zwecke Strategien

Übersicht 3
Das verhaltens-wissenschaftliche Segment (Deutsche Über-setzung aus *Stogdill, R.M.:* ebenda S.13)

Übersicht 4
Das Organisation-Mitglied-Segment (Deutsche Übersetzung aus *Stogdill, R.M.:* ebenda S. 23)

Persönliche Eigenschaften

Körperbau, Erscheinung

Wissen, Fertigkeiten

Persönlichkeit, Werte

Beruf

Bezugsgruppen

Sozialer Status

Leistungen
Interaktionen
Erwartungen
Verstärkungen
Austausch mit Organisation

Außerorganisatio-nale Mitgliedschaften
Andere Gruppen-mitgliedschaften
Arbeits-gruppenmitglied-schaft
Rolle
Position

Identifikation mit Organisation

16

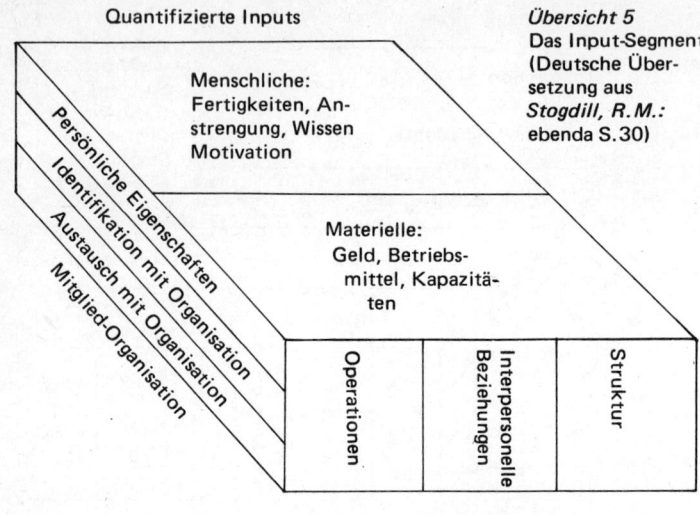

Quantifizierte Inputs

Menschliche:
Fertigkeiten, An-
strengung, Wissen
Motivation

Persönliche Eigenschaften
Identifikation mit Organisation
Austausch mit Organisation
Mitglied-Organisation

Materielle:
Geld, Betriebs-
mittel, Kapazitä-
ten

Operationen

Interpersonelle
Beziehungen

Struktur

Übersicht 5
Das Input-Segment
(Deutsche Über-
setzung aus
Stogdill, R.M.:
ebenda S.30)

Das Basissystem

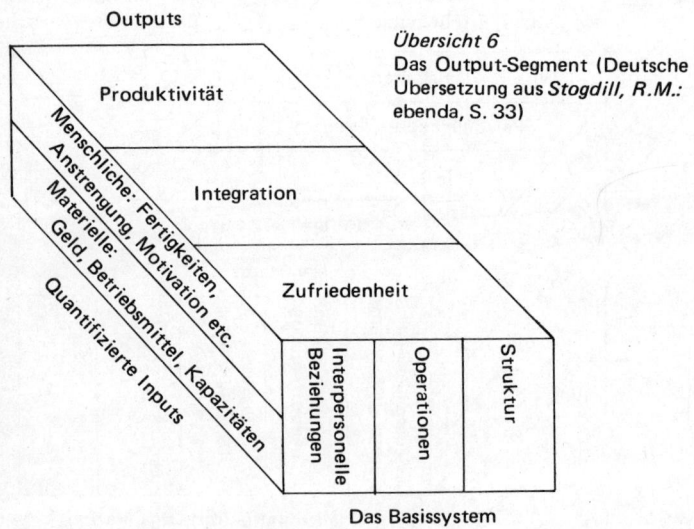

Outputs

Produktivität

Menschliche: Fertigkeiten,
Anstrengung, Motivation etc.
Materielle:
Geld, Betriebsmittel, Kapaziäten
Quantifizierte Inputs

Integration

Zufriedenheit

Interpersonelle
Beziehungen

Operationen

Struktur

Übersicht 6
Das Output-Segment (Deutsche
Übersetzung aus *Stogdill, R.M.:*
ebenda, S. 33)

Das Basissystem

Da aber die Komplexität von Organisationen und von Organisationstheorie damit recht gut veranschaulicht werden kann, sollen die Schematisierungen im folgenden abgebildet werden (Übersichten 2 bis 7); für Einzelheiten und Autoren sei auf die Quelle selbst verwiesen.

Übersicht 7   Das Organisation-Umwelt-Segment (Deutsche Übersetzung aus *Stogdill, R.M.:* ebenda, S. 42)

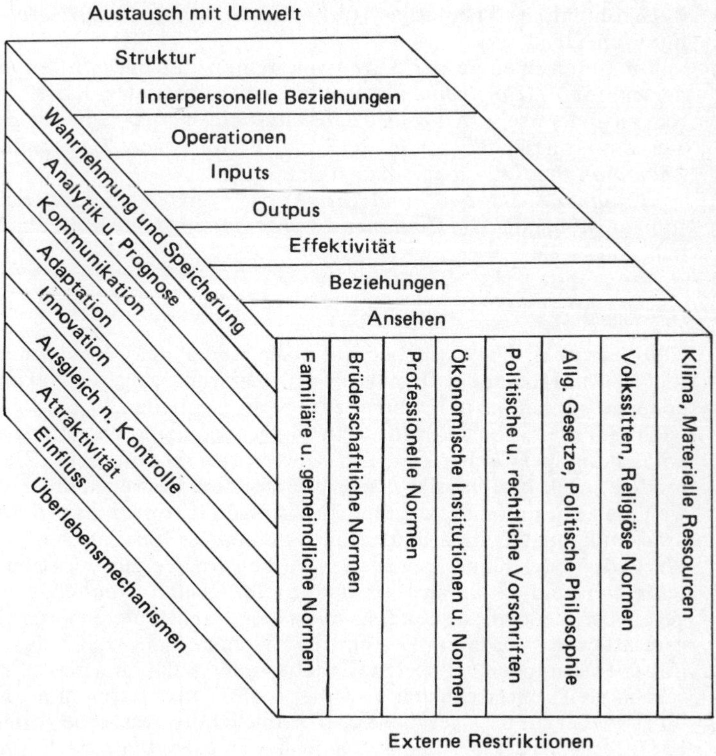

Austausch mit Umwelt

Struktur

Interpersonelle Beziehungen

Operationen

Inputs

Outpus

Effektivität

Beziehungen

Ansehen

Wahrnehmung und Speicherung

Analytik u. Prognose

Kommunikation

Adaptation

Innovation

Ausgleich n. Kontrolle

Attraktivität

Einfluss

Überlebensmechanismen

Familiäre u. gemeindliche Normen

Brüderschaftliche Normen

Professionelle Normen

Ökonomische Institutionen u. Normen

Politische u. rechtliche Vorschriften

Allg. Gesetze, Politische Philosophie

Volkssitten, Religiöse Normen

Klima, Materielle Ressourcen

Externe Restriktionen

e)   Pugh/Mansfield/Warner

Eine andere Klassifikation, die wie die von *Stogdill* nach Themenbereichen differenziert, ist die von *Pugh/Mansfield/Warner*[36], die

● „strukturelle Theoretiker" (ausgehend von Max *Weber* über *Burns/Stalker* bis zu den neueren Forschungen der *Aston*-Gruppe[37])

● „Gruppentheoretiker" (*E. Mayo, K. Lewin, G.C. Homans, R. Likert*)[38]

● „individualistische Theoretiker" (Organisationspsychologen, z.B. *Herzberg*, aber auch das Werk von *March/Simon*)[39]

● „technologische Theoretiker" (*Taylor*, das *Tavistock*-Institut in London)[40]

● „ökonomische Theoretiker" (*Marshall, Boulding, Cyert/March*)[41] unterscheiden.

Im Unterschied zu den kurz vorgestellten Epochisierungen einerseits (*Scott, Hoffmann, Lapassade*) und thematischen Klassifizierungen andererseits (*Stogdill, Pugh/Mansfield/Warner*) sind die Systematisierungskriterien von *Gouldner, Etzioni, Katz/Kahn* und *Champion* theoretisch-paradigmatischer Art.

Gouldner[42], *Etzioni*[43] und *Katz/Kahn*[44] verwenden dazu Dichotomien, wobei die von *Gouldner* und *Etzioni* einander recht ähnlich sind.

f) Gouldner

Gouldner unterscheidet in „das rationale Modell der Organisation" und in das „Modell der Organisation als natürliches System", wobei ersteres – gleichsam in hierarchischer Sicht „von oben" – Schwergewicht auf die rational konstruierte Organisation zum Zwecke der Erreichung spezifischer Ziele legt. Dies entspricht etwa dem „Zielmodell" nach *Etzioni*, das dieser insbesondere deswegen ablehnt, weil man mit ihm nicht die Multifunktionalität von Organisationen erfassen kann. Organisationen sind – zumindest von einer bestimmten Größe oder Komplexität an – von einem Ziel her nicht beschreibbar und erklärbar. Dem stellt *Etzioni* das „Systemmodell" gegenüber, bei dem die Untersuchung des „Funktionierens" der Organisation im Vordergrund steht; hier werden dann weiter das „Überlebensmodell" („Bestandserhaltungsmodell") und das „Erfolgsmodell" unterschieden[45], wobei *Etzioni* bei letzterem allerdings wieder auf das „gegebene Ziel" zurückgreift, was seine vorherige Differenzierung problematisch macht. Dem Systemmodell *Etzioni*s, insbesondere in der Version des „Überlebensmodells", in dem eine Organisation im Hinblick auf ihre Bestandserhaltung untersucht und beschrieben wird, entspricht *Gouldner*s „Modell der Organisation als natürliches System" (S. 405):

„Das Modell der Organisation als natürliches System betrachtet die Organisation als eine ‚natürliche Ganzheit'. Die einzelnen Strukturen des Systems sind emergente Institutionen, die nur durch ihr Verhältnis zu den verschiedenen Bedürfnissen des Gesamtsystems verstanden werden können. Die einzelnen Teile einer Organisation sind interdependent. Die Organisation wird Selbstzweck. Die Erfüllung von Zielen des Systems als Ganzes ist eines von mehreren wichtigen Bedürfnissen, auf die hin die Organisation orientiert ist. Die Organisation dient dazu, die Teile des Systems miteinander zu verbinden und Strategien zu ihrer Steuerung und Integration bereitzustellen. Die Organisationsstrukturen werden als spontan entstandene und homöostatisch behauptete begriffen. Das Gleichgewicht des Systems hängt entscheidend von dem konformen Verhalten der Gruppenmitglieder ab. Wandlungen in dem organisationalen Beziehungsmuster werden als Ergebnisse kumulativer, ungeplanter, adaptiver Reaktionen auf Bedrohnungen des Systemgleichgewichts betrachtet." (Übers. v. Verf.)

g) Champion

Die Differenzierung von *Katz/Kahn* schließlich in „Modelle geschlossener Systeme" und „Modelle offener Systeme" findet sich in der etwas umfassenderen Schematisierung von *Champion*[46] wieder, die auch Kriterien von *Gouldner* und *Etzioni* einbezieht. Sie ist in Übersicht 8 wiedergegeben.

Übersicht 8: Klassifikation von organisationstheoretischen Modellen (Deutsche Übersetzung aus *Champion, D.F.:* The Sociology of Organizations. New York usw. 1975, S. 30)

Organisationen als Systeme		
Geschlossene Systeme		**Offene Systeme**
Rational	Nicht-Rational	

1. Maschinen-Modelle
  a) Wissenschaftliche Betriebsführung
  b) Bürokratietheorien
2. Das Zielmodell
3. Das Entscheidungsmodell
	1. Das Human-Relations-Modell
	
	2. Das professionalistische Modell
	
	3. Das Gleichgewichtsmodell
		Das Modell des natürlichen Systems

Die einzelnen in dieser Übersicht aufgeführten Ansätze sind bis auf das „professionalistische Modell" oben bereits nachgewiesen worden. Bezüglich des „professionalistischen Modells" verweist *Champion* auf *Litwak*[47].

Es handelt sich dabei um ein Modell, das sowohl „bürokratische" Elemente, wie starke Standardisierung und Formalisierung, als auch eher spontane Handlungsweisen, die in notwendigen Handlungsspielräumen sich vollziehen (die Handlungen der „professionals", der Spezialisten) erfaßt.

Wie man sieht, umfaßt auch das Schema von *Champion,* obwohl seine Arbeit unter dem Titel „The Sociology of Organizations" steht, allgemeine Ansätze der gesamten Organisationstheorie.

2. Zusammenfassungen und Ergänzungen: Wurzeln und Entwicklungen organisationssoziologischen Denkens

In der vierten Auflage des Staatslexikons von 1925 behauptet *Othmar Spann* in seinem Stichwortartikel „Organisation" noch lapidar: „Ein soziologisches Schrifttum über Organisation gibt es nicht"[48]; dies, obwohl bei näherem Hinsehen, organisationssoziologische Fragestellungen und Untersuchungen längst erschienen waren. So waren gerade in dieser Zeit die Arbeiten von Max *Weber* zur Herrschaftssoziologie und damit auch zur Bürokratie[49], die Untersuchungen von Robert *Michels*[50] in der ersten, 1925 in der zweiten Auflage herausgebracht; das Werk von Ferdinand *Tönnies* „Gemeinschaft und Gesellschaft", das ebenfalls organisationssoziologische Elemente in den Kategorien der Gesellschaft und des „Kürwillens" enthält, war bereits 1922 in vierter und fünfter Auflage erschienen[51]. Auch ist *Kleins* Untersuchung über „Das Organisationswesen der Gegenwar" bereits 1913 greifbar gewesen. Im Jahrhundert davor sind geistesgeschichtliche Wurzeln organisationssoziologischen Denkens ebenfalls angelegt, einmal in den soziokratischen — Soziologie als Organisationswissenschaft im weitesten Sinne auffassenden — Arbeiten *Saint-Simon*s, der 1819 den „L'organisateur" herausgibt, und *Comte*s, der schon in seiner Jugendschrift 1822[52] Soziologie als „positive" Organisationswissenschaft kennzeichnet. Wenn auch diese ersten Ansätze eher gesellschaftsbezogener, makrosoziologischer Art sind, so bilden sie doch das geistige Fundament für das wissenschaftliche Interesse an der Organisation menschlicher Tätigkeit.

Ansätze für organisationssoziologische Fragestellungen, die mehr die inneren Strukturen von Organisationen betreffen, sind dann auch schon bei Karl *Marx* zu finden, und zwar einmal im „Kapital" bei der Behandlung der „Kooperation" in Industriebetrieben und zum anderen in seiner Kritik der Hegelschen Rechtsphilosophie, wo wir Wurzeln der Bürokratieanalyse und -kritik finden[53].

Eine makrosoziologische Betrachtung von Organisationen unter ethno-soziologischer Perspektive („ethnosoziologisch" im „klassischen", nicht im neuesten, handlungstheoretischen Sinne) findet sich dann — allerdings eher Institutionen behandelnd — bei Herbert *Spencer*[54]. *Spencer* wird heute vielfach als „Organologe" oder „Organizist" abgetan, weil er den lebenden Organismus als Analogie für Gesellschaft benutzte. Er hat aber nie behauptet, Gesellschaft sei das gleiche wie ein Organismus. Dies hat er explizit selbst zurückgewiesen[55].

Eine der Hauptkategorien ist bei *Spencer* die des Systems; eine weitreichende moderne Hauptströmung organisationswissenschaftlichen Denkens, die sich eines biologisch-kybernetischen Systembegriffs bedient, wie er etwa von dem Biologen Ludwig *von Bertalanffy* entwickelt wurde, schließt eigentlich implizit hier bei *Spencer* wieder an[56].

Eine Verbindung von makrosoziologischer und organisationsstruktursoziologischer Betrachtung findet sich in der schon genannten Bürokratietheorie von Max *Weber*. Der Organisationsbegriff selbst spielt bei ihm allerdings keine zentrale Rolle; „Organisation" ist bei ihm die „Verteilung der Befehlsgewalten" innerhalb des „Apparates", der dem Herrscher als Herrschaftsinstrument zur Verfügung steht[57].

Erste Wurzeln organisationssoziologischen Denkens liegen also in der geistigen Haltung der Gestaltung und Planung sozialer Zusammenhänge, in der allgemeinen Gesellschaftssoziologie, die erklären will, wie Gesellschaft funktioniert, aber auch in speziellen objektbezogenen Ansätzen, wie die Analyse und Kritik von Betriebswirtschaften und Bürokratie.

Bei *Marx*, *Michels* und *Weber* wird dabei schon eine auch weiterhin zentrale Dialektik der Organisation deutlich: die Dialektik von Instrumentalfunktion und Steuerungsfunktion. Organisationen sind einmal unter bestimmten gesellschaftlichen, zivilisatorischen Bedinunentbehrliche Instrumente zur Erreichung von bestimmten Zwekken; sie können diese Instrumentalfunktion aber nur erfüllen, wenn die Organisationsmitglieder gesteuert werden, d.h. die soziale Steuerungsfunktion ist Bedingung der Erfüllung der sozialen Instrumentalfunktion. Eben diese Steuerungsfunktion kann nun umschlagen in eine umgekehrte Instrumentalfunktion, so daß die Organisationsmitglieder selbst Instrumente, Produktionsfaktoren „der Organisation", was wahrhaftig heißt: der Organisationsherren, werden. Auch darauf werden wir später noch zurückkommen. Solche Grundüberlegungen stecken aber auch, was in der Literatur häufig übersehen wird, schon explizit in Max *Webers* Bürokratietheorie (man lese nur die Seiten 1 060 f. in der eben zitierten Ausgabe!).

Die Organisationssoziologie in der Zeit nach *Weber* thematisiert kaum noch makrosoziologische Aspekte; eine Ausnahme bildet noch *Malinowskis* Kultursoziologie, in der er fordert: „Die Realwissenschaft vom menschlichen Verhalten [hat] bei der Organisation zu beginnen"[58].

Vielmehr stehen strukturelle und verhaltensbezogene Aspekte innerhalb von Organisationen im Vordergrund. Allerdings ist festzustellen, daß eine eigentliche Organisationssoziologie gar nicht existiert. Die Untersuchungen bewegen sich vornehmlich im Rahmen einer speziellen Organisationssoziologie: der Betriebssoziologie[59].

Zudem gehen organisationssoziologische Fragestellungen auf in einer allgemeinen sozialwissenschaftlichen Organisationstheorie, wie sie in den Vereinigten Staaten von Amerika in den vierziger und fünfziger Jahren entsteht[60]. Die Dialektik von Organisationen ist auch dort immer wieder Thema[61].

Zur gleichen Zeit entwickelt Talcott *Parsons* im Rahmen seiner strukturell-funktionalen Systemtheorie ein soziologisches Konzept der Organisation, das relativ wenig Beachtung gefunden hat[62]. Organisationen werden von ihm als zielorientierte, instrumentelle, Input zu Output transformierende soziale Systeme verstanden, die einmal makrosoziologisch als Subsysteme des Gesellschaftssystems und zum anderen organisationsstruktursoziologisch, was das interne Funktionieren angeht, zu untersuchen sind. Besonderen Wert legt er dabei auf die Ressourcenverarbeitung, die Entscheidungsprozesse, die „institutionalisierten" Verfahren und Interaktionsmuster (Mitgliedschaftsvertragswesen, Autoritätsstrukturen, Relevanz genereller kultureller Werte). Darüber hinaus bietet *Parsons* eine Klassifikation von Organisationstypen an (dazu später).

In den sechziger Jahren entsteht dann in den U.S.A. eine unüberschaubare Fülle von organisationstheoretischen Arbeiten zu vielen Einzelproblemen; dies pflanzt sich bis in die siebzig Jahre fort, in denen eine Flut von einführenden Werken in die Organisationstheorie entstanden ist. Die umfangreiche Bibliographie, die *Champion*[63] erstellte, umfaßt 1778 Arbeiten zur sozialwissenschaftlichen Organisationstheorie; die Vielfalt der Themen wird aus dem dort ebenfalls zu findenden Sachverzeichnis deutlich.

3. Gegenwärtiger Stand der Organisationssoziologie

Auch heute existiert wie in der Vergangenheit keine einheitliche abgegrenzte Organisationssoziologie. Darüber hinaus wird die Allgemeine Organisationssoziologie in der Bundesrepublik Deutschland nur in relativ bescheidenem Ausmaße betrieben (so hat z.B. auch die Deutsche Gesellschaft für Soziologie keine Sektion für Organisationssoziologie). Unverkennbar sind zur Zeit aber Bemühungen, diesen Mangel zu beheben.

In den anglo-amerikanischen Ländern ist die Organisationssoziologie weitgehend nach wie vor in einer Organisations*theorie* aufgegangen, die zu einem großen Teil psychologisch und ökonomisch orientiert ist.

Bei einem groben Vergleich europäischer mit amerikanischer Organisationstheorie stellt *Kassem*[64] fest, daß beide Strömungen sich hinsichtlich der Forschungsschwerpunkte und -konzepte unterscheiden (vgl. Übersicht 9); allerdings sind diese Angaben nur mit Vorsicht zu betrachten (so kann man die europäische Organisationstheorie z.B. keinesfalls als „marxistisch" bezeichnen; das gilt wohl ebenso für die osteuropäischen Ansätze, die eher „praxiologisch"[65] im Sinne *Kotarbinskis* orientiert sind).

Übersicht 9: Amerikanische und europäische Organisationstheorie: Ein Vergleich (Deutsche Übersetzung) aus *Kassem,* M.S.: Introduction: European versus American Organization Theories. In: G. Hofstede/M.S. *Kassem* (Hrsg.): European Contributions to Organization Theory. Assen/Amsterdam 1976, S. 14

	Amerika	Europa
1. Ansatz	Mikroskopisch (verhaltensbezogen)	Makroskopisch (strukturbezogen
2. Untersuchungsbereich	Organisationspsychologisch	Organisationssoziologisch
	Mensch in Organisationen	Organisationen in der Gesellschaft
3. Schwergewicht	Menschen: ihre Bedürfnisse und Einstellungen	Die Organisation als Ganzheit
	Was in dem System geschieht	Was zwischen System und seiner Umwelt geschieht
4. Betonung auf	Funktionen (prozeßorientierter Ansatz)	Strukturen

24

	Amerika	Europa
5. Methodologie	Laborexperimente, Interviews, Beobachtung, langfristige Fallstudien	Vergleichende Fallstudien
6. Ideologie	harmonistisch, konservativ	Konfliktorientiert
	Antimarxistisch	Marxistisch
7. Zentrale Orientierung einflußreicher Autoren	Praktisch Beschäftigt in Business Schools Enge Verbindungen zum Geschäftsleben	Abstrakt Beschäftigt in soziologischen Fachbereichen Gelegentliche Verbindungen zum Geschäftsleben
	„Know-how-" oder technologisch orientiert Absicht, den „one-best way" zu finden	„Know-why-" oder theorieorientiert Absicht, den „one-best way" kaputtzumachen
8. Beispiele:		
Ansätze zu: a) Arbeitstrukturierung	Job enrichment	Soziotechnische Systeme
	Informelles partizipatives Management	Industrielle Demokratie
b) Organisationsentwicklung	Verhaltens- und prozeßbezogen	Techno-strukturell

Wenn wir die gegenwärtige Organisationssoziologie im Hinblick auf die theoretischen Paradigmen und Konzepte untersuchen, sind — im großen ganzen — folgende Richtungen festzustellen:
a) systemtheoretische Konzeptionen
b) „strukturalistische" Konzeptionen
c) ethnomethodologisch-phänomenologische Konzeptionen
d) interventionistische Konzeptionen.

a)   Systemtheoretische Konzeptionen

Systemdenken hat seit den sechziger Jahren in erheblichem Umfange Eingang in die Orgnisationssoziologie (-theorie) gefunden.

Etymologisch stammt der Ausdruck „System" von dem griechischen „systema" her; das bedeutet soviel wie: das Zusammengesetzte, die Zusammenstellung, das geordnete Ganze, die Anordnung von mehreren Teilen zu einem Ganzen[66]. Diese etymologische Bedeutung des Ausdrucks „System" spielt in allen Systemtheorien eine Rolle. Das bedeutet aber nicht, daß der Systembegriff in allen systemtheoretischen Konzeptionen einheitlich gebraucht würde.

Von Systemtheorien im eigentlichen Sinne kann man erst seit den zwanziger Jahren unseres Jahrhunderts sprechen. Die sich dann entwickelnden eigenständigen Systemtheorien haben aber Vorläufer in der Theologie, der Philosophie, der Biologie, der Mechanik, der Ethnologie und der Soziologie. Immer dann gewinnt die Idee des Systems an Bedeutung, wenn dem Ganzen der analytische oder ontische Vorrang gegenüber dem Einzelnen gegeben wird; „Ganzes" wird dabei immer als Einheit gedacht. Diese Einheit kann durch den Sinn des Gesamtsystems bestimmt sein, wie etwa in der Theologie Thomas von Aquins oder in der Philosophie von Leibnitz und Hegel. Der Systembegriff von Kant mag dieses verdeutlichen:

„Ich verstehe unter einem System die Einheit der mannigfaltigen Erkenntnisse unter einer Idee. Diese ist der Vernunftbegriff von der Form eines Ganzen, sofern durch denselben der Umfang des Mannigfaltigen sowohl als die Stelle der Teile untereinander a priori bestimmt wird. Der szientifische Vernunftsbegriff enthält also den Zweck und die Form des Ganzen, das mit demselben kongruiert. Die Einheit des Zwecks, worauf sich alle Teile und in der Idee desselben auch untereinander beziehen, macht, daß ein jeder Teil bei der Kenntnis der übrigen vermißt werden kann und keine zufällige Hinzusetzung oder unbestimmte Größe der Vollkommenheit, die nicht ihre a priori bestimmten Grenzen habe, stattfindet. Das Ganze ist also gegliedert und nicht gehäuft[67]."

In der Biologie wird der Organismus gerade in diesem Sinne als System verstanden. Der biologische Systembegriff, der synonym mit dem des Organismus ist, wird dann in der frühen Soziologie von *Comte* und *Spencer* wieder aufgegriffen und verwendet. In der Ethnologie und in der Anthropologie wird der Systembegriff analythisch in dem Sinne gebraucht, daß nach Institutionen in Gesellschaften und Kulturen gesucht wird, die Einheit und Zusammenhalt dieser sozialen Gebilde gewährleisten.

Wie gesagt, beginnt in den zwanziger Jahren sich in nahezu allen Wissenschaftsbereichen das Systemdenken durchzusetzen. Als besonders wichtige Strömungen sind hier zu nennen:

(a)   der Universalismus

(b) die Ganzheits- oder Gestaltpsychologie
(c) der Beginn der Allgemeinen Systemtheorie.

Der Universalismus etwa in der Philosophie und der Gesellschafts-
lehre O. *Spann*s ist in seinem Denkprinzip der Gestaltpsychologie
analog[68].

„Mit Goethe, . . . , erhob die Gestaltpsychologie den Einwand, daß die Ele-
mentaranalyse des Lebendigen zu Teilen führe, zwischen denen das geistige
Band fehle und aus denen sich das Ganze weder zusammensetze noch erklären lasse. Ein solches Verfahren werde zwar ‚sinnlosen Und-Verbindungen'
(*M. Wertheimer*) gerecht, aber nicht Ganzheiten, Gestalten, Strukturen und
Formen; in Wahrnehmung, Fühlen und Handeln gehe es aber prinzipiell um
strukturierte Sachverhalte. In diesem Sinne hat als erster der österreichische
Philosoph *Ch. v. Ehrenfels* (1859–1932) von ‚Gestaltqualitäten' gesprochen
(1890), die gegenüber den in sie eingehenden Elementen eine gewisse Un-
abhängigkeit besitzen. Gestalten genügen den sogenannten Ehrenfels-Krite-
rien oder ‚Übersummativität' und der ‚Transponierbarkeit'. Das Paradigma ist
die Melodie, die als Verlaufsgestalt erhalten (d.h. erkennbar) bleibt, wenn
selbst sämtliche Töne (wie bei der Übertragung in eine andere Höhenlage
oder auch – zum Teil – in eine andere Tonart) ausgetauscht werden[69]."

Hier klingt also die platonische und aristotelische These mit, daß das
Ganze mehr sei als die Summe seiner Teile.

Einer der Begründer der neueren Allgemeinen Systemtheorie, der
Biologe Ludwig *v. Bertalanffy,* sieht in dem 1925 erschienen Buch
von *Lotka*[70] den Beginn einer Allgemeinen Systemtheorie[71].

Von Bertalanffy selbst bestimmt den Begriff des Systems folgendermaßen: „Wir definieren ein ‚System' als eine Anzahl von in
Wechselwirkung stehenden Elemente $p_1, p_2, \ldots, p_n$, charakteri-
siert durch quantitative Maße $Q_1, Q_2, \ldots, Q_n$. Ein solches kann
durch ein beliebiges System von Gleichungen bestimmt sein[72]. Die
biologisch orientierte Systemtheorie *von Bertalanffys* verbindet sich
sich mit kybernetischem Denken zur heutigen Allgemeinen Systemtheorie. Die Kybernetik hat dabei einen ganz ähnlichen Systembegriff wie *von Bertalanffy:* „Unter einem System wird in der Kybernetik eine beliebige Anzahl von miteinander in Beziehungen stehenden Teilen (Elementen) verstanden[73]." Ein System unterscheidet
sich also im kybernetischen Sprachgebrauch von einer Menge dadurch, daß zwischen den Elementen Beziehungen bestehen. Die Gesamtheit der Beziehungen zwischen den Elementen wird Struktur
genannt.

Diese Allgemeine Systemtheorie spielt in der modernen Organisationssoziologie (-theorie) eine große Rolle. Exemplarisch dafür
seien die Systemmerkmale, wie sie *Litterer*[74] entwickelt, genannt:

(a) Verbundenheit der Elemente. Dies bedeutet, daß der Zustand
oder das Verhalten eines Elementes eines Systems abhängig ist von

dem Zustand oder dem Verhalten der anderen Elemente. Die Verbindung zwischen den Elementen erfolgt dabei auf energetische oder kommunikative Weise.

(b) Holismus. Dies soll heißen, daß ein System nur als Ganzes betrachtet werden kann; allerdings ist die Definition des Systems abhängig von der jeweiligen Betrachtungsweise. Es hängt vom Zweck der Betrachtung ab, welches Ganze nun als ein System angesehen werden soll.

(c) Zielsuche. Hierunter ist weniger das Suchen von Zielen zu verstehen, sondern das zielorientierte Verhalten von Systemen. Es wird also gesagt, daß es zu einem System gehört, daß es Ziele hat, die es zu erreichen sucht.

(d) Regulierung. Hierunter ist zu verstehen, daß ein System, um sein Ziel zu erreichen, selbst- regulierende Prozesse durchzuführen hat. Dazu gehören die Anpassung, die Kontrolle und das Lernen.

(e) Inputs und Outputs. Ex definitione empfangen offene Systeme Inputs und geben Outputs an die Umwelt hinaus. Bei diesen Inputs und Outputs kann es sich um Energie oder um Informationen handeln.

(f) Transformation. Das soll heißen, daß die Inputs in dem System transformiert werden, daß also Input und Output nicht identisch sind.

(g) Hierarchie. Dieses Merkmal bedeutet, daß ein System zerlegbar ist in Untersysteme, bzw. daß ein System immer auch als ein Untersystem von Übersystemen oder Umsystemen begriffen werden kann. Man kann also, so sagt die Allgemeine Systemtheorie, ein komplexes System durch Dekomposition in kleinere, weniger komplexe Systeme zerlegen.

(h) Entropie. Dieser Begriff stammt aus der Thermodynamik und soll die Komplexitätsdifferenz zwischen einem System und seiner Umwelt bezeichnen. Er spielt ebenfalls in der Informationstheorie von *Shannon*[75] eine Rolle; Entropie ist dort ein Maß für den Informationsgehalt einer Nachricht. Der Begriff der Entropie bezeichnet den Sachverhalt, daß ein System geordnet ist, d.h. daß die Verhaltensweisen des Systems bzw. seiner Elemente keiner Gleichverteilung unterliegen, sondern bestimmte Verhaltensweisen in ihrem Auftreten „wahrscheinlicher" als andere sind, also Redundanz herrscht, so daß eine gewisse Ordnung auszumachen ist.

(i) Differenzierung. Damit soll gesagt werden, daß offene Systeme typischerweise dazu tendieren, komplexer zu werden, und zwar durch Differenzierung.

(j) Äquifinalität. Dieses Merkmal von offenen Systemen, von denen *Litterer* nunmehr nur noch spricht, soll sagen, daß keine eindeutige Beziehung zwischen dem Anfangszustand und dem Endzustand eines Systems besteht. Es können verschiedene Anfangszustände zu dem gleichen Endzustand führen, und andersherum kann ein bestimmter Anfangszustand verschiedene Endzustände zur Folge haben.

Das kybernetische Moment in dieser Allgemeinen Systemtheorie kommt in der Thematisierung der Steuerung und Regelung von Systemen angesichts der durch Komplexität oder Varietät entstehenden Zielerreichungs- oder Bestandsprobleme zum Tragen. Die Frage: Wie komplex muß ein System selbst organisiert sein, damit es Ziele in einer Umwelt von bestimmter Komplexität erreichen kann? ist in der Kybernetik zentral[76].

Die auf dieser biologisch-kybernetischen Systemtheorie aufbauende Organisationstheorie definiert Organisationen als „sozio-technische Mensch-Maschine-Systeme", faßt Organisation also als materielle, „ontologische", Systeme auf, in denen technische Einrichtungen und Menschen Elemente sind, die in geordneten Beziehungen zueinander stehen.

Aus diesem Grunde kann man sie auch als technisch oder technologisch bezeichnen; sie ist dabei primär der physikalischen Denkweise verhaftet, was in aller Regel über eine bloße Analogie in der Konzeption hinausgeht. Organisationen *sind* in dieser Sichtweise „sozio-technische Mensch-Maschine-Systeme", nicht: Organisationen *sind wie* „sozio-technische Mensch-Maschine-Systeme".

Dabei wird verkannt, daß

● Organisationen nicht − zumindest nicht unter soziologischem Aspekt − materielle Aggregationen von organischen und nicht-organischen Stoffen und Verbindungen sind, sondern Handlungszusammenhänge, die sinnhaft integriert sind

● Organisationen nicht als Systeme selbst Ziele haben, die sie verfolgen,
sondern das Menschen Ziele besitzen, die sie durch und in Organisationen zu erreichen suchen.

● Organisationen nicht durch eine unsichtbare kybernetische Hand gesteuert werden,
sondern das organisationale Verhalten von Menschen über soziale Kontrolle geregelt wird.

● Organisationen nur gegebenenfalls im Alltagsbewußtsein (phänomenologische) Ganzheiten sind,
faktisch aber immer aus „Einzelhandlungen bestehen" bzw. sich in Einzelhandlungen einzelner konkreter Menschen darstellen.

Das biologisch-kybernetische Modell der Organisation ist also soziologisch — wenn überhaupt — nur sehr bedingt brauchbar.

Ein anderes systemtheoretisches Paradigma wird durch die *Parsons*sche strukturell-funktionale Theorie bereitgestellt. Auf *Parsons* Ausführungen zur Organisation sind wir oben schon kurz eingegangen.

Zentral in *Parsons* Systemtheorie[77] ist die Fragestellung: Wie ist Gesellschaft, menschliches Zusammenleben, möglich? Die festen Punkte, an denen er seine Ausführungen festmacht, sind die „funktionalen Erfordernisse" (functional prerequisites) von Systemen, die erfüllt werden müssen, damit ein System „funktioniert". Diese Erfordernisse sind: die Anpassung an die Umwelt (adaption), die Zielentwicklung und -erreichung (goal attainment), die Integration, Koordination der menschlichen Handlungen (integration) sowie die Erhaltung der Sozialstruktur, wozu auch die Spannungs- und Konfliktbewältigung gehören (latency).

Auf der Basis dieser fixen Punkte werden dann Strukturen, Prozesse, Strategien und Teilsysteme untersucht, die in menschlichen Gesellschaften auffindbar sind und die zur Erfüllung der Grunderfordernisse beitragen.

In organisationssoziologische (-theoretische) Arbeiten haben insbesondere diese vier „Systembedürfnisse" Eingang gefunden[78]; sie werden dort allgemein als „Organisationsziele" verstanden. Eine durchgehende Verwendung des *Parsons*schen Ansatzes ist in der Organisationssoziologie nicht festzustellen; dies mag auch daran liegen, daß *Parsons* Organisationen vornehmlich makrosoziologisch betrachtet, dieses Gebiet aber bisher kaum weiter verfolgt wurde.

Andererseits ist zu betonen, daß viele Elemente der *Parsons*schen *Handlungstheorie* soziologisches Allgemeingut geworden sind und über diesen Umweg auch in die Organisationsforschung gelangt sind.

Eine dritte systemtheoretische Konzeption von Organisationen, die auf *Parsons* zwar fußt, aber über ihn hinausgeht und die kybernetisches, anthropologisches sowie phänomenologisches Gedankengut enthält, ist von *Luhmann* vorgestellt worden[79]. *Luhmann* nennt sie „funktional-strukturelle" Systemtheorie, womit er programmatisch darauf hinweist, daß er im Unterschied zu *Parsons* primär funktionalistisch bei den Funktionen oder besser der Grundfunktion von sozialen Systemen anknüpfen will. Sein Fixpunkt sind nicht „Systembedürfnisse" oder Systemstrukturen, sondern die Probleme, die sich für den Menschen aus der prinzipiell übermäßigen Komplexität der Welt ergeben. Um wahrnehmen, erleben, Informationen verarbeiten und handeln zu können, bedarf der Mensch selbst geschaffener, kognitiver, sinnstiftender und sinnverwendender Systeme, die eine Entlastung von Komplexität dadurch leisten, daß sie jeweils beschränkte Handlungs- und Denkfelder ein- bzw. ausgrenzen. Solche Sinnsysteme schaffen einerseits abgegrenzte, andererseits Zusammenhang stiftende Handlungskomplexe. Neben Sinnsystemen wie z.B. Ideologien, Religionen, Theorien, Sprache existieren nun auch Sozialsysteme, die prinzipiell durch sinnhaft-spezifische gegenseitige Handlungserwartungen gekennzeichnet sind. Solche Sozialsysteme sind Gruppen, Organisationen, die Gesellschaft (?).

Die Grundfragestellung bei *Luhmann* lautet also: Wie funktioniert menschliches Zusammenleben angesichts des Komplexitätsproblems? Dieses Komplexitätsproblem und seine jeweilige „Lösung" durch Systeme hat noch eine entscheidende und weitreichende Konsequenz: wenn soziale und auch andere Sinnsysteme jeweils immer nur einen „Ausschnitt" aus der Weltkomplexität, d.h. aus dem Universum unendlich (?) vieler Möglichkeiten, zum Thema machen, dann heißt das offenbar, daß es immer auch andere Systeme, Systemkonfigurationen gibt, daß die vorhandenen Systeme nicht naturnotwendig, sondern *kontingent* sind, immer auch anders sein können. Diese Erkenntnis eröffnet zwei weitere Perspektiven: (a) die Erkenntnis der Kontingenz von (menschlichen) Systemen hat Aufforderungscharakter in dem Sinne, ein verdinglichendes Bewußtsein von Sozial- und Denkstrukturen zu beseitigen oder zu verhindern; die Erkenntnis der Selbstkontingenz läßt die „Gemachtheit" dieser Systeme und damit die Veränderbarkeit deutlich werden. (b) Wenn man sich dieser Kontingenz bewußt ist, liegt die Frage nach den vorhandenen, jeweils funktional, äquivalenten Strukturen, Einrichtungen, Mustern, Prinzipien nahe; durch welche alternativen Systeme kann ein und dieselbe Funktion prinzipiell erfüllt werden? (Man denke etwa an unsere obigen Ausführungen zu Tradition und Organisation, Führung und Organisation, die in gewissen Bandbreiten funktionale Äquivalenzen aufweisen).

Organisationen sind nun nach *Luhmann* besondere Sozialsysteme, die sich — ähnlich wie wir Organisationen zu Beginn des Kapitels beschrieben haben — durch in spezifischer Weise generalisierte Handlungs- und Erwartungsstrukturen auszeichnen, wobei diese Generalisierungsleistung durch Formalisierung als „Systemstrategie" geleistet wird[80]. Durch diese Formalisierung wird die Organisationsmitgliedschaft in spezifischer Weise geregelt:

„Als organisiert können wir Sozialsysteme bezeichnen, die die Mitgliedschaft an bestimmte Bedingungen knüpfen, also Eintritt und Austritt von Bedingungen abhängig machen. Man geht davon aus, daß die Verhaltensanforderungen des Systems und die Verhaltensmotive der Mitglieder unabhängig voneinander variieren können, sich aber unter Umständen zu relativ dauerhaften Konstellationen verknüpfen lassen. Mit Hilfe solcher Mitgliedschaftsregeln – etwa Autoritätsunterwerfung gegen Gehalt – wird es möglich, trotz frei gewählter variabler Mitgliedschaft hochgradig künstliche Verhaltensweisen relativ dauerhaft zu reproduzieren. Man muß nur ein allgemeines Gleichgewicht von Attraktivität des Systems und Verhaltensanforderungen sicherstellen und wird unabhängig davon, ob für jede Einzelhandlung natürlich gewachsene Motive oder moralischer Konsens beschafft werden können. Die Motivlage wird über Mitgliedschaft generalisiert: die Soldaten marschieren, die Schreiber protokollieren, die Minister regieren – ob es ihnen in der Situation nun gefällt oder nicht[81]."

Das *Luhmann*sche systemtheoretische Paradigma kann dazu anleiten, nach den Steuerungs- und Funktionsweisen von Organisationen zu fragen und dabei aber immer die spezifisch menschliche Art und Weise stets sinnhafter Erlebens- und Handlungsorientierung im sozialen Kontext im Auge zu behalten. Insofern steht auch hier bei konsequenter Durchführung "soziales Handeln" – wie bei Max *Weber* – im Vordergrund soziologischer Analyse; nur daß hier primär nach den *Bedingungen der Möglichkeit* sozialen Handelns gefragt wird, was heißt, nach den transsubjektiven, kollektiven Sinngehalten, die soziales Handeln sowohl mit- als auch gegeneinander erst ermöglichen. Welche "Steuerungsstrategien" in Organisationen in diesem Sinne auszumachen sind, wird uns unten im systematischen Teil noch beschäftigen.

Auf eine allgemeine Gefahr systemtheoretischen Denkens soll noch hingewiesen werden. Nur allzu leicht wird der Systembegriff reifiziert, hypostasiert, d.h. das begriffliche, kognitive Konstrukt wird auf der Gegenstandsebene angesiedelt; Systeme werden als ontische Objekte beschrieben oder gar anthropomorphisiert. Dann ist die Rede davon, daß "Systeme handeln", daß "Systeme Ziele haben", daß "Systembedürfnisse individuellen Bedürfnissen entgegenstehen" u.a.m. Diese Gefahr ist aber nur dann gegeben, wenn die soziologische Systemkonzeption nicht voll erfaßt wird oder nicht zu Ende gedacht wird. Systeme existieren stets nur in den Köpfen der Menschen.

b) "Strukturalistische" Konzeptionen

Ein anderer weit verbreiteter Ansatz ist der *"strukturalistische"*, der einige Elemente aus dem systemtheoretischen Denken zwar enthält, in seiner Schwerpunktsetzung aber doch weniger umfassend als jener ist. Strukturalistische Konzeptionen untersuchen die Organisation primär von den sog. "formalen Strukturen" her und sind dabei vornehmlich empirisch orientiert[82]. Die "Strukturalisten" berufen sich dabei zum Teil auf die Bürokratietheorie

Max *Weber*s, in deren Rahmen *Weber* idealtypische strukturelle Merkmale von Bürokratien herauspräparierte.

Der „bureaukratische Verwaltungsstab", in seiner reinsten Form besteht nach *Weber* „aus *Einzelbeamten* (. . .), welche

1. persönlich frei nur *sachlichen* Amtspflichten gehorchen,
2. in fester Amts*hierarchie*,
3. mit festen Amts*kompetenzen*,
4. kraft Kontrakts, also (prinzipiell) auf Grund freier Auslese nach
5. *Fachqualifikationen* − im rationalsten Fall: durch Prüfung ermittelter, durch Diplom beglaubigter Fachqualifikation − *angestellt* (nicht: gewählt) sind, −
6. entgolten sind mit festen Gehältern in *Geld*, meist mit Pensionsberechtigung, unter Umständen allerdings (besonders in Privatbetrieben) kündbar auch von seiten des Herrn, stets aber kündbar von seiten des Beamten; dies Gehalt ist abgestuft primär nach dem hierarchischen Rang, daneben nach der Verantwortlichkeit der Stellung, im übrigen nach dem Prinzip der ‚Standesgemäßheit',
7. ihr Amt als einzigen oder Haupt-*Beruf* behandeln,
8. eine Laufbahn: ‚Aufrücken' je nach Amtsalter oder Leistungen oder beiden, abhängig vom Urteil des Vorgesetzten, vor sich sehen,
9. in völliger ‚Trennung von den Verwaltungsmitteln' und ohne Appropriation der Amtsstelle arbeiten
10. einer strengen einheitlichen Amts*disziplin* und Kontrolle unterliegen[83]."

Ein Schwerpunkt neuerer strukturalistischer Untersuchungen liegt nun in der Frage, ob die von *Weber* genannten Strukturmerkmale typischerweise immer zusammen auftreten oder ob es sich nicht vielmehr um (relativ) unabhängige Struktur*dimensionen* handelt. Dazu später mehr.

Drei Forschungsansätze lassen sich innerhalb der Gruppe strukturalistischer Konzeptionen grob unterscheiden:

1) *der Technologie-Ansatz*, der die in Organisationen verwendete technische Apparatur als bestimmenden (unabhängigen) Faktor betrachtet und den Zusammenhang von Technologie und formaler Struktur untersucht[84]

2) *der „Interne-Struktur-Ansatz"*, der Zusammenhänge zwischen den Ausprägungen auf den internen Strukturdimensionen untersucht und dabei auch vergleichende Organisationsforschung betreibt[85]

3) der *Situations-Ansatz* (oder: *„Kontingenztheorie"*) der die Umweltabhängigkeit von Organisationsstrukturen thematisiert[86].

Auf Forschungsergebnisse werden wir im systematischen Teil B eingehen; um aber schon an dieser Stelle eine gewisse Konkretisierung der Aussagen vorzunehmen, sind in den folgenden Übersichten einmal beispielhaft typische Untersuchungsvariable einer einflußreichen strukturalistischen Konzeption, die der *Aston*-Gruppe der Universität Birmingham in England, angefügt. Wir reproduzieren hier die Zusammenstellung von *Kubicek/Wollnik*[87].

Übersicht 10 Variablenklassen und Hauptvariablen des ASTON-Konzeptes (aus *H. Kubicek/M. Wollnik:* Zur Notwendigkeit empirischer Grundlagenforschung in der Organisationstheorie. In: Zeitschrift für Organisationsfragen 6 (1975) 308/309).

---

1. **Kontextvariablen der Organisationsstruktur (Globale Merkmale der Betriebe und ihrer Umwelt)**

1.1 G r ü n d u n g s m o d u s   u n d   h i s t o r i s c h e   E n t w i c k l u n g:
Art der Gründung (durch Personen oder andere Betriebe), Alter, Intensität der Änderungen in Eigentumsverhältnissen, Standort und Leistungsprogramm in der Entwicklungsgeschichte;

1.2 E i g e n t u m s v e r h ä l t n i s s e:
Publizitätspflicht, Konzentration des Kapitals, Intensität der Verbindung von Geschäftsführung und Kapitalbesitz;

1.3. B e t r i e b s g r ö ß e:
Zahl der Beschäftigten des Betriebes und etwaiger Muttergesellschaften;

1.4. L e i s t u n g s p r o g r a m m   u n d   L e i s t u n g s p o l i t i k:
Zahl unterschiedlicher Leistungen, Konsumnähe der Leistungen, Standardisierung der Leistungen, Zugehörigkeit zum Dienstleistungs- oder Fertigungssektor, Leistungspolitik bezüglich der Programmbreite, der Kundenselektion und der Selbstdarstellung des Betriebes;

1.5. F e r t i g u n g s t e c h n o l o g i e:
technischer Entwicklungsstand der Anlagen zur Leistungserstellung, Starrheit des Arbeitsflusses, Interdependenzen zwischen Arbeitseinheiten, Niveau der Qualitätskontrolle;

1.6. G e o g r a p h i s c h e   S t r e u u n g:
Zahl der räumlich getrennten Betriebseinheiten;

1.7. A b h ä n g i g k e i t:
Abhängigkeit von einer Muttergesellschaft, von Kunden, von Lieferanten und Gewerkschaften, Zahl der ausgegliederten Aufgaben.

2. **Dimensionen der Organisationsstruktur (Arten organisatorischer Regelungen)**

2.1. S p e z i a l i s i e r u n g:
das Ausmaß, in dem bestimmte Aufgaben spezialisierten Stellen zugeordnet sind; dabei wird festgestellt, für wieviele von 16 betrieblichen Grundfunktionen eigene Bereiche existieren (Funktionsbereichsspeziali-

34

sierung) und wieviele von 109 Unterfunktionen von mindestens einer
Stelle ausschließlich erfüllt werden (Rollenspezialisierung);

2.2. S t a n d a r d i s i e r u n g :
das Ausmaß, in dem bestimmte Aktivitäten in verschiedenen betrieblichen Bereichen durch generelle Regelungen und Verfahrensvorschriften
strukturiert sind;

2.3. F o r m a l i s i e r u n g :
das Ausmaß, in dem bestimmte Regelungen und Verfahrensvorschriften
schriftlich fixiert (Rollendefinition) sind und bestimmte Aktivitäten der
Schriftform bedürfen (Informationsflußformalisierung und Leistungsdokumentation);

2.4. T r a d i t i o n a l i s m u s :
das Ausmaß, in dem die Strukturierung der Aufgabenerfüllung auf gewohnheitsmäßigen Handlungsweisen beruht (Differenz zwischen Standardisierung und Formalisierung);

2.5. E n t s c h e i d u n g s z e n t r a l i s a t i o n :
das Ausmaß, in dem bestimmte Entscheidungsbefugnisse auf oberen
Hierarchieebenen konzentriert sind;

2.6. K o n f i g u r a t i o n :
das äußere Bild des Stellen- bzw. Kompetenzgefüges, das die Zahl der
hierarchischen Ebenen, die Leitungsspanne der Unternehmungsführung
oder die Relationen zwischen den Beschäftigten verschiedener Funktionsbereiche und Funktionsklassen wiedergibt und damit die strukturellen Merkmale enthält, die sich in einem Organisationsschaubild erfassen lassen.

3. **Funktionale Rollenvariablen**
(individuelle Augabenstellungen und Aufgabenerfüllungsprozesse)

3.1. R o l l e n f o r m a l i s i e r u n g :
das Ausmaß, in dem Aufgaben und hierarchische Stellung von Mitarbeitern in offiziellen Schriftstücken festgelegt sind;

3.2. R o l l e n d e f i n i t i o n :
das Ausmaß, in dem Mitarbeiter ihre Aufgabenstellungen und Entscheidungskompetenzen als exakt abgegrenzt und vorgegeben ansehen;

3.3. R o l l e n r o u t i n e :
das Ausmaß, in dem Mitarbeiter ihre Arbeit hinsichtlich der Problemstellungen, Problemlösungen, der auftretenden Ereignisse und der erforderlichen Fähigkeiten als konstant empfinden;

3.4. A r b e i t s r o u t i n e :
das Ausmaß, in dem Mitarbeiter ihre Leistungen zumindest kurzfristig
als gleichförmig, prognostizierbar und durch festgelegte Verfahren bestimmt ansehen;

Übersicht 10 (Forts.)

3.5. R o l l e n s t a b i l i t ä t :
das Ausmaß, in dem Mitarbeiter ihre Aufgabenstellungen als von Jahr zu Jahr unverändert erachten;

3.6. E m p f u n d e n e E n t s c h e i d u n g s k o m p e t e n z :
das Ausmaß an Entscheidungsbefugnissen, das Mitarbeiter nach eigener Ansicht besitzen.

4. Verhaltensweisen und Einstellungen
(wahrgenommenes und als gut erachtetes Verhalten bei der Aufgabenerfüllung)

4.1. W a h r g e n o m m e n e N o n k o n f o r m i t ä t :
das Ausmaß an nonkonformem Verhalten (Infragestellen von Regelungen), das Mitarbeiter bei ihren Kollegen registrieren;

4.2. W a h r g e n o m m e n e I n n o v a t i o n s f r e u d i g k e i t :
das Ausmaß von innovativem und risikobereitem Verhalten, das Mitarbeiter bei ihren Kollegen registrieren;

4.3. N o n k o n f o r m i t ä t s n e i g u n g :
das Ausmaß an nonkonformem Verhalten (Infragestellen von Regelungen), das Mitarbeiter bei ihren Kollegen befürworten;

4.4. I n n o v a t i o n s n e i g u n g :
das Ausmaß von innovativem und risikobereitem Verhalten, das Mitarbeiter bei ihren Kollegen befürworten;

4.5. K o n f l i k t p o t e n t i a l :
das Ausmaß an Schwierigkeiten, das die Einigung über bestimmte Fragen bei der Aufgabenerfüllung bereitet;

4.6. P e r s ö n l i c h e F l e x i b i l i t ä t :
Veränderungsbereitschaft, Anpassungsfähigkeit, Risikoneigung etc. im eigenen Verhalten.

5. Effizienzvariablen

5.1. I n d i v i d u e l l e R o l l e n k o m p e t e n z :
Einschätzung der eigenen Fähigkeiten in bezug auf die Arbeitsanforderungen;

5.2. I n d i v i d u e l l e A r b e i t s z u f r i e d e n h e i t :
Einschätzung der eigenen Arbeitszufriedenheit im Vergleich zu Kollegen;

5.3. R e n t a b i l i t ä t d e s B e t r i e b e s :
Einschätzung der Rentabilität des Betriebes im Vergleich zu anderen Betrieben durch den Befragten;

5.4. P r o d u k t i v i t ä t :
wie 5.3.;

Übersicht 10 (Forts.)

5.5. W a c h s t u m :
   wie 5.3.;

5.6. A r b e i t s m o r a l :
   wie 5.3.;

5.7. A n p a s s u n g s f ä h i g k e i t :
   wie 5.3.

Die strukturalistische Konzeption hat insbesondere in der deutschen Betriebswirtschaftslehre eine breite Aufnahme gefunden. Sie hat eine Fülle von empirischen Forschungsergebnissen vorzuweisen, die allerdings keineswegs in sich stimmig ist. Die verweist auf einige grundsätzliche Mängel solcher Ansätze[88]:

1) Das Verhalten der Organisationsmitglieder, insbesondere Interaktionsprozesse und -strukturen in Organisationen werden nicht oder nur rudimentär erfaßt.

2) Organisationsstrukturen werden als „objektive" Sachverhalte behandelt, dabei wird nicht beachtet, daß „Strukturen" immer nur über die Interpretationsleistungen der Menschen wirksam werden.

3) Auch der Organisationsforscher selbst geht bewußt oder unbewußt zwangsläufig interpretativ vor; es ist nicht sichergestellt, daß seine Wahrnehmung mit der der Organsiationsmitglieder übereinstimmt.

4) Die Erhebungsmethoden und Datenqualitäten sind nicht ohne weiteres geeignet, „valide" Aussagen zu ermöglichen; zum Teil werden mit den Erhebungsinstrumenten „Forschungsartefakte", also eigenständige Sachverhalte produziert, die in der organisationalen Alltagswelt überhaupt nicht existieren[89].

5) Das in aller Regel angewendete Verfahren der Korrelationsstatistik läßt weder Schlüsse auf Kausalzusammenhänge noch auf die Richtung von Abhängigkeiten zu (was ist „abhängige", was ist „unabhängige" Variable?)

6) Die strukturalistische Konzeption ist statisch, zeigt nur Momentaufnahmen einer Organisation, nicht aber die Genese von Strukturen, die politischen Prozesse, die zum Einsatz bestimmter strukturierender und normierender Regelungsmechanismen führen, und nicht die laufenden Veränderungen innerhalb von Organisationen.

7) Insbesondere die Situationstheorie, die die Umweltabhängigkeit

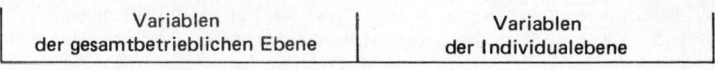

Übersicht 11 Graphische Darstellung des ASTON-Konzeptes (aus *H. Kubicek/ M. Wollnik:* ebenda, S.309).

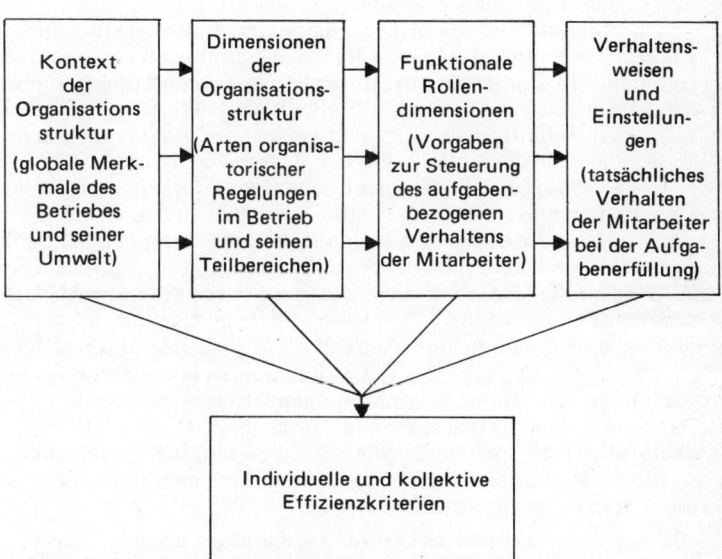

von Organisationsstrukturen untersucht, vernachlässigt, daß „Organisationen" sich selbst eine entsprechende Umwelt schaffen können, daß sie Umwelt verändern können, d.h. jene an sich anpassen können.

8) Strukturalistische Konzeptionen vernachlässigen zu stark sowohl die Multifunktionalität ein und derselben Orgarnisationsstruktur (so kann z.B. einer engen Kontrollspanne sowohl straffe Führung als auch eine partizipative Teamstruktur zugrunde liegen) als auch die Homofunktionalität unterschiedlicher Organisationsstrukturen (so sind z.B. Führung und Standardisierung in gewissem Umfang funktional äquivalente Strategien).

Aus alledem folgt, daß diese Konzeption in zu geringem Maße im eigentlichen Sinne soziologische Fragstellungen hervorbringt.

c) Ethnomethodologische Konzeptionen

Insbesondere eine konsequente Weiterführung der an der strukturalistischen Konzeption geäußerten kritischen Anmerkungen 1), 2)
und 3) haben zu einer alternativen Konzeption geführt: der *ethnomethodologisch-phänomenologischen* Analyse von Organisationen[90]; allerdings ist diese (noch?) nicht weit verbreitet, sie ist erst
in wenigen Ansätzen vorhanden.

Die ethnomethodologische Kritik an der strukturalistischen Organisationstheorie setzt bei der Beobachtung an, daß die Strukturalisten die Alltagskonzepte der untersuchten (also bestimmter, einiger, häufig sich in Führungspositionen befindender) Organisationsmitglieder unhinterfragt als objektive Sachverhalte übernehmen;
sie vermeinen in der gleichen Weise z.B. von Hierarchie, Differenzierung, Spezialisierung, Stellenbeschreibung zu sprechen wie es in den
Organisationen geschieht; man müsse aber vielmehr, so die ethnomethodologische Kritik, die Verwendung solcher Konzepte und ihre Bedeutung in der Interaktion der Organisationsmitglieder, untersuchen.
Indikatoren für Organisationsstrukturen wie etwa der formale Organisationsplan, besitzen keine immanente Bedeutung für sich selbst,
sondern erhalten ihren Sinn eben erst im Wege sozialer Interaktionen.

Wenn man also vermittelst Dokumentanalyse oder Befragung
von „Experten" Daten gewinnt, so handelt es sich dabei um die
Darstellung von „Alltagstheorien" bzw. ihren Objektivationen;
damit weiß man noch nichts über das, was „wirklich" geschieht.

Bittner hat die sich daraus ergebende Problematik und ihre Konsequenzen recht anschaulich umrissen[91]:

„Herausgerissen aus ihrem natürlichen Zusammenhang, d.h. der Alltagswelt
(„world of common sense") sind das Konzept rationaler Organisation und
die formalen Begriffe, die darunter subsumiert werden bar aller Information darüber, in welcher Beziehung diese Ausdrücke zu den Sachverhalten
stehen. Ohne daß man diese Beziehungsstruktur kennt, kann der Sinn eines
solchen Konzepts und seiner Begriffe nicht festgestellt werden.
In dieser Situation kann ein Forscher drei verschiedene Forschungsstrategien einschlagen.
Erstens kann man daran gehen, die formale Organisation unter der Annahme zu untersuchen, daß die unexplizierten Alltagsbedeutungen der Terme
adäquate Definitionen für die Zwecke der Analyse sind. In diesem Falle muß
man das, was man zu untersuchen anstrebt, selbst als Forschungsinstrument
benutzen.
Zweitens kann man an die Ausdrücke weniger willkürlich herangehen, indem man sie operational definiert. In diesem Falle wird die Beziehung zwischen Ausdruck und Sachverhalt durch das Forschungsinstrumentarium, das
Forschungsvorgehen selbst definiert. Ein Interesse an der Perspektive des
zu untersuchenden Handelnden fehlt entweder vollständig oder man unter-
stellt irgendeine rein fiktive Bedeutung.

Schließlich kann man der Auffassung sein, daß der Sinn des Konzepts der Organisation und alle dazugehörigen Ausdrücke und Bedingungen untersucht werden müssen, indem man ihre konkrete Verwendung durch Personen, deren Kompetenz, diese zu verwenden sozial sanktioniert wird, analysiert. Allein im letzten Falle wird der Relevanz der Perspektive des Handelnden für soziologische Analysen Rechnung getragen. Dies ist deshalb hier der Fall, weil man dann, wenn man den Sinn der Handlungen und Einstellungen eines anderen verstehen will, untersuchen muß, *wie* die Ausdrücke in dem Sprachzusammenhang des Akteurs realen Objekten gewöhnlich zugeordnet werden.

Insoweit, wie diese Verfahrensweisen und Sichtweisen, die die Handelnden im Wege der Relationierung von Ausdrücken rationaler Alltagskonstruktionen in Bezug auf Objekte der Welt beschwören, stabile Muster aufweisen, können sie eine *Methode* genannt werden (ist der Gebrauch methodisch, K.T.). Es ist natürlich nicht wahrscheinlich, daß diese Methode dem wissenschaftlichen Vorgehen ähnlich oder mit ihm identisch ist".

Die Untersuchung dieses methodischen Gebrauchs von Ausdrücken und Konzepten ist Gegenstand der Ethnomethodologie.

Die ethnomethodologisch-phänomenologische Konzeption gehört damit zur hermeneutischen, verstehenden, Soziologie[92].

Jenes Paradigma faßt menschliche Ausdrücke, Äußerungen (der Sprache, aber auch andere Entäußerungen und Objektivationen) als *Anzeichen*[93] für dahinter liegende Realitätsstrukturen auf, nicht aber für die „Realität" selbst, die bloß noch statistischer Manipulationen bedürfe und dann Wirklichkeit und damit wissenschaftliche Erkenntnisprozesse abbilde. *Garfinkel*[94] spricht in diesem Zusammenhang von der „Indexikalität" solcher Ausdrücke. Für die Erforschung menschlichen Handelns ist dabei folgendes von Bedeutung:

1. In der alltäglichen menschlichen Interaktion wird nicht explizit kommuniziert über die unterstellten gemeinsamen bedeutungshaften „Selbstverständlichkeiten"; diese werden nur implizit mitgedacht.

2. Der spezifische Sinn von Äußerungen gilt nur und ist nur zu ermitteln in dem jeweiligen Kontext, in dem diese Äußerung entsteht bzw. entstanden ist.

Der Anzeichencharakter von Äußerungen hat also zwei Dimensionen: einmal verweisen Äußerungen auf einen sozial geteilten, allgemeinen Bedeutungszusammenhang bzw. gewinnen ihren grundsätzlichen Sinn erst durch diese, zum anderen sind sie signa für situationsspezifische Kontexte, die impliziert, aber nicht von den Akteuren expliziert werden.

3. Diese latent gehaltene Ausdrucks- und Deutungsschemata[95] er-

halten ihre sinnstiftende Funktion offenbar nur dann, wenn sie Redundanzen aufweisen, also „Ordnungszusammenhänge" sind, die überindividuelle, soziale Relevanz besitzen, die sozial von den Akteuren gleichsinnig perzipiert bzw. angewendet werden, wenn sie also kollektive Sinngehalte und in dieser Weise soziale, sinntragende Handlungszusammenhänge sind. Damit ist auch ein Weg eröffnet, ethnomethodologisch-phänomenologische Analyse mit soziologischer Systemtheorie zu verbinden. Soziale Systeme sind in diesem Denkzusammenhang *Bedingung der Möglichkeit* gegenseitigen Verstehens und damit sozialen Handelns.

4. Für soziologische Analyse bedeutet die Anwendung der ethnomethodologisch-phänomenologischen Fragestellung bzw. Vorgehensweise, daß

(1) gerade jene nicht explizierten Kontextbedingungen, in deren Äußerungen ihren Sinn bekommen, expliziert und daß

(2) die allgemeinen Ausdrucks- und Deutungsgehalte aufgedeckt werden.

Dies kann nur erfolgen durch Untersuchung der Verwendung von Ausdrücken im Alltagsleben vermittelst hermeneutischer Analyse.

Insofern reicht es auch niemals aus, Organisationspläne als Abbildungen der Wirklichkeit zu definieren, da sie (1) nur Objektivationen einer bestimmten Gruppe von Organisationsmitgliedern sind und (2) auch der Sozialwissenschaftler stets mit eigenen Definitionen an sie herangeht, die in keinem Zusammenhang mit den alltäglichen Verwendungsweisen stehen müssen. Weiterhin kann man kaum über die Befragung von Experten (allein) eine Abbildung der Wirklichkeit konstruieren, da ein Werkzeugmacher kaum valide Auskunft über die tatsächliche Verwendung eines hergestellten Werkzeuges geben kann, um mit dem Bild von *Bittner* zu sprechen[96].

Organisationspläne und Äußerungen der Experten sind vielmehr als subjektive Explikate, Strategien einer bestimmten Gruppe von Menschen in Organisationen zu verstehen, die damit etwas darstellen oder erreichen wollen. Die Organisationssoziologie sollte nicht nur an dem Reden über Organisation interessiert sein, sondern auch und gerade an dem, was tatsächlich geschieht, was Organisation „ist".

Auch diese sinnverstehende theoretische Konzeption birgt einige Gefahren und spezifische Probleme in sich, die sich in zwei Gruppen zusammenfassen lassen:

1) *Das Problem des hermeneutischen Zirkels.* Zwar will man mit dem ethnomethodologischen Vorgehen gerade dadurch, daß man z.B. Begriffe nicht vor-definiert, vermeiden, daß der Forscher nur

das, was er in sein Forschungsbemühen hineinsteckt, auch wieder herausbekommt, also nur Forschungsartefakte produziert; doch kann — das sagt dieser Ansatz ja gerade auch über seinen Objektbereich — niemand voraussetzungslos Handlungen und auch andere Entäußerungen von Menschen betrachten und interpretieren. Auch bei dem soziologischen Vorgehen handelt es sich um Akte des Fremdverstehens (*Schütz*), die vermittelst bestimmter vorgängiger Deutungsschemata erfolgt, die sich nur allzu leicht selbst bestätigen lassen.

Diese Gefahr der zirkelhaften Verfahrensweise wird auch dann nicht vollständig zu vermeiden sein, wenn man — etwa in Interviewsituationen — sich dieser Prozesse bewußt ist oder sich gar ethnomethodologischer „Erkenntnisse" in der Forschung selbst bedient, wie es etwa *Hoeben* vorschlägt[97]. Er argumentiert auf der Basis der Arbeiten von *Bernstein* z.B. wie folgt[98]:

„Um Aussagen eines Respondenten angemessen und korrekt interpretieren zu können, muß der Forscher Bescheid wissen über die stabilen Interaktionssituationen des Respondenten, d.h. insbesondere darüber, in welchem Maße die Bedeutungen, die der Respondent ausdrücken will, an die Kontexte dieser Situation gebunden sind.
. . .
● Je begrenzter der Sprachcode eines Respondenten, desto mehr muß der Forscher über die stabilen Interaktionsstrukturen des Respondenten wissen, um dessen Aussagen korrekt interpretieren zu können. Nach meiner Ansicht können hieraus wiederum Folgerungen hinsichtlich der Verläßlichkeit von Meßinstrumenten abgeleitet werden etwa in folgender Weise:

● Wenn eine Person A mit einem entwickelten Sprachcode die gleiche Bedeutung ausdrücken will wie eine Person B mit einem begrenzten Sprachcode, dann hat definitionsgemäß die Person A mehr syntaktische Alternativen zu ihrer Verfügung, um hierüber möglichst angemessene Aussagen zu formulieren als B. Unter der Voraussetzung, daß man die Kontexte der stabilen Interaktionssituationen außer Betracht läßt, impliziert dies, daß die Bedeutung einer einzigen Aussage von Person B äquivalent sein kann mit den Bedeutungen einer Anzahl von Aussagen von Person A.

● Der soziologische Forscher ist eine Person A, denn er verfügt über einen entwickelten Sprachcode. In seinen Forschungen ist er gezwungen, eine Aussage der Person B so zu interpretieren, daß diese äquivalent ist mit einer einzigen Aussage von ihm selber. Dazu ist er jedoch nur imstande, wenn er den Kontext, innerhalb dessen die Person B ihre Aussage trifft, und die stabilen Interaktionssituationen, auf die Person B implizit verweist, mit in seine Analyse einbezieht, indem er die Merkmale dieser Kontexte als Interpretationsregeln betrachtet und untersucht."

Auch hier liegt eine Zirkelstruktur vor, denn hier werden ethnomethodologische Hypothesen in (Forschungs-)Praxis umgemünzt, um auf einer anderen Ebene eben solche Hypothesen zu testen. Auch hier wird also als Forschungsinstrument benutzt, was Forschungsobjekt zugleich sein soll.

2) *Die ethnomethologische Indifferenz*[99]. Eine verstehende Soziologie, die die individuellen und die in ihnen implizierten „objektiven" Sinnentwürfe explizieren will, muß zunächst einmal von der Gleichberechtigung und Gleichrangigkeit aller individuellen Wirklichkeitskonstruktionen ausgehen. Nur allzu leicht gerät dieses primär methodische Prinzip der „Indifferenz" zu einem reinen (Seins-)Relativismus, der alles zu verstehen vorgibt und nichts angreift, weil er die Bedingtheiten menschlichen Denkens — z.B. dessen materielle Basis, die „objektive" Lage des Handelnden — nicht recht in den Griff bekommt. Allerdings gilt dies nur, wenn man diese Konzeption als Dogma anwendet, nicht in kritischer Absicht weiterführt und nicht mit anderen Konzeptionen, Theorien und Einsichten verknüpft. Die Annahme, daß man durch eine einzige, „einheitliche" Konzeption die gesamte soziale Organisationswelt erfassen könnte, geht wohl fehl. Dies gilt natürlich auch für die anderen theoretischen Zugänge.

d) Interventionistische Konzeptionen

Zum Teil aus der Kritik an strukturalistischen wie auch ethnomethodologischen Ansätzen[100] sind die *intenventionistischen* Konzeptionen zu verstehen. Ihre Hauptanliegen ist die Veränderung von Organisationen vermittelt durch Aktivitäten des Forschers selbst.

Man könnte diese Theorierichtung auch „klinische Organisationssoziologie" nennen. Bekannte Vertreter dieses Ansatzes sind Chris *Argyris*[101], die Mitarbeiter des Tavistock Institutes in London[102], Georges *Lapassade* mit seinem Konzept der „institutionellen Pädagogik" sowie viele Autoren, die unter dem Stichwort „Organisationsentwicklung" („organizational development") publiziert haben[103]. Auf spezielle Konzepte und Probleme kommen wir später im Kapitel „Organisationsentwicklung" noch zurück.

Zur allgemeinen Kennzeichnung des interventionistischen Ansatzes soll einer ihrer prominentesten Vertreter, *Argyris*, selbst zu Wort kommen[104]:

„Die meisten Wissenschaftler sind sich darüber einig, daß die Qualität einer Theorie in entscheidendem Maße von ihrer Fähigkeit her bestimmt wird, richtige Prognosen unter verschiedenen Bedingungen zu stellen. Im Falle von Organisationen soll die Theorie vorhersagen, wie, und erklären, warum das System sich unter verschiedenen Bedingungen unterschiedlich verhält. Ein Weg, solches Wissen zu erlangen, besteht darin, vergleichende Untersuchungen in verschiedenen Organisationen unter unterschiedlichen Bedingungen vorzunehmen. Ein anderer Weg liegt in der Analyse von Wandlungsprozessen, denen eine bestimmte Organisation unterworfen ist. Beide Ansätze haben interessante Ergebnisse hervorgebracht.

Es gibt aber einen dritten Weg, der, wenn er richtig verfolgt wird, noch effektiver ist: der Forscher wird ein Interventionist und hilft aktiv dabei, Wandlungsprozesse so zu planen und durchzuführen, daß er zugleich wichtige Aspekte seiner Theorie überprüfen kann. Ein solches Konzept ist aus verschiedenen Gründen effektiver:

1. Es ist eine genaue Diagnose des Systems erforderlich, um zu erklären, warum das System so ist wie es ist.

2. Es müssen spezifische Hypothesen entwickelt werden, die versuchen, den gegenwärtigen Zustand der Ineffektivität einer Organisation zu erklären und die Wege beschreiben, die Effektivität des Systems in Zukunft zu verbessern.

3. Es müssen die notwendigen Änderungen, die Änderungsstrategien sowie die Widerstandskräfte gegen diesen Wandel expliziert werden.

4. Es müssen Theorien des Wandels und der Intervention entwickelt werden, die die Wandlungsprozesse unterstützen können.

5. Schließlich muß man eine Theorie der Evaluation entwickeln, um die Effektivität des Wandels messen zu könnnen."

Dies ist gleichsam das theoretische Programm der Interventionisten. Die Intervention selbst kann dabei in sehr unterschiedlichen Formen und Abstufungen ablaufen, von der Beratung in Einzelfällen bis hin zur Änderung des Gesamtsystems unter Einbeziehung pädagogischer, gruppendynamischer und allgemein politischer Strategien.

Dabei wird aber deutlich, daß die interventionistische Konzeption selbst eigentlich keinen eigenen theoretischen Zugang zu Organisationen schafft, sondern sich selbst auch irgendeines theoretischen Paradigmas zunächst einmal bedienen muß; wesentlich ist allerdings, daß der ursprünglich eingebrachte theoretische Ansatz im Laufe des Interventionsgeschehens geprüft, revidiert, verworfen werden kann. So findet sich dann bei *Argyris* z.B. eine „Organisationstheorie", die gleichsam aus ihrer Grundkonzeption heraus schon „klinisch" orientiert ist, schon Interventionsbedarfe und -ansatzpunkte „produziert". Dies ist seine „Personality-and-Organization-Theory", deren Grundelement in der These besteht, daß typische Organisationsstrukturen (hohe Spezialisierung, Standardisierung, Hierarchie etc.) mit den Strebungen und Bedürfnissen eines „gesunden", „reifen" Menschen nicht vereinbar sind, da dieser nach Entfaltung, Herrschaftsfreiheit, Verantwortung etc. strebte[105].

Auch darauf werden wir noch einmal zurückkommen. Es bleibt also festzuhalten, daß die interventionistische Konzeption eher ein methodisch-praktisches Programm ist als ein theoretisches Paradigma.

In neuester Zeit nun sind Anzeichen für eine Neuorientierung der Organisationssoziologie zu sehen, die in dem sog. „institutional approach" zu liegen scheint. Insbesondere eine Teilgruppe der „European Group for Organizational Studies" versucht unter diesem Ansatz eine stärker makrosoziologisch orientierte Organisationssoziologie zu betreiben, wobei auch Erkenntnisse der Politologie und Ökonomie einbezogen werden[106].

4. Methoden der Organisationssoziologie

Prinzipiell kommen für die Organisationssoziologie alle Forschungs- und Denkmethoden in Betracht, die auch in der übrigen Soziologie Anwendung finden; prinzipiell gelten damit auch für den Bereich der Organisationssoziologie dieselben Möglichkeiten und Grenzen ihrer Verwendung wie auch sonst. Deshalb brauchen wir in dieser Einführung diese Methoden nicht ausführlich zu behandeln[107].

Wenn auch grundsätzlich alle wissenschaftlichen Methoden in der Organisationssoziologie eingesetzt werden könnten, so zeichnet sich doch eine durch die jeweilige theoretische Konzeption bedingte, selektive Verwendung von Methoden ab.

Die Übersicht 12 faßt die primär aufzufindenden Methoden differenziert nach den gegenwärtig vorherrschenden theoretischen Konzeptionen zusammen.

Bei der Verwendung traditioneller empirischer Forschungsverfahren in der Organisationssoziologie ist zu beachten, daß mit Hilfe dieser Methoden (gegebenenfalls mit Ausnahme des Experimentes) bestenfalls festgestellt werden kann, was „ist", nicht aber das, *was sein oder werden kann.* Die empirische Organisationsforschung ist hier häufig ausgesprochen konservativ, weil sie nur allzu leicht einem „zweiseitigen naturalistischen Fehlschluß" unterliegt. Einerseits wird häufig von dem, was ist hergeleitet, daß es auch so sein muß oder soll; so werden z.B. ermittelte empirische Beziehungen zwischen bestimmten Strukturvariablen umgemünzt in praktische Empfehlungen. Andererseits wird mit der Ermittlung empirischer Zusammenhänge vom „Sollen" auf das „Sein" geschlossen; d.h. normativ entstandene und normativ intendierte Sozialstrukturen werden als naturhafte Fakten interpretiert, die Kontingenz dieser Erscheinungen wird vernachlässigt. Aus der Erforschung dessen, was ist, können wir nicht praktische Anleitungen gewinnen,

Übersicht 12   Konzeptionen und Methoden der Organisationssoziologie

Konzeptionen	primär verwendete Methoden
Systemtheoretische Konzeptionen	
Allgemeine Systemtheorie	Analogieschlüsse von biologischen und technischen Systemen auf Organisationen; z.t. Computersimulation
strukturell-funktionale Systemtheorie	terminologisch-taxonomisches Vorgehen, Entwicklung theoretischer Bezugsrahmen und Deutungsmuster
funktional-strukturelle Systemtheorie	phänomenologisches Vorgehen; z.T. „aprioristisches" Denken, d.h. gedankliche Durchdingung der Bedingungen der Möglichkeit sozialer Sachverhalte
Strukturalistische Konzeptionen	typische Instrumentarium der empirischen Sozialforschung: Dokumentenanalyse, Fragebogen, Interviews mit anschließender statistischer Auswertung, i.d.R. Korrelationsanalyse. Vergleichende Forschung, Mehrebenenanalyse
Ethnomethodologische Konzeptionen	phänomenologisches Vorgehen, hermeneutische Analyse; z.T. Experimente, Interviews, teilnehmende Beobachtung
Interventionistische Konzeptionen	Aktionsforschung, gruppendynamische Laboratorien, Prozeßberatung Einzelfallstudien

vielmehr bedarf es dazu einer *Möglichkeitsanalyse;* denn das, was ist, ist ja stets nur die Realisation *einer* objektiven Möglichkeit; um praktische Gestaltungsempfehlungen aussprechen zu können, müssen aber (im idealen Falle) alle objektiven Möglichkeiten, von denen vielleicht erst die allerwenigsten in der jeweiligen Zeit überhaupt praktisch realisiert sind, theoretisch aufgearbeitet werden.

Auch und gerade Organisationen sind unter der Perspektive einer möglichkeitswissenschaftlichen Soziologie zu erforschen.

Das bedeutet z.B. die Suche nach funktionalen Äquivalenten, die Erforschung der Ermöglichungen, also der Bedingungen der Möglichkeiten, was heißt *constraints* (Beschränkungen) und *resources* (Instrumentarien, Mittel), die die aktuellen Möglichkeitsräume für Praxis definieren, zu analysieren und methodische Instrumentarien zur Produktion von Innovationen zu entwickeln.

Die jeweils rückwärts gerichtete traditionelle empirische Sozialforschung hat damit nur eine eingeschränkte soziologische Relevanz.

Denkanstöße in dieser Richtung können von dem sinnverwendenden Systemparadigma, das ja gerade die Kontingenz thematisiert, ausgehen; in der praktischen Forschungstätigkeit liegen Ansätze in der Aktionsforschung vor, die eben auch die Möglichkeit zu sozial-innovativen Experimenten bieten, was nicht heißt, daß man durch Aktionsforschung etwa schon Gesellschaft verändern könnte[108].

III. Eine Systematik der Organisationssoziologie

Die Organisationssoziologie hat sich als eigenständige Disziplin bisher noch nicht so weit etablieren können, daß es eine allgemein akzeptierte, durchgängig verwendete Systematik dieses Faches gäbe. Deshalb soll im folgenden ein Vorschlag für eine einfache Systematik unterbreitet werden, in die wir dann die Problembereiche der Organisationssoziologie einordnen können.

Wir unterscheiden zwei Differenzierungsdimensionen: einmal nach dem Allgemeinheitsgrad der Betrachtung, zum anderen nach der empirisch-analytischen Betrachtungsebene, und kommen in der ersten Dimension zu der Unterscheidung in:

● Allgemeine Organisationssoziologie

● Differentielle Organisationssoziologie

● Spezielle Organisationssoziologie (n)

In der zweiten Dimension existieren folgende Betrachtungsebenen:

● Makrosoziologie der Organisatiion

● Mesosoziologie der Organisation

● Mikrosoziologie der Organisation

Die Übersicht 13 enthält einige Illustrationen dazu.

Übersicht 13 Beispiele für Problemstellungen in den verschiedenen Bereichen der Organisationssoziologie

Ebene / Allgemeinheitsgrad	Makrosoziologische Ebene	Mesosoziologische Ebene	Mikrosoziologische Ebene
Allgemeine Organisationssoziologie	Verhältnis von Organisationen zur Gesellschaft Beziehungen zwischen Organisationen	allgemeine Strukturen von Organisationen allgemeine Prozesse in Organisationen	Interaktion in Organisationen „Individuum und Organisation"
Differentielle Organisationssoziologie	Machtunterschiede von Organisationen und ihre historische Entwicklung in der Gesellschaft	Strukturvergleiche zwischen unterschiedlichen Organisationstypen oder von Organisationen in verschiedenen Umwelten	Vergleich organisationstypspezifischer Verhaltensweisen
Spezielle Organisationssoziologie(n)	Rolle und Entwicklung der öffentlichen Verwaltung in der Gesellschaft	Herrschaftsstruktur in Parteien, in Betriebswirtschaften	Einbindungsprozesse in religiösen Organisationen Interaktionsstrukturen in Gefängnissen

In dem folgenden Teil B wird zunächst nach dem Allgemeinheitsgrad organisationssoziologischer Analyse differenziert, im
zweiten Schritt nach der soziologischen Betrachtungsebene. Eine
solche Differenzierung darf natürlich nicht Interdependenzen aus-
blenden, wie sie etwa fraglos zwischen den einzelnen Ebenen bestehen; aber auch die Wissenschaft ist gezwungen, selektiv vorzu-
gehen.

In dieser Einführung widmen wir uns vornehmlich der Allgemeinen Organisationssoziologie.

B. Einführung in Hauptproblembereiche der Organisationssoziologie

I. Allgemeine Organisationssoziologie

1. Makrosoziologie der Organisation

a) Gegenstand und Probleme der Allgemeinen Makrosoziologie der Organisationen

Die Allgemeine Makrosoziologie der Organisationen befaßt sich einmal auf allgemeiner Ebene mit den Organisationen als speziellen Typ von sozialen Gebilden in einer Gesellschaft, zum anderen werden diese auf der Gebildeebene in den Beziehungen zu ihrem Umfeld thematisiert; d.h. Organisationen werden unter diesem Aspekt als Wirkungseinheiten, „black boxes", betrachtet, die mit ihrer Umwelt in Wechselbeziehungen stehen. Interne Strukturen und individuelle Verhaltensweisen bleiben dabei also zunächst ausgeklammert.

Ein Hauptproblembereich der Allgemeinen Organisationssoziologie auf makrosoziologischer Betrachtungsebene liegt offenbar in den „Beziehungen zwischen Organisationen und der Gesellschaft". Allerdings muß man bei dieser Sprechweise bedenken, daß Gesellschaft und Organisation(en) keine getrennten Wirklichkeitsbereiche sind, sondern daß es sich vielmehr um eine Begriffsrelation der Struktur: Allgemeines-Besonderes handelt. Gesellschaft kommt u.a. in Organisationen zum Ausdruck, zur Wirkung, ist andererseits u.a. auch durch Organisationen konstituiert. Man kann deshalb streng genommen auch nicht z.B. von einer „Interaktion" beider sprechen. Das Verhältnis ist offenbar anderer Art. Organisationen sind nicht „Subsysteme" der Gesellschaft. Dies muß einer Klärung zugeführt werden.

Eine Allgemeine Makrosoziologie der Organisation, die hier in dieser Einführung vermittelt werden könnte und die etwa auch schon das angesprochene Verhältnis zwischen Organisation und Gesellschaft theoretisch in den Griff bekommen oder gar erforscht hätte, existiert bislang allerdings nicht. Im folgenden soll deshalb versucht werden, unter verschiedenen Aspekten einige Anstöße für die makrosoziologische Diskussion zu geben.

Bevor dies im einzelnen erfolgen kann, ist aber noch eine Vorklärung erforderlich.

Immer, wenn man von Organisationen bzw. „System" und

Umwelt spricht und beide aufeinander beziehen will, benötigt man
bzw. verwendet man implizit oder explizit ein Konzept, das die
Unterscheidung beider Erlebens- und Handlungsbereiche ermöglicht. Man braucht bzw. hat stets irgendeine Vorstellung von einer
„Grenze", die Organisation und Umwelt voneinander trennt,
über die aber zugleich irgendwelche Transaktionen vollzogen
werden. Welcher Art ist nun eine solche Grenze? Wie kann man sie
erfassen? Was heißt eigentlich „Umwelt" der Organisation? Diese
Fragen müssen zunächst beantwortet werden, bevor man über
Interdependenzen verschiedenster Art spricht.

b) Organisationsgrenze und Organisationsumwelt

Offenbar stehen Organisationsgrenze und Organisationsumwelt
gleichsam in einem Komplementaritätsverhältnis zueinander: Je
weiter ich eine Grenze ausdehne, desto mehr „Externalität" wird
„internisiert" und umgekehrt. Eine Grenze ist eine Definitionsin-
stanz für „Innen" und „Außen". Grenzen von Organismen, aber
auch von nicht-organischen Aggregaten werden durch deren physi-
kalische „Oberfläche" gebildet. Grenzen von Ländern werden durch
Zäune, Gräben, Mauern oder Schlagbäume symbolisiert. Wie
verhält es sich nun mit den Grenzen von Organisationen? Offenbar
lassen sich in ähnlicher Weise die Grenzen der politischen Partei XY
oder die eines Krankenhauses nicht kennzeichnen. Gebäudemauern
oder Grundstücksumzäunungen sind nicht als solche Grenzen
anzusehen; man braucht nur daran zu denken, daß z.B. dann,
wenn ein Politiker der Partei XY ein Fernsehinterview gibt, er
offenbar innerhalb seiner Partei handelt (zumindest dürfte dies die
Regel sein); oder wenn ein Krankenhausangestellter Akten mit
nach Hause nimmt — also das Krankenhausgebäude verläßt — um
dort an ihnen weiterzuarbeiten, offenbar die Organisation Krankenhaus noch gar nicht verlassen hat. Auch lassen sich Organisationsgrenzen ebenso wenig durch die Menge der Organisationsmitglieder
in der Unterscheidung von Nicht-Mitgliedern darstellen. So kann
sich z.B. die Gesamtbelegschaft eines Betriebes abends zu einer
Versammlung ihrer gemeinsamen Bürgerinitiative einfinden. Es
handelt sich um exakt die gleichen Personen, die im Betrieb arbeiten und die dieser Bürgerinitiative angehören; ganz offensichtlich
identifizieren wir aber zwei verschiedene Organisationen. Wir sind
sogar in der Lage zu sagen, daß dann, wenn diese Gruppe tagsüber
in den Betriebsgebäuden sich zu einer Diskussion über den Anlaß
der Bildung ihrer Bürgerinitiative zusammenfindet, dieses „nicht in
den Betrieb gehört". Hier wären anscheinend „Grenzen überschrit-
ten". In ähnlicher Weise würde es uns irritieren, wenn in einer staat-

lichen Universität von den Studenten verlangt würde, zu Beginn der
morgendlichen Vorlesung einen religiösen Choral zu singen; auch
dies würde Grenzen sprengen, obwohl es innerhalb des Universitäts-
gebäudes und von Universitätsmitgliedern durchgeführt würde.

Alle diese Grenzziehungen, die in diesen Beispielen deutlich werden, leisten wir offenbar erst vermittelst Bewußtsein, Denken, dadurch, daß wir zunächst einmal eine Beziehungen herstellen zwischen den wahrgenommenen Handlungen und den damit ausgedrück-
ten oder in diesen Handlungen implizierten Prinzipien, Zwecken,
Intentionen, Zielen usw. Sodann prüfen wir — dies geschieht im
Normalfall alles sehr schnell ohne langes Überlegen —, ob diese in-
tentionalen Implikationen mit denen der betreffenden spezifischen
Organisation zuzurechnenden oder ihr immanenten übereinstimmen — allgemein gesprochen: Ob die Handlung ihrem *Sinne* nach in
die jeweilige Organisation gehört. Der „Sinn" von Handlungen, der
durch diese Relationierungsleistung in unseren Köpfen — und was
eigentlich erstaunlich ist: sehr häufig in anscheinend kollektiv iden-
tischer Weise — entsteht, ist damit Abgrenzungskriterium. Auf eine
einfache Formel gebracht, kann man deshalb auch sagen, daß Organisationsgrenzen „Sinngrenzen" sind. Damit wird auch deutlich, daß
es in vielen Fällen gar nicht möglich sein mag, solche Grenzen eindeutig zu bestimmen oder festzulegen, handelt es sich doch stets
um eine doppelte Interpretationsleistung, die vollbracht werden
muß: die Interpretation von „Organisationssinn", und von „Hand-
lungssinn" der jeweils erlebten oder getätigten Aktionen. Wir können nie ganz sicher sein, ob andere, für uns gerade relevante Menschen
diese beiden Interpretationsleistungen in gleicher Weise vollziehen
wie wir. Deshalb existiert in Organisationen auch eine ganze Reihe
von Einrichtungen, die eine soziale Gleichsinnigkeit fördern sollen.
Darauf kommen wir später noch zurück.

Was es hier festzuhalten gilt, ist, daß Organisationsgrenzen nicht
physischer, sondern „sinnhafter" Art sind. Vermittelst dieser Sinngrenzen werden die organisational relevanten, die Organisation defi-
nierenden Handlungsfelder — oder wie z.B. *Thompson* es nennt: „Domänen"[1] — ein- bzw. ausgegrenzt.

Weiters ist eine Implikation dieses Sachverhaltes festzuhalten,
die schon für den nächsten Abschnitt von großer Bedeutung ist:
ein und dieselbe Handlung kann verschiedenen „Sinnbereichen" angehören, kann zugleich und verträglich miteinander im Hinblick
auf unterschiedliche Aspekte interpretiert werden, so daß sich
Grenzen gegenseitig durchdringen.

Was ist nun unter der „Umwelt" einer Organisation zu verstehen?
„Umwelt" ist offenbar ein Sammelbegriff für bestimmte, außerhalb der Organisationsgrenzen sich befindende oder sich ereignen-

de „Dinge". Dies müssen wir nun aber einmal genauer ansehen.

In ihren allgemeinen Definitionen zur Systemtheorie bestimmen etwa *Hall* und *Fagen* „Umwelt" folgendermaßen:

„Für ein gegebenes System ist die Umwelt die Menge aller Objekte, bei denen eine Veränderung ihrer Eigenschaften das System beeinflußt, und auch jener Objekte, deren Eigenschaften durch das Systemverhalten verändert wird[2]."

In dieser Kennzeichnung bleibt allerdings die Innen-Außen-Problematik offen.

Auch in der Organisationstheorie gibt es eine Reihe von verschiedenen Definitionen der Organisationsumwelt[3].

So ist z.B. die Rede von

● *der „Domäne" (domain) einer Organisation*, als derjenige außerhalb der Organisation liegende Bereich, der für die Organisation und ihre Zielerreichung von Bedeutung ist bzw. mit dem die Organisation interagiert.

● *dem „Territorium (territory) einer Organisation*, als derjenige Umweltbereich, den eine Organisation dominiert.

● *dem „Markt" einer Organisation*, als das Feld von für die Organisation relevanten Klienten und/oder Konkurrenzorganisationen.

● *der „Nische" (niche)*, als diejenige externe Konstellation, die einer Organisation das Überleben ermöglicht.

● *der „Aufgabenumwelt" (task environment)*, als die Umweltelemente, die Zielsetzung und Zielerreichung einer Organisation beeinflussen (Kunden, Lieferanten, Konkurrenten, regelnde Institutionen).

Alle diese Bestimmungen sind zwar relativ wenig elementar, enthalten aber doch wichtige Bestandteile eines allgemeinen Umweltbegriffs.

So kann man unter Organisationsumwelt alle diejenigen außerhalb des organisationalen Handlungsfeldes liegenden Phänomene (Ereignisse, Handlungen, Systeme usw.) verstehen, die insofern für die Organisation Relevanz besitzen, als sie auf das Handlungsfeld oder einzelne Handlungen daraus Einfluß nehmen oder durch organisationale Aktionen selbst beeinflußt werden. Es handelt sich also um zwei Aspekte: die passive und die aktive „Wirkwelt" einer Organisation (wegen der oben erläuterten Eigenschaften von Organisationsgrenzen gehören dazu z.B. auch die Mitglieder der Organisation).

Eine zusätzliche Differenzierung ist noch vonnöten.

Die Einflußnahme auf oder von Umweltphänomene(n) muß der

Organisation – d.i. den organisationalen Handlungsträgern – nicht
unbedingt bewußt sein; sie kann objektiv gegeben, subjektiv aber
nicht präsent sein, so daß man von „objektiver" und „subjektiver"
Umwelt sprechen kann. Wenn man über Organisationsumwelt in
konkreten Fällen oder in der empirischen Organisationsforschung
spricht, muß man also angeben, welches Feld man aus der Matrix
der Übersicht 14 meint.

Übersicht 14   Bereiche der Organisationsumwelt

	objektiv	subjektiv
passive Wiklichkeit	1	2
aktive Wirkwelt	3	4

In *Feld 1* gehörten so z.B. prägende Einflüsse des politischen
oder kulturellen Systems, dessen sich die Organisationsmitglieder
gar nicht bewußt sein müssen.

In *Feld 2* gehörten z.B. die registrierten Aktivitäten von Klienten und Konkurrenzorganisationen.

In *Feld 3* könnten z.B. die sog. „externen Effekte" von Organisationen untergebracht werden, d.h. solche Wirkungen, die die Organisation in ihrer Handlungsplanung nicht erfaßt hat, die aber sehr wohl in negativer oder positiver Weise auftreten.

In *Feld 4* schließlich sind die aktiv zu beeinflussenden Umweltphänomene anzusiedeln, also etwa die Gesetzgebung, die öffentliche Meinung, wobei diese Beeinflussung beabsichtigt und bekannt ist.

Es gibt nun in der Literatur eine Reihe von Versuchen, Merkmale und Kategorien zu entwickeln, mit deren Hilfe Organisationsumwelten beschrieben werden können. Eine informative Zusammenstellung stammt von *Khandwalla*[4].

Danach kann die spezifische Umwelt für eine Organisation folgendes bedeuten:

● *Beschränkungen oder „Nebenbedingungen"* (constraints); das sind von einer Organisation nicht beeinflußbare, aber ihre Handlungsmöglichkeiten einschränkende oder determinierende Daten oder Konstellationen (passive Wirkwelt).

● *„Kontingenzen"* (contingencies); das sind solche Ereignisse der passiven Wirkwelt, über deren Eintritt nur Wahrscheinlichkeitsaussagen getroffen werden können, wie z.B. ein möglicher Streik, eine mögliche Gesetzesänderung.

● *Chancen* (opportunities), d.h. günstige Situationskonstellationen, die potentiell der organisationalen Zweckerfüllung dienlich sein können.

● *Probleme* (problems); darunter versteht Khandwalla solche eingetretenen Ereignisse, die die Organisationszwecke in ungünstiger Weise betreffen, und auf die die Organisation reagieren muß.

Darüber hinaus läßt sich die Umwelt hinsichtlich verschiedener Eigenschaften charakterisieren, die auf folgenden Dimensionen angesiedelt werden können:

● *turbulent − stabil* (turbulent − stable). Eine turbulente Umwelt ist durch häufige Wandlungen, die überdies auch schwer prognostizierbar sind, gekennzeichnet.

● *feindselig − wohlwollend* (hostile − benign). Eine feindselige Umwelt ist gefährdend, belastend oder die Organisation beherrschend.

● *heterogen − homogen* (heterogeneous − homogeneous). Eine heterogene Umwelt stellt eine große Varietät unterschiedlichster Ansprüche an eine Organisation.

● *technisch komplex − technisch einfach* (technically complex − technically simple). Eine technisch komplexe Umwelt liegt dann vor, wenn für die Entscheidungsfindung und Handlungsplanung ausgearbeitete Spezialtechnologien erforderlich sind.

● *restriktiv − permissiv* (restrictive − permissive). Je mehr Beschränkungen (constraints) eine Umwelt einer Organisation auferlegt, desto restriktiver ist sie.

Auf der Basis solcher Umweltmerkmale und ihrer jeweils konkreten Ausprägung lassen sich nun Organisationsstrukturen im Hinblick auf ihre Umweltentsprechung untersuchen. Darauf werden wir unten auf der mesosoziologischen Betrachtungsebene noch zu sprechen kommen. Im Moment diente uns diese Darstellung nur dazu, einen Eindruck von dem Umweltbegriff zu vermitteln.

Wir können uns nun spezifischer makrosoziologischer Themenstellung zuwenden; dabei verwenden wir zum Teil systemtheoretisches Gedankengut, weil wir der Meinung sind, daß dadurch Interdependenzen zwischen Organisation und Umwelt in angemessenster Weise dargestellt werden können.

c) **Ebenen der Interdependenz zwischen Organisation und Organisationsumwelt**

Interdependenzen zwischen Organisation und Umwelt lassen sich
auf verschiedensten Ebene herstellen. So unterscheidet z.B.
Metcalfe[5]

● *die kulturelle Ebene,* womit die Entsprechung von „Organisationskultur" (Ziele, Werte) mit der Kultur der Umwelt angesprochen
ist;

● *die normative Ebene,* worunter die Konformität der Organisation
mit externen Verhaltenserwartungen meint;

● *die kommunikative Ebene,* mit der die Kommunikationsgrund-
lagen, Kanäle und Medien angesprochen sind und

● *die funktionale Ebene,* auf der Austauschprozesse und Machtbeziehungen thematisiert werden.

Bei *Parsons* werden Interdependenzen in seiner allgemeinen Theorie
sozialer Systeme durch die Konzepte der wechselseitigen Durchdringung (Interpenetration) und der Funktion zu erfassen versucht,
wobei er das Verhältnis der vier Systeme: Verhaltensorganismus, Per-
sönlichkeitssystem, Sozialsystem und Kultursystem im Auge hat.
Im jeweiligen Verhalten des Individuums „durchdringen" sich diese
Basissysteme; die gegenseitige Angewiesenheit aufeinander, was die
energetisierende Komponente angeht, wird durch das Konzept der
Funktion erfaßt[6].

Wir können hier die *Parsons*sche Theorie nicht im einzelnen re-
konstruieren, meinen aber, daß uns hier wesentliche Konzepte für
unser Problem an die Hand gegeben werden. Auch schon in der angeführten Ebenendifferenzierung von *Metcalfe* werden eigentlich
zwei Hauptbereiche von Interdependenzen deutlich, die wir im folgenden weiter untersuchen wollen:

● der Bereich der *„Interpenetration"* von Organisation und Gesellschaft; hierunter fallen auch die beiden ersten Ebenen von *Metcalfe*

● der Bereich der *„Interaktion"* von Organisationen worunter auch
die beiden letzten Ebenen der *Metcalfe*'schen Systematik erfaßt
sind.

Beide Bereiche sollen nun genauer im Sinne von Gerüsten für eine
Makrosoziologie der Organisation umrissen werden.

d) **Interpenetration von Organisation und Gesellschaft**

Analytisch lassen sich drei verschiedene Klassen von Relationen
zwischen Systemen unterscheiden:

● die Gleichordnung von Systemen auf einer Ebene (laterale Beziehungen)

● die Über- bzw. Unterordnung von Systemen, so daß man von „Super-" bzw. „Subsystemen" sprechen kann (hierarchische Beziehungen)

● die wechselseitige Durchdringung von verschiedenen Systemen (interpenetrative Beziehungen).

Während wir in den ersten beiden Fällen mit der analytischen Kategorie der Interaktion arbeiten können, um z.B. Austauschprozesse und Interaktionsmedien zu untersuchen, ist dies im Falle der Interpenetration nicht möglich.

Was heißt nun „Interpenetration von Organisation und Gesellschaft"? Organisationen sind keine isolierten Inseln inmitten einer fremden Umwelt. Die Organisationsmitglieder legen, bevor sie innerhalb der organisationalen Sinngrenzen agieren und miteinander handeln, nicht die gelernten, tradierten, auch in der Umwelt in Mustern vorhandenen Verhaltensweisen ab. Die Gründung, Zweckausrichtung, Binnengestaltung und Interessenstruktur von Organisationen erfolgt nicht in einem sozialen, ideologischen, materiellen oder kulturellen Vakuum; vielmehr werden bei all diesen Aktionen und Strukturierungsleistungen in vielfältiger Weise gesellschaftliche Handlungs-, Normen- und Wertmuster auf die Organisation angewendet, in ihr zum Ausdruck gebracht, wird sich auf sie bezogen, wirken diese als Legitimation bestimmter Organisationstypen oder -strukturen.

Kulturelle Gehalte, politische Vorstellungen, Rechtsauslegungen, Technologien diffundieren über die Organisationsgrenzen vermittelst der Köpfe der Menschen in die Organisationen hinein; sie wandern aber auch über die Organisationsgrenzen hinaus in die Umwelt und durchdringen sich mit dem dort vorhandenen anderen „Systemen". Es finden hier gleichsam „Sinnübertragungen" sowie „Sinnapplikationen" statt.

Auf diese Weise kann man in makrosoziologischer Perspektive einmal Organisationen als durch weitere gesellschaftliche Phänomene konstituiert, weiterhin Gesellschaft im Hinblick auf die in ihr wirkenden Organisationen nach Art und Umfang sowie schließlich die wechselseitige „Funktionalität" und Bedingtheit untersuchen.

Diese Interdependenzen in Form von Durchdringungen sind natürlich gar nicht weiter erstaunlich, sind doch Organisationen stets ausdifferenzierte soziale Systeme, die wegen und trotz ihrer Ausgegliedertheit funktionale Interdependenzen zu anderen gesellschaftlichen Systemen bewahren; dies wird auch ersichtlich, wenn wir auf unsere Überlegungen zur Organisationsgrenze zurückgreifen, wo deutlich wurde, daß es sich hier nicht um physische oder durch Mitglieder aufgebaute Grenzen handelt, sondern um Sinngrenzen, die jeweils bestimmte Handlungsaspekte, -inhalte, zusammenfassen, ihnen einen einheitlichen Bezug geben. Typischerweise gehört ja ein und dieselbe Handlung mehreren Systemen an.

Die mit der Ausdifferenzierung einhergehende Grenzziehung ermöglicht aber für die Gesamtgesellschaft eine durch Steigerung der eigenen Vielfalt „verbesserte" Anpassung an komplexe Umweltbedingungen. Trotz Differenzierung in eine Vielzahl heterogener Organisationen in unserer heutigen Gesellschaft wird vermittelst Interpenetration gleichsam eine Einheit hergestellt bzw. wird sie bewahrt, wobei allerdings durchaus das konkrete Organisationswesen auf unterschiedlichste Weise sich verändern, sich anpassen kann. Interpenetrationen gewährleisten gerade stete Integriertheit. Durch Interpenetration wird somit Wandelbarkeit trotz Stabilität oder Stabilität trotz Wandel möglich.

Von makro-organisationssoziologischem Interesse sind nun Funktionsweisen und Wirkungen solcher wechselseitigen Durchdringungen. Auf konkreter Ebene ist dies die Frage nach den bestimmenden Faktoren des Organisationswesens in jeweils historisch konkreter Gesellschaftsformation, wobei eine sozial- und kulturgeschichtliche Orientierung unter entwicklungssoziologischem Aspekt das makrosoziologische Verständnis von Organisationen erheblich fördern könnte. Nun müßte eine Sozialgeschichte der Organisationen aber erst noch geschrieben werden[7], so daß wir hier nur einige wenige Hinweise geben können.

Verursachende, bedingende und gestaltende Faktoren

Um das Organisationswesen in bestimmten Gesellschaftsformationen zu verstehen, kann man nach

● den verursachenden Assoziationsmotiven oder einem „Organisationsdruck"

● den ermöglichenden bzw. beschränkenden Bedingungen sowie

● dem Vorhandensein und der Art der organisationsgestaltenden Vorbilder, Ideologien oder Technologien fragen.

Auf diesem Wissenshintergrund könnte dann das Ausmaß des Organisationswesens, seine Struktur sowie seine Funktion innerhalb einer Gesellschaft einer Erklärung nähergebracht werden.

Verursachende Faktoren der „Erfindung" und des Gebrauchs des sozialen Instruments: Organisation werden erhellt, wenn man die Wirkungsweisen, die bewirkenden Effekte dieses Mittels betrachtet. Durch Organisation ist im Hinblick auf Ziele und Zwecke ein sogenannter „Synergie-Effekt" erzielbar; d.h. durch Zusammenschluß, interne Arbeitsteilung, Kooperation, gemeinschaftliche Außendarstellung usw. ist ein Surplus gegenüber einzeln tätigen Menschen zu erreichen. Dieser wird möglich durch den speziellen „Reduktionseffekt" von Organisationen: Organisationen sind im Unterschied zu Gruppen, Familien, Stammesgemeinschaften, Horden soziale Systeme, die höchst spezialisiert immer nur eine „Partialinklusion" ihrer Mitglieder, d.h. immer nur Einstellungen oder Aktionen, die dem speziellen Organisationszweck entsprechen fordern. Für jede Organisation wird darüber hinaus auch die weitere Umwelt „reduziert": es sind nur jeweils bestimmte Ereignisse usw. für eine Organisation von Bedeutung. Dadurch kann man sich den speziellen Handlungsausrichtungen intensiver widmen.

Noch ein weiterer Aspekt scheint von großer Bedeutung zu sein. Organisationen werden, wie schon oben festgestellt, von den Gesellschaftsmitgliedern als selbständige, ein Eigenleben, eine eigene Identität besitzende Einheiten aufgefaßt, denen nicht nur Handlungen, sondern auch Handlungsfolgen zugerechnet werden, die also im Bewußtsein der Menschen „Verantwortung" tragen können. Dies ist stets auch rechtlich bzw. durch die jeweilige Organisationsverfassung abgesichert. (Man denke nur an die rechtliche Konstruktion der „Gesellschaft mit beschränkter Haftung" oder „Aktiengesellschaft", die im Französischen in unserem Sinne viel treffender als „Société anonyme" bezeichnet wird. Die Entkoppelung von Individuum und Organisation hat eine Entlastungswirkung, die den Aufbau komplexer Gesellschaften erst ermöglicht.

Die verursachenden Gründungs-, Erhaltungs- oder Beitrittsmotive sind nun stets in irgendeiner Weise auf diese Organisationsfunktionen bezogen. Sei es, daß man durch Aufbau einer Heeresorganisation Angriffe oder Verteidigung effektiver durchzuführen meint, daß man durch Bildung einer politischen Partei mächtiger werden will, daß man durch Gründung eines Betriebes ökonomisch effizienter produzieren kann oder daß man durch eine staatliche Verwaltungsorganisation politische Entscheidungen besser durchzusetzen in der Lage ist oder die Staatsbürger effizienter lenken kann.

Nun reicht aber die Kenntnis möglicher Motive nicht aus, um Vorhandensein, Fehlen oder Struktur des Organisationswesens zu erklären. Vielmehr müssen die gesellschaftlichen Bedingungskonstellationen, die gleichsam „Organisationsbedarfe" schaffen, untersucht werden.

So gibt es historisch gesehen Organisationen erst dort, wo der Mensch seßhaft wird und sich in größeren Verbänden an einem Orte niederläßt. Die Seßhaftigkeit bringt die Notwendigkeit mit sich, zumindest periodenweise mehr zu produzieren als es der momentane Konsumbedarf erfordert, die Assoziation zu größeren Verbänden an einem Orte schafft die Erfordernisse der Verwaltung, Verteilung und Verteidigung dieses nun möglich werdenden „Mehr" bzw. der für ihre Produktion erforderlichen Produktionsmittel. Hinzu kommt die sich in solchen Verbänden entwickelnde Arbeitsteilung, die sich stets alsbald institutionalisiert. Verwaltung, Verteilung, Verteidigung sowie diese Arbeitsteilung lassen Organisationen entstehen, denen die Regelung dieser ausdifferenzierten Bereiche obliegt. Wo es Differenzierungen dieser Art gibt, gibt es auch die Entwicklung ausgeprägter Partialinteressen, was wieder „Gegenorganisationen" zur je eigenen Interessendurchsetzung hervorbringt.

Frühe Organisationen sind somit auch Genossenschaften, Heere, „berufliche" Assoziationen wie z.B. die römischen Kollegien, die allerdings weniger Standesvertretungen als vielmehr kultischer Art waren.

Ein weiterer Bedingungsrahmen für die konkrete historische Gestaltung der Arten, der Struktur, der Ausrichtungen und der Quantitäten der Organisationen ist in den jeweils herrschenden politischen, rechtlichen oder geistig-ideologischen Restriktionen zu finden. Immer dort wo Vertrags- oder Koalitionsfreiheit herrscht, wo der Staat nicht absolutistisch ist, wo die soziale Einbindung und Verpflichtetheit des Individuums durch eine Gemeinschaftsideologie gelehrt wird oder wo zwar individualistische Ideologie vorherrscht, dieser aber Raum gegeben wird, sich durch freie Vereinigungen jeweils auszudrücken, kann man eine „Blüte" (freier) Organisationen feststellen. Solche „Blütezeiten" gibt es etwa in der römischen Republik, dem Hochmittelalter und der Moderne seit den letzten hundert Jahren[8]. Unter restriktiven Rechts- und absolutistischen oder totalitaristischen Staatsverhältnissen dagegen ist die Tendenz zur Zentralisierung und Gleichschaltung der sozialen Regelungen vorherrschend was zur Einverleibung privater Organisationen in die Staatsverwaltung führt. Hier dann entwickeln sich „Geheimorganisationen" („Geheimgesellschaften"), die verbotenen Ideen frönen oder Widerstand gegen Staatsgewalten auszubauen trachten.

„Organisationsbedarfe" existieren offenbar unter den verschiedensten politischen Konstellationen, nur sind sie je verschiedener Art und werden je auf unterschiedliche Weise gedeckt.

Ein gemeinsamer struktureller Zug aller Organisationen in der Geschichte ist allerdings auffallend: das Prinzip der Hierarchie. Es findet sich in frühen religiösen, militärischen, staatlichen, betrieblichen Organisationen genauso wie in modernen Vereinen oder in Geheimgesellschaften, wobei es in letzteren besonders ausgeprägt ist. Offenbar handelt es sich hier um ein organisatorisches Gestaltungswissen, eine Gestaltungsideologie, die mythischen Ursprungs ist und die von einem Organisationstyp, dem religiös-kultischen, auf Heeres- und Staatsorganisationen sowie dann später auf Betriebswirtschaften übertragen wurde. Hierarchisches Denken aus dem kulturellen System der Gesellschaft stellt Ordnungsschemata für den Organisationsaufbau bereit, hierarchische Organisationen stellen für die soziale Bewertung von Positionen und Personen, für die Entwicklung von Statusrangordnungen Kriterien zur Verfügung. Man denke nur daran, wie z.B. gesellschaftliche Werte der Entscheidungskompetenz und des Einkommens betriebliche Positionen sozial einschätzen lassen, wie andererseits die betrieblich-berufliche Stellung einer Person ihren weiteren Status auch außerhalb des Betriebes bestimmt. Wir werden unter dem mesosoziologischen Aspekt noch auf diese Strukturfragen zurückkommen.

Auf der Grundlage der Kenntnis solcher Diffusionen über die Organisationsgrenzen hinweg wird auch die Zusammenstellung von *Starbuck* über die Einflüsse der „Umwelt auf die Organisation" verständlich[9]; dort werden besonders folgende gesellschaftliche Faktoren hervorgehoben:

- Werthaltungen
- soziale Normen
- soziale Schichtung
- allgemeine Rollenkonzepte
- soziale und räumliche Mobilität
- verfügbare Technologien
- gesetzliche Regelungen
- Regierungspolitik
- allgemeine ökonomische Bedingungen.

Aber auch umgekehrt üben Organisationen Einfluß auf ihre Umwelt aus. Die Übersicht 15 (s. S. 62/63) reproduziert die von *Starbuck* aufgestellte Matrix. Er bezieht sich dabei auf eine Fülle von Einzeluntersuchungen.

Entwicklungshypothesen

Es wäre zweifellos reizvoll, im Rahmen einer Sozialgeschichte der Organisationen, deren Entwicklung mit anderen gesellschaftlichen Entwicklungstendenzen zu korrelieren. Wir können hier nur einige Entwicklungshypothesen mit sehr vorläufigem Charakter kurz umreißen.

Es scheint entwicklungssoziologisch allerdings problematisch zu sein, Organisationen als aus sozialen Gruppen entstanden zu kennzeichnen, sind doch Organisationen wegen ihres objektivierten und verselbständigten Charakters soziale Systeme recht eigener Art.

Die Entwicklung des Organisationswesens hat bis hin zu unserer heutigen Gesellschaft, die schon gleichsam „organokratische" Züge hat, zu einem ständigen Wachstum der Gesamtmacht und -kontrolle in der Gesellschaft geführt.

Einige Entwicklungshypothesen dazu sind:
Die Zunahme des Ausmaßes und des Einflusses von Organisationen geht einher mit

(1) einer Zunahme der Technisierung und Industralisierung, d.h. der Entwicklung von Instrumenten zur Beherrschung von Natur und Menschen und der damit verbundenen Herrschaftsideologie, die alles verfügbar machen will;

(2) einer Zunahme der Professionalisierung, die mit der Technisierung verbunden ist und die sowohl eine ständige Ausdifferenzierung und Spezialisierung von Organisationen ermöglicht als auch eine soziale Differenzierung in Experten und Laien, in Dazugehörige und „Andere" begünstigt;

(3) einer Zunahme der Verstädterung, die Organisationsbedarfe wegen zunehmender funktionaler Differenzierung (Abbau „autarker" bzw. autonomer Lebensbereiche) in erheblichem Ausmaß entstehen läßt, zugleich aber nur noch durch Entwicklung spezialisierter und von Verantwortungen entlastenden Organisationen „beherrschbar" ist;

(4) einer Zunahme des Repräsentationszwanges des Individuums, das in wachsendem Maße wegen Zunahme der gesellschaftlichen Komplexität und Politisierung nicht mehr in der Lage ist, sich selbst zu artikulieren und durchzusetzen, sondern dazu der Interessenvertretung, der Repräsentation, bedarf. „Die Interessenvertretungen sind Destillierapparate, welche die ungewissen und unklaren Wünsche der Einzelnen zu bestimmten Gedanken und Vorschlägen läutern . . . "[10];

(5) einer Zunahme der Schutzbedürftigkeit des Individuums, die ähnlich wie der Repräsentationszwang in These (4) begründet werden kann und die zu einem Wachstum der Staatsbürokratie zur Verwaltung der Interessen und zum sozialen und existenziellen Schutz des Individuums führt (bürokratischer Sozialstaat);

(6) einer Zunahme der „Positivierung" des Rechts und der Werte, die ähnlich wie die Technisierung die Machbarkeit von Recht und Kultur im Bewußtsein der Menschen befördert und dadurch (über Kontingenz, d.h.: „alles ist auch anders möglich") die soziale Komplexität erheblich erhöht und somit „Reduktionszwänge" produziert;

Übersicht 15: Wirkungen von Organisationen auf die Umwelt (Deutsche Übersetzung nach *Starbuck, W.H.*: Organisatzions and their Environments. In: *M.D. Dunette* (Hrsg.): Handbook of Industrial and Organizational Psychology. Chicago 1976, S. 1096)

Beeinflußte Elemente in der Organisationsumwelt \ Beeinflussende Organisationsaktivität	Technologische Strategien	Ausbildungs- und Forschungsaktivitäten	Geographische Ausdehnung	Aktivitäten der Regierungsstellen	Einflußnahme auf Regierungspolitik	Partizipation an der Machtstruktur des Bezirkes	Inter-organisationale Koalitionen	Werbung und Public Relations	Kontrolle von Bewertungsmaßstäben	Politik gegenüber Austauschpartnern	Austauschstrategien	Ausmaß von Inputs und Outputs	Intra-organisationale Strukturen und Verfahren	Organisationale Mitgliedschaftskriterien	Arbeitsbedingungen
Eigenschaften des Standortes	×	×		×	×	×									
örtliche Bestimmungen	×	×	×	×	×										
Materialeigenschaften	×	×	×	×											
Güterknappheiten	×	×	×		×										×
Frei verfügbare Güter	×	×	×	×				×		×					
Werthaltungen	×	×	×	×	×			×	×		×				
Normen bzgl. Eigeninteresse und sozialer Verantwortung	×	×		×	×		×	×	×		×			×	
Motive der Arbeitszufriedenheit	×	×		×	×	×	×	×	×	×		×	×	×	
Organisationale Rollenkonzepte	×	×		×	×	×	×	×	×	×	×	×	×	×	×
Soziale Schichtung	×	×		×	×	×	×	×	×	×		×	×	×	×
Geographische Wanderungen und	×	×	×	×	×	×	×	×	×	×	×	×	×	×	×

Technologie zur makro-sozialen Integration						×	×	×	×	×	×	×	×
Kriterien für die Existenz von Organisationen		×			×	×	×	×	×	×	×	×	×
Physiologische Eigenschaften von Tieren und Menschen	×		×	×	×	×	×	×	×	×	×	×	×
Abstrakte Eigenschaften der makro-sozialen Umwelt			×	×	×	×	×	×	×	×	×	×	×
Vorbildfunktion bestehender Organisationen	×	×	×	×	×	×	×	×	×	×	×	×	×
Intra-organisationale Koalitionen	×	×	×	×	×	×	×	×	×	×	×	×	×
Ausmaß verfügbarer Technologien		×	×	×	×	×	×	×	×	×	×	×	×
Regierungsarbeit	×		×	×	×		×	×	×	×	×	×	×
Allgemeine ökonomische Bedingungen		×	×	×	×	×	×	×	×	×	×	×	×
Steuern und Subventionen	×	×		×	×	×	×	×	×	×	×	×	×
Merkmale von Austauschpartnern	×	×	×	×	×	×	×	×	×	×	×	×	×
Merkmale konkurrierender Organisationen	×	×	×	×	×	×	×	×	×	×	×	×	×
Beschränkungen durch geschäftliche Vereinbarungen				×	×		×	×	×	×	×	×	×
Eigenschaften von Austauschmedien		×	×	×	×	×	×	×	×	×	×	×	×
Abhängigkeitsgrad zwischen Konkurrenten	×	×	×	×	×	×	×	×	×	×	×	×	×
Wettbewerbsgrad zwischen Konkurrenten		×	×	×	×	×	×	×	×	×	×	×	×

(7) mit der Zunahme der Diskrepanz zwischen sinnhaft-kommunikativer und formal-verfahrensbezogener Legitimation sozialer Systeme, was aus der These (6) hergeleitet werden kann und was bedeutet, daß eine formal „korrekte" Strukturschaffung und Verfahrensweise in zunehmendem Maße eine an die Individualmotiven und -interessen orientierte Legitimation ablöst („Legalismus"). Rationalität wird differenziert in eine Disparität von technisch-organisationaler und sozialer Rationalität.

Die Entwicklung des Organisationswesens ist insgesamt gesehen also Ausdruck, Ursache oder Bedingung einer wachsenden Entpersönlichung und gerade von Herrschaftsbeziehungen. Der einzelne ist nunmehr kollektiven Bedingungen, sozialen Apparaten unterworfen. Diese Art von „Entfremdung" durch Ausdifferenzierung und Verselbständigung organisierter Sozialsysteme gilt keinesfalls etwa nur für Industriebetriebe, sondern ebenso z.B. für die Ausgliederung der Kranken aus der Familie in Krankenhäuser, der Sterbenden in Sterbeheime, der Alten in Altersheime, der politischen Kommunikation in Partei-Großorganisationen, wie z.B. auch für die Delegation von Freizeitgestaltung auf Freizeitorganisationen, von direkten Interessenausgleich auf Rechtsorganisationen usf.

e) Interorganisationsbeziehungen

In einer Organisationsgesellschaft wie der modernen, heutigen treten die Menschen in Kontakt miteinander als Vertreter ihrer jeweiligen Organisationen als „Spieler von speziellen Organisationsrollen". Herr Meyer spricht *als* Mitglied der Partei XYZ mit dem *Vertreter* der Gesellschaft B. Herr Müller verhandelt *in seiner Eigenschaft* als Vorstandsmitglied der Z-AG mit dem Herrn Lehmann *als* Bürgermeister der Stadt Soundso um eine Baugenehmigung für ein Zweigwerk.

Wir treten *als* Klienten nicht schlicht mit Herrn oder Frau Schmidt, sondern mit der *Verkäuferin* Schmidt, dem *Verwaltungsangestellten* Schulz auf dem Einwohnermeldeamt, mit dem *Hochschullehrer* Meier als Funktionsträger spezieller Organisationen in Kommunikation.

Dabei sind die Organisationen unserer Gesellschaft selbst auf vielfältige Weise auch in anderen Hinsichten miteinander verbunden. Sie sind über Kapitalbeteiligungen miteinander verflochten, über multiple Mitgliedschaften in entscheidenden Positionen miteinander „verfilzt", über gegenseitige Zulieferungen bzw. Abnahme von Produkten und Dienstleistungen aufeinander angewiesen, über Konkurrenz- und Konfliktbeziehungen voneinander abhängig.

Die organisierte Gesellschaft ist ohne die Erhellung solcher Interorganisationsbeziehungen auf den verschiedenen Ebenen nicht verstehbar. Diese Beziehungen lassen sich durch folgende problematisierende Fragen thematisieren:

(1) Wodurch werden Interorganisationsbeziehungen hergestellt?
(2) Welche Beziehungen lassen sich nach Art und Intensität zwischen Organisationen feststellen?
(3) Wie reagieren Organisationen auf „störende" Umwelteinflüsse, die durch andere Organisationen ausgeübt werden?
(4) Durch welche „Mechanismen" werden interorganisationale Beziehungen und Interaktionen geregelt, „koordiniert" und gesteuert?

Zu (1): Funktionale Differenzierung und funktionale Interdependenz

Wir haben bereits mehrfach festgestellt, daß Organisationen durch Prozesse der Ausdifferenzierung oder funktionalen Differenzierung innerhalb der Gesellschaft entstehen. Im Falle einer „Gesellschaft" ohne Organisationen (vermutlich kann man dann noch gar nicht von „Gesellschaft" sprechen) werden alle Tätigkeiten und Funktionen von den Individuen oder der Gruppe allein erledigt: Produktion von Gütern und der dazu erforderlichen Rohstoffe und Werkzeuge, Konsum oder Verkauf dieser Produkte, Regelung von Konflikten, Interessendurchsetzung, Verteidigung, Krankheitsheilung etc. liegen noch in der Hand des Einzelnen, der Familie oder der Gruppe. Eine Ausdifferenzierung von Produktions-, Rechts-, Partei-, Militär- oder Heilungsorganisationen bedeutet nun zwar, daß hier Handlungsbereiche mit einer gewissen Autonomie geschaffen werden — eine „Entlastung" von anderen Problembereichen ist ja das Grundfunktionsprinzip aller Organisationen —, heißt aber nicht, daß der vorgängig vorhandene (Lebens-)Zusammenhang vollständig aufgelöst würde. Die Interdependenz zwischen diesen Handlungsfeldern ist vielmehr nach wie vor präsent, erhält aber darüber hinaus, wie in den einführenden Beispielen dargelegt, neue Dimensionen. Interorganisationale Beziehungen werden dadurch hergestellt, daß

● die verschiedensten Organisationen wegen der vollzogenen „Arbeitsteilung" aufeinander hinsichtlich der Belieferung mit oder Abnahme von Gütern, Diensten, Informationen und Entscheidungen angewiesen sind;

● die Individuen aus existenziellen oder aus Interessegründen zugleich Mitglieder in verschiedenen Organisationen sind und damit

Sinn- und Interessenübertragungen von dem einen organisationalen Handlungsfeld auf ein anderes vornehmen;

● die Gesellschaftsmitglieder wegen der organisational geregelten Partialisierung der Lebensbereiche zwangsläufig Klienten der verschiedensten Organisationen sind und somit über ihre Ansprüche, Verhaltensweisen und Leistungen interorganisationale Beziehungen herstellen;

● in einer organisational differenzierten und spezialisierten Gesellschaft in und durch Organisationen stets partikularisierte Interessen vertreten werden, so daß es zur Entwicklung von „Gegenorganisationen" kommt, was Konkurrenz- oder Konfliktbeziehungen etabliert; dabei ist andererseits zu beachten, daß die Entwicklung von Organisationen überhaupt erst die gleichzeitige Verfolgung konfliktärer Ziele in einer Gesellschaft ermöglicht (allerdings könnte man hier in Abwandlung eines Wortes von Karl *Kraus* entgegnen, die Organisationen seien diejenige Krankheit, für deren Therapie man sie hält);

● eine durch Organisation partialisierte Gesellschaft sekundärer Regelungsorganisationen bedarf, um Interorganisationsbeziehungen zu steuern, was zugleich zu einer Hierarchisierung der Organisationen führt (so haben die Einzelgewerkschaften Dachorganisationen, Bürgerinitiativen schließen sich auf Nationebene zusammen, die staatlichen Verwaltungs- und Regierungsorganisationen regeln ebenfalls interorganisationale Beziehungen).

Zu (2): Interorganisationale Beziehungen

Durch solche Interdependenzen entstehen nun verschiedenste Beziehungsmuster zwischen Organisationen.*Evan*[11] hat versucht, diese analog zum rollentheoretischen Konzept unter den Begriff des „organization set" zu erfassen. Dabei wird eine Organisation als Zentrum eines Beziehungsgeflechtes zu anderen Organisationen betrachtet. Die Analogie zur Rollentheorie kann allerdings nur recht formaler Art sein.

In der Übersicht 16 haben wir sein Konzept erheblich verändert und erweitert.

Das Netzwerk von Organisationen, in das die jeweils betrachtete fokale Organisation eingeflochten ist, kann, wie die Übersicht 16 zeigt, aus Beziehungsmustern vielfältiger Art bestehen. Es lassen sich folgende Klassen von Beziehungen unterscheiden:

● *Input-Beziehungen*. Diese liegen dann vor, wenn eine Organisation von anderen hinsichtlich der Lieferung von Gütern, Dienstleistungen, Informationen oder Personal abhängig ist. So sind z.B. für einen Industriebetrieb Vorlieferanten, Banken, Beratungsgesellschaften, berufsbildende Schulen solche Inputorganisationen.

Übersicht 16 "Organization-set"

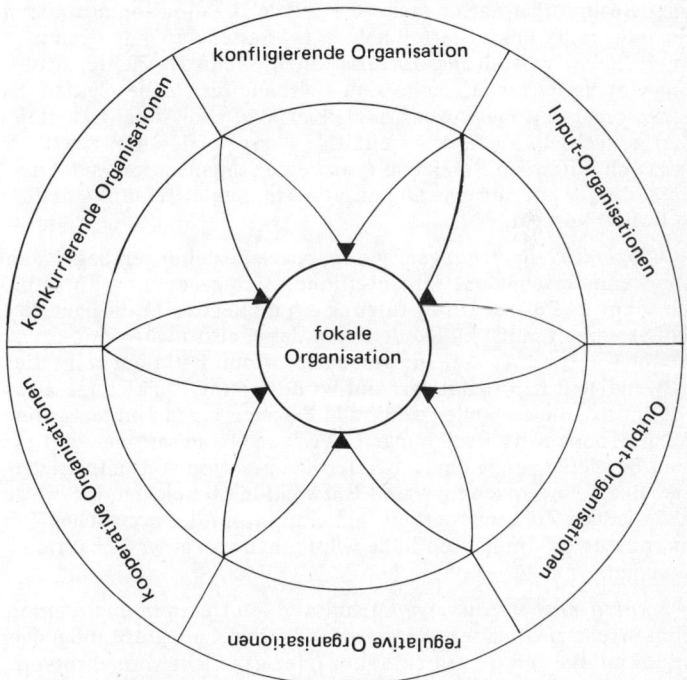

● *Output-Beziehungen.* Andererseits ist eine Organisation von anderen dadurch möglicherweise abhängig, daß diese Outputs abnehmen. So sind Verhaltensweisen in einer Universität (neuerdings) auch abhängig von den „Abnehmern" ausgebildeter Studenten, also z.B. den Wirtschaftsorganisationen, die etwa „praxisorientierte" Hochschulausbildung fordern.

Input/Output-Beziehungen auch zwischen Organisationen verschiedenster Art lassen sich in sog. „Input/Output-Matrizen" darstellen. Mit dieser Darstellungsform verhindert man die isolierte Erfassung nur einer fokalen Organisation. Vielmehr kann man ein gesamtes Beziehungsgeflecht abbilden und erhält damit über gegenseitige Abhängigkeiten einen guten Überblick. Übersicht 17 erhält ein Beispiel.

● *regulative Beziehungen.* Eine weitere Klasse von Interorganisationsbeziehungen sind die regulativen Beziehungen, vermittelst derer Bezugsorganisationen auf die fokale Organisation normierenden oder steuernden Einfluß haben. Interessenverbände, Kammern, behördliche Verwaltungsorganisationen, Schiedsgerichte, Holding-Gesellschaften, Kartelle sind Beispiele für solche regulativen Bezugsorganisationen. Aber auch hier sind die Abhängigkeiten häufig wechselseitiger, auf vielfältige Weise verflochtener Art, so daß auch für diesen Bereich gilt, daß eine „organizations-set-Analyse", die jeweils nur eine Organisation in den Mittelpunkt stellt, zu isoliert vorgeht.

● *kooperative Beziehungen.* Kooperative Beziehungen liegen dann vor, wenn verschiedene Organisationen sich gegenseitig unterstützen, ohne daß dieser Unterstützung ein monetäres Äquivalent gegenüberstehen muß. Es handelt sich dabei also nicht um ökonomische Kaufs- bzw. Verkaufsgeschäfte, womit natürlich nicht die notwendige Reziprozität verneint wird, kommt doch Kooperation stets nur dann zustande, wenn alle Parteien einen Nutzen darin sehen. Kooperative Beziehungen zwischen Organisationen gibt es in allen Bereichen, angefangen bei der Kooperation von Industriebetrieben z.B. in Forschungs- und Entwicklungsbereichen, bis hin zur kurzfristigen Zusammenarbeit, um ein bestimmtes politisches Ziel durchzusetzen. Im letzten Falle würde man von einer „Koalition" sprechen.

● *Konkurrenzbeziehungen.* Organisationen treten immer dann in Konkurrenz zueinander, wenn jede einzelne einen größt möglichen Anteil an ein und derselben kaum oder gar nicht vermehrbaren Ressource anstrebt. Dabei kann es sich z.B. um Wählerstimmen, Subventionsmittel, Käufer, erwirtschaftete Wertschöpfung oder Haushaltsmittel handeln. Konkurrenzbeziehungen entstehen deshalb vornehmlich zwischen solchen Organisationen, die ähnliche „Domänen" haben.

● *Konfliktbeziehungen.* Konfliktäre Beziehungen zwischen Organisationen liegen immer dann vor, wenn die Aktivitäten der einen Organisation die Ziel-, Wert- oder Interessenrealisierung einer anderen erheblich beeinträchtigen oder gar verhindern würde *und umgekehrt.* Auf diese Weise entstehen z.B. Konfliktbeziehungen zwischen einer Bürgerinitiative „Umweltschutz" und einer Unterneh-

Übersicht 17 Input/Output-Matrix eines Organisationsnetzwerkes (fiktives Beispiel)

erhält / gibt ab	Unternehmung A	Unternehmung B	Unternehmung C	Beratungsgesellschaft X	Bank Z	Fachhochschule Y	Partei P
Unternehmung A (Holzverarbeitung)	–	Ausstattungsgüter	Ausstattungsgüter	Mobiliar	Mobiliar	–	Mobiliar, Informationen
Unternehmung B (Chemiewerk)	–	–	Kühlmittel	–	–	–	–
Unternehmung C (Maschinenfabrik)	Maschinen	Maschinen	–	–	–	–	Informationen
Beratungsgesellschaft X	Informationen	–	Informationen	–	Informationen	Personal (Lehrauftrag)	–
Bank Z	Dienstleistungen	Kredite	–	Dienstleistungen	–	–	Dienstleistungen
Fachhochschule Y	Personal	Personal	Personal	Personal	Personal	–	–
Partei P	Informationen, Personal	–	–	Informationen	Personal	–	–

mung, die mit dem Aufbau eines Werkes ein Vogelschutzgebiet vernichten würde oder zwischen der Standesorganisation der Ärzte und den Krankenkassen, wenn es um Maßnahmen der Verringerung des Zuwachses an Krankheitskosten geht.

Regulative, kooperative, Konkurrenz- und Konflikt-Beziehungen zwischen Organisationen lassen sich ebenfalls in einer Matrix zum Zwecke der Veranschaulichung abbilden. Analog zu den Darstellungsformen in der Soziometrie ist hier auch an eine Abbildung in Form eines „Soziogramms" zu denken. Übersicht 18 zeigt beispielhaft ein solches „Soziogramm" für kooperative Beziehungsmuster zwischen Organisationen.

Übersicht 18: „Soziomatrix" von Kooperationsbezeichnungen zwischen Organisationen (fiktives Beispiel)

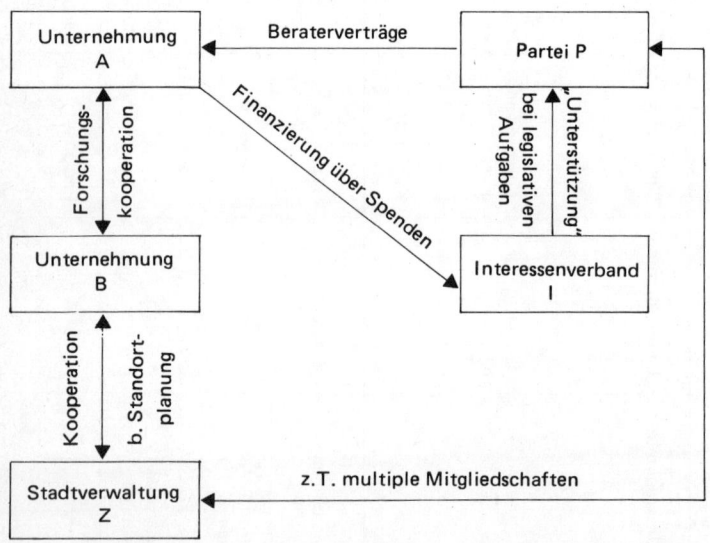

Alle diese aufgeführten Arten von Beziehungen können sich nun auf vielfältige Weise überlagern, bedingen oder ermöglichen, sie können in den verschiedensten Intensitätsgraden vorhanden sein und sich auch ständig in Art und Intensität verändern. Interorganisationale Beziehungsmuster stellen sich somit als äußerst komplex dar.

Solche Interorganisationsbeziehungen kann man nun zu internen Strukturen und Prozessen in Beziehung setzen. Dies haben z.B. Evan[12] sowie Akinbode/Clark[13] in hypothetischer bzw. empirischer Weise getan. Evan legt dabei beispielhaft besonderes Gewicht auf die die Entscheidungsautonomie einer Organisation einschränkende interorganisationale Abhängigkeit. Akinbode/Clark betonen, daß die Art einer Beziehung zwischen Organisationen auch von deren internen Strukturen (z.B. Zentralisation/Dezentralisation) abhängt. Sie weisen damit implizit auf den Sachverhalt hin, daß Interaktionen zwischen Organisationen stets über Interaktionen zwischen Personen laufen, insbesondere über das Personal in den sog. „Grenzstellen". Diese Grenzstelleninhaber, die auch häufig diejenigen sind, die die verschiedenen Organisationsmitgliedschaften besitzen, sind z.B. die Repräsentanten oder Vorstände der Organisationen sowie das „Verhandlungspersonal" in bezug auf Input- oder Outputorganisationen. Es ist zu vermuten, daß diese Grenzstelleninhaber wegen ihrer regulatorischen Funktion im Verhältnis zu anderen Organisationsmitgliedern über eine besondere Macht verfügen. Dies müßte aber eine hier nicht durchführbare Detailanalyse zeigen.

Zu (3): Reduktive Strategien

Bezugsorganisationen sind für eine fokale Organisation Bestandteile der aktiven oder passiven Wirkwelt. Wenn sie als konkurrierende, konfligierende oder regulierende in Erscheinung treten oder als Input- bzw. Outputorganisationen die fokale Organisation in ihre Abhängigkeit bringen können, kann man diese Aktivitäten unter dem Konzept der „Störungen" behandeln, d.h. andere Organisationen stellen für die fokale potentielle oder tatsächliche Beschränkungen dar, die mehr oder weniger gut im einzelnen prognostizierbar sind, die in jedem Falle aber Planung unsicher machen und organisationale Ziele, Zwecke und Interessen beeinträchtigen.

Hier lassen sich nun eine Reihe von Strategien identifizieren, die die Funktion besitzen, solche „Störungen" zu reduzieren. Die oben schon dargestellte *Kooperation* ist z.B. unter diesem Aspekt eine solche „reduktive Strategie", ebenso wie die *Koalitionsbildung*, wird doch durch beide das Verhalten der Bezugsorganisationen kontrolliert bzw. kontrollierbar oder — je nach Ausmaß einer Machtüberlegenheit — steuerbar.

Andere reduktive Strategien sind;

- *Kampf*, mit dem Ziel, die „störende" Organisation in Existenzschwierigkeiten zu bringen; politischer Rufmord, Dumpingpreise, Boykott, Sabotage, das Lancieren von Gerüchten sind Aktivitäten, die in diesem Zusammenhang zu nennen sind

● *Kartellisierung,* d.h. Absprache gemeinsamer Strategien mit konkurrierenden Organisationen, um in bestimmten Handlungsfeldern zum gegenseitigen Nutzen den Wettbewerb abzubauen

● *Kooptation,* durch die störende Bezugsorganisationen bzw. deren entscheidende Mitglieder über Verträge oder Abwerbung in die eigene Organisation eingebunden bzw. für deren Interessen abgeworben werden

● *Personalverflechtung* oder „*Verfilzung*", durch die versucht wird, verschiedene Organisationen im Sinne der Fokalorganisation „gleichzuschalten"

Solche Verflechtungen lassen sich in einer „Verfilzungsmatrix" darstellen (Übersicht 19):

Übersicht 19: Matrix von Personalverflechtungen (fiktives Beispiel)

strategische Mitglieder der Organisation	sind auch strategische Mitglieder in	A	B	X	Y	Z	M	O
Unternehmung A			2	5	—	1		3
Unternehmung B				—	3	3	4	1
Partei X					—	2	10	4
Partei Y						2	8	—
Stadtverwaltung Z							1	2
Parlament M								6
Interessenverband O								

● *Kapitalverflechtung,* die insbesondere bei Wirtschaftsunternehmungen in großem Ausmaße angewendet wird, aber auch als „Finanzierungsverflechtung" z.B. im Hinblick auf Parteien-, Stiftungs- oder Vereinsfinanzierungen von Bedeutung ist

Auch solche Verflechtungen lassen sich in einer Matrix gut veranschaulichen. Wie erheblich solche Verflechtungen zwischen den Unternehmungen sind, zeigt z.B. ein Blick in den Bericht der Monopolkommission von 1973/75[14].

● *Fusion,* als Strategie, die „störende" Organisation, von der man abhängig ist oder möglicherweise werden kann, der Fokalorganisation einzuverleiben. Dies geschieht auf dem wirtschaftlichen Sektor z.B. in bezug auf Input- oder Outputorganisationen, aber auch im Hinblick auf Konkurrenzunternehmungen, was zu einer ökonomischen Konzentration bis hin zur Monopolisierung ganzer Bereiche führen kann

Ähnliche Prozesse spielen sich auch in anderen Gebieten ab, etwa im politischen Bereich, wo die Tendenz zur Parteienkonzentration möglicherweise bis hin zum Zwei-Parteien-System deutlich wird, oder auch im Verwaltungsbereich, in dem eine zunehmende Zentralisierung der Verwaltungs- und Regierungsmacht festzustellen ist. Auch in diesen Bereichen führen solche Prozesse zu einer Monopolisierung von Einfluß.

● *Illegalisierung;* solche Einflußmonopolisierung durch Konzentration und Zentralisierung ruft häufig als Reaktion die Gründung neuer (Gegen-)Organisationen hervor, die dann allerdings vielfach nicht in das herrschende ökonomische und Rechtssystem eingebettet werden können, weil für sie gerade wegen der Monopolisierung dort „kein Platz mehr ist" (außerparlamentarische Opposition, Wilder Streik, Bürgerinitiativen usw.); die herrschenden Organisationen können dann zur reduktiven Strategie der Illegalisierung greifen, um die Aktivitäten solcher Organisationen zu unterbinden bzw. deren Existenz zu gefährden oder abzubauen.

Zu (4): Regulierungsmechanismen interorganisationaler Beziehungen

Wir haben festgestellt, daß in der modernen Gesellschaft zwischen den Organisationen vielfältige Beziehungen und Interaktionsnotwendigkeiten existieren. Diese schaffen wechselseitige Abhängigkeiten im Sinne der oben zitierten „chances", „opportunities", „constraints", „contingencies" und „problems" für die einzelne Organisation. Im Netz dieser Abhängigkeiten spielen sich die Interaktionen zwischen den Organisationen ab. Die Komplexität von Aktions- und Reaktionsmöglichkeiten ist aber prinzipiell so groß, daß man in unserer Gesellschaft nicht ohne zusätzliche regulative „Steuerungsmechanismen" auskommt, die den interorganisationalen Verkehr regeln, Aktions- und Reaktionsweisen einschränken

und sie somit überschaubar und erwartbar machen, die weiterhin
erreichen, daß Entscheidungen und Informationen von Bezugsorganisationen durch die jeweilige Fokalorganisation angenommen,
verstanden und weiterverwendet werden. Es muß also generelle
„Regulierungsmechanismen" in der Gesellschaft geben, die die
Entwicklung komplexer Organisationen sowie komplexer interorganisationaler Beziehungen und Austauschprozesse überhaupt
erst ermöglichen. Eine jeweils individuelle, rein dyadische Regelung würde eine viel zu große Handlungsenergie binden, würde per-
manente Neuverhandlungen zwischen Organisationen erforderlich
machen.

Solche „regulativen Mechanismen" lassen sich auf drei Ebenen
identifizieren:

Regulative Organisationen

Zunächst gibt es in allen Organisationsgesellschaften, wie schon
oben kurz ausgeführt, spezielle Organisationen, denen die Regulierung interorganisationaler Beziehungen und Prozesse obliegt.
Diese erlassen einmal je nach Allgemeinheitsstufe „Verkehrsre-
geln" für spezielle oder weitere Gruppen von Organisationen, koor-
dinieren Aktivitäten und greifen spontan in Fällen von Störungen
oder Konflikten ein. Hier handelt es sich z.B. um Verbände, Verwaltungen, Dachgesellschaften, Schiedsorganisationen bis hin zu
den verschiedenen Gerichten.

Regulative Institutionen

Auch die regulativen Organisationen selbst bedürfen sowohl generalisierter Handlungs- und Entscheidungsgrundlagen
als auch bewirkender oder verstärkender Durchsetzungs- sowie
Akzeptierungspotentiale. Regulative Organisationen dienen mehr
der „Feinsteuerung" als der „Globalsteuerung" interorganisationalen Verkehrs. Deshalb sind in der Gesellschaft auch *regulative Institutionen* zu finden, die „Steuerungsmechanismen" allgemeinerer
Art darstellen.

Solche Institutionen in unserer Gesellschaft sind im wesentlichen:

● *das Recht,* womit Situationen in bestimmter Weise allgemeingül-
tig definiert werden, durch das weiterhin z.B. das gesamte Vertrags-
wesen geregelt wird, durch das eine verfahrensmäßig korrekt entstandene Entscheidung sich als bindend legitimiert;

● *der Markt* als regulative Institution, die als funktionales Äquivalent für den Einsatz regulativer Organisationen und deren administrativer Entscheidungen angesehen werden kann. Durch den Marktmechanismus sollen unter Institutionalisierung des Prinzips des hedonistischen Individualismus selbstregulierende Prozesse in Gang gesetzt werden, die eine optimale Steuerung von Austauschprozessen zwischen den Marktteilnehmern erreichen. Nun wird in unserer heutigen Gesellschaft allerdings offenbar, daß der Marktmechanismus, der ja als Funktionsvoraussetzung die Chancengleichheit aller Interaktionspartner erfordert, wegen der oben kurz skizzierten Konzentrationstendenzen und der damit entstehenden Ungleichverteilung des Interessendurchsetzungsvermögens nicht funktioniert. Jedenfalls kommt man ohne zusätzliche Regulierungs- und Ausgleichseingriffe durch politische Instanzen nicht mehr aus;

● *das Eigentum* im Sinne von Privateigentum ist ebenfalls eine wichtige regulative Institution in unserer Gesellschaft, die den interorganisationalen Verkehr regelt, weil mit ihm Verfügungs- und Entscheidungsgewalten mit-institutionalisiert sind. Nur auf der Grundlage einer solchen − gar nicht in Frage gestellten − Institution hat zum Beispiel die wechselseitige Kapitalverflechtung von Organisationen überhaupt irgendeine Relevanz. Eigentum ist die Grundlage der Zuweisung von Führungs- und Steuerungsrechten und eröffnet weiterhin die Möglichkeit, solche Rechte zu delegieren, d.h. Entscheidungsträger zu nominieren, sie zugleich aber auch damit in die eigene Abhängigkeit zu bringen;

● *Reziprozität* als regulatives soziales institutionalisiertes Prinzip schließlich dient ebenfalls, wie der individuell-interaktionellen so auch der Steuerung von Interorganisationsbeziehungen. Es besagt, daß man erwarten kann, daß jede Nutzenstiftung auf Gegenseitigkeit beruht. Wenn eine Organisation eine andere begünstigt, steht diese damit „in der Schuld" der ersteren.

Regulative Medien

Weitere Regulationsmechanismen sind auf einer dritten, noch allgemeineren Ebene angesiedelt. Es handelt sich hier um die sog. „generalized media", „generalisierte Kommunikation-Medien" oder „Interaktionsmedien"[15].

Solche Medien ermöglichen und steuern symbolisch vermittelte Interaktionen.

Parsons leitet sie aus dem Tauschparadigma ab, *Luhmann* aus dem Kontingenzparadigma. Nach *Parsons* können in komplexen Gesellschaften Austauschprozesse nicht mehr auf der Ebene des

Realtausches vollzogen werden, sondern sie bedürfen allgemeiner Medien, wobei das hervorstechendste das Geld ist. Dadurch wird gegenüber der „Gebrauchswertebene" eine zweite, nämlich die „Tauschwertebene" etabliert, die durch das Medium „Geld", für das sich inzwischen eine Spezialsprache und Spezialgrammatik entwikkelt hat, reguliert wird.

Dies kann analog zur Verbalsprache aufgefaßt werden. Die Zwei-Ebenen-Struktur verdeutlicht die Übersicht 20.

Übersicht 20: Objekt- und Medienebenen

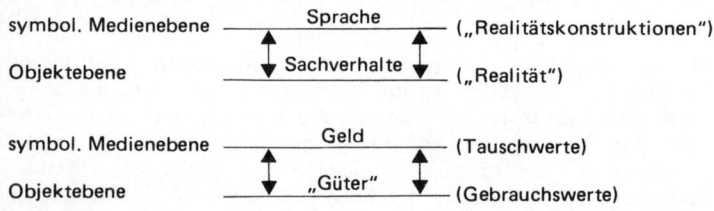

Es finden somit stets „doppelte Austauschprozesse" statt.

Auf dieser Grundlage und in Verbindung mit seiner Typologie der vier Basissysteme entwickelt *Parsons* dann vier generalisierte Medien: Geld, Macht, Einfluß und Wert-Verpflichtetheit. Da uns die Ausführung dieses Konzepts zu sehr in die allgemeine Gesellschaftstheorie führen würde, kann eine weitere Diskussion hier nicht erfolgen.

Luhmann setzt bei seiner Theorie der „Kommunikationsmedien" allgemeiner bei dem Problem der Kontingenz an. Da menschliches Handeln auch „immer anders sein kann", benötigt man bestimmte Instrumente, die die speziellen Sichtweisen, Handlungsintentionen usw. („Selektionsleistungen") des einen Aktionsträgers als Entscheidungsprämissen für einen anderen annehmbar machen oder ihm gar aufzwingen. Kommunkationsmedien steuern nur nach *Luhmann* solche Übertragungen von „Selektionsleistungen". In seiner Theorie sind Macht, Wahrheit, Liebe, Geld solche Medien. Auch dies können wir hier nicht in allgemeiner Form ausführen.

Für unser Problem der Regulation von Interorganisationsbeziehungen ist die Analyse von Interaktonsmedien allerdings von grossem Interesse. Auch hier handelt es sich aber, wie auf dem gesamten Gebiet der Makrosoziologie der Organisationen, um ein noch recht wenig bearbeitetes Feld. Wir können hier auch nur einige Denkanstöße zu vermitteln versuchen.

Wichtige generalisierte Interaktionsmedien im interorganisationalen Bereich scheinen zu sein:

● *Fach- und Spezialsprachen.* Es hat den Anschein, als ob bestimmte Organisationen im Verkehr miteinander Fach- und Spezialsprachen ausbilden. Man denke etwa an die juristischen, kaufmännischen oder politischen Sprachen, in denen es zu einer Entwicklung feststehender Reden und Idiome gekommen ist. Solche Spezialsprachen haben einen doppelten Effekt: einmal erleichtern und verkürzen sie die interorganisationale Kommunikation, zum anderen grenzen sie nicht dazugehörige Organisationen und Individuen, die nicht diese Sprache beherrschen, aus;

● *Geld und Kapital.* Sie sind die augenfälligsten Beispiele regulativer Medien, wobei diese nicht nur Tausch-, sondern gerade auch Bewertungsmedien für den Wert oder die Effizienz von Organisationen sind. Geld und Kapital erleichtern inter-organisationale Interaktion besonders durch ihre hohe Fungibilität — man kann sich an Organisationen beteiligen, d.h. Einfluß gewinnen durch eine bloße Unterschrift unter einen Aktienkaufvertrag;

● *Macht;* diese ist insofern ein regulierendes Medium der Interaktion, weil durch Machtbeziehungen und Machtausübungen die jeweiligen Handlungsfelder der je „beherrschten" Organisation von den in der entscheidenden Dimension machtüberlegenen Organisationen in bindender Weise beschränkt oder determiniert werden. Machtüberlegene Organisationen übertragen also gleichsam „Selektionsleistungen" auf die anderen, legen also deren „constraints" fest, ohne daß sich diese dem ohne Existenzgefährdung entziehen könnten. So bestehen z.B. (gegenseitige!) Machtbeziehungen zwischen koalierenden Parteien, u.U. zwischen Parteien und Gewerkschaften, sowie Input- und Fokalorganisationen usw. Interorganisationale Machtnetzwerke haben entscheidende regulative Funktionen in unserer Gesellschaft;

● *„Autorität";* anders als im Falle der Macht ist man bei Vorliegen von „Autorität" einer Organisation nicht um seiner Existenz willen gezwungen, angesonnene Entscheidungsprämissen wie Informationen, Weisungen, Ratschläge anzunehmen, vielmehr erfolgt diese Akzeptierung freiwillig zur eigenen Entlastung auf Grund der Annahme, daß die entsprechende Organisation über die notwendige funktionale Sachkompetenz verfüge. Sie basiert insofern auf Vertrauen. Auch hier liegt eine „Übertragung von Selektionsleistungen" vor, die allerdings durch überprüfbare Vorleistungen legitimiert werden muß. Solche Autoritätsbeziehungen spielen z.B. im Verhältnis von Wissenschaftsorganisationen und politischen Organisationen eine Rolle. Sie scheinen aber im innerorganisationalen Verkehr eine stärkere Bedeutung zu besitzen als im interorganisationalen.

Soweit die kurze, fragmentarische Skizze.

Wir müssen nun das Gebiet der Makrosoziologie der Organisation verlassen.

2. Mesosoziologie der Organisation

a) Gegenstand und Probleme der Allgemeinen Mesosoziologie der Organisation

Die mesosoziologischen Fragestellungen setzen gegenüber der makrosoziologischen „eine Ebene tiefer" an. Die Allgemeine Mesosoziologie der Organisation befaßt sich mit der „Organisiertheit" des sozialen Gebildes Organisation. Im Unterschied zur Makrosoziologischen Perspektive geht es nicht um die Untersuchung von Organisationen in ihrem weiteren Kontext, sondern um die Analyse der Einzelorganisation, insbesondere unter dem internen Struktur- und Prozeßaspekt. Das heißt aber nicht, daß auf dieser Ebene Umweltbezüge vollständig ausgeklammert werden könnten. Dies werden wir unten sehen. Im Unterschied zu der im nächsten Kapitel zu behandelnden Mikrosoziologie der Organisation werden hier nicht die elementaren Sozialprozesse, sondern auf einer mittleren Ebene das „Innenleben" der „blackbox" betrachtet. Organisationen werden dabei immer noch als molare Einheiten gesehen und noch nicht in molekulare Mikroprozesse zerlegt.

Anders als im Falle der Makrosoziologie der Organisation ist diese Ebene ungleich intensiver und extensiver in der Literatur behandelt worden, insbesondere von Vertretern „strukturalistischer Konzeptionen" (s. vorn). Da es sich dabei nach wie vor um die Allgemeine Organisationssoziologie handelt, ist die Darstellung zwangsläufig abstrakter als z.B. in der Betriebs-, Parteien- oder Verwaltungssoziologie, wo ja jeweils konkrete Organisationsarten untersucht werden. Hier liegen deutliche Grenzen der Allgemeinen Organisationssoziologie, die an vielen Stellen nur recht formal Strukturen erfassen kann und der konkreten Vielfältigkeit natürlich nicht immer gerecht wird. Das ist aber eigentlich auch nicht ihre Aufgabe, dafür gibt es ja eine große Zahl spezieller Organisationssoziologien. Wenn man aber meint, überhaupt allgemein den Terminus „Organisation" sinnvoll verwenden zu können, muß es auch möglich sein, für diese Klasse sozialer Gebilde einheitliche, zusammenfassende Aussagen zu machen.

Zentralfragen der Mesosoziologie der Organisation lauten: ‚Was ist das Organisatorische an der Organisation? Wie funktionieren Organisationen? Wodurch sind sie soziale Systeme, soziale Einheiten? Was bedeuten ihre Strukturen für das soziale Handeln? Dabei wird von der Annahme ausgegangen, daß man Organisationen nicht schlicht nur als „Systeme kooperativer Beziehungen" oder als „kooperative soziale Aktivitäten"[16] begreifen kann, sondern daß man auch auf einer Ebene höher den „Objektivitätscharakter" dieser sozialen Gebilde erfassen muß, will man Organisationen im Ganzen verstehen.

Wir wollen dies unter folgenden Hauptthemen dieses Problembereichs tun: Organisationsziele, Organisationsstrukturen, Determinanten von Organisationsstrukturen und Organisationseffizienz.

b) Organisationsziele

Eine zentrale Frage der Allgemeinen Mesosoziologie der Organisation ist, wodurch Organisationen im Bewußtsein der Menschen zu sozialen Einheiten werden. In dieser Hinsicht hat das Sprechen von „Organisationszielen" oder gar *dem* „Organisationsziel" eine entscheidende, Sinnzusammenhänge stiftende Funktion. Wir sprechen in der Alltagskommunikation recht unbefangen davon, daß es z.B. das Ziel des *Volkswagenwerkes* sei, Autos zu produzieren; daß der *Deutsche Gewerkschaftsbund* das Ziel verfolge, eine paritätische Mitbestimmung einzuführen, oder daß es das Ziel oder der Zweck *des Gefängnisses* sei, Verbrecher zu bewahren, obwohl man hier auch schon anderes hört, etwa es sei dessen Zweck, Verbrecher zu resozialisieren.

Wir wenden offenbar in solchen Redeweisen ein psychologisches Paradigma, ein psychologisches Erklärungsmodell, das wir auch für Individualhandlungen benutzen, auf Organisationen an, um uns im Alltag erfahrene Verhaltensweisen „der Organisation" verständlich zu machen. Wir tun dabei so, als ob Organisationen Handlungssubjekte wären. Dies ist natürlich eine große Vereinfachung, die wir mit einer solchen Reifizierung oder Anthropomorphisierung der Organisationen vornehmen.

Wenn wir dann unsere Kommunikationspartner einmal weiter fragten, ob es nicht auch das Ziel des Volkswagenwerkes sei, Gewinn zu erzielen, Einkommen zu schaffen, Arbeitsplätze zu sichern, Umweltbelastungen möglichst gering zu halten, wird wohl niemand mit „nein" antworten. Offenbar ist der Sachverhalt komplexer als es auf den ersten Blick erscheint. So hat z.B. *Gross*[17] eine Liste von 47 „Zielen" der Universität als Organisation zusammengestellt, wozu z.B. gehören:

● *„Output-Ziele";* wie Förderung der Allgemeinbildung, der moralischen Standards, der kognitiven Fähigkeiten der Studenten; Ausbildung zur Berufsvorbereitung, Ausbildung zum verantwortungsbewußten Bürger, Durchführung von reiner Forschung, Durchführung von angewandter Forschung, Bereitstellung von Kapazitäten für die allgemeine Erwachsenenbildung, Förderung der kulturellen Führerschaft des Landes, Bewahrung des kulturellen Erbes;

● *„Adaptations-Ziele",* wie Sicherung des Vertrauens der finanziellen Förderer der Universität, Arbeiten mit den geringstmöglichen Kosten, Orientierung an den speziellen Bedürfnissen der jeweiligen geographischen Region;

● *„Management-Ziele",* wie Sicherung einer angemessenen Entlohnung des Universitätspersonals, Beteiligung der Studenten an der Selbstverwaltung, Sicherung demokratischer Verfahrensweisen, Schlichtung oder Verhinderung von Gegensätzen innerhalb der Universität;

● *„Motivations-Ziele",* wie Bewahrung der akademischen Freiheit, Förderung des Ansehens der Universität, Förderung der Artikulation von politischen Interessen der Studentenschaft;

● *„Positionale Ziele",* wie Sicherung eines hohen Ausbildungs- und Forschungsniveaus im Vergleich zu anderen Universitäten, Unterrichtung und Forschung stets auf dem neuesten Stand usw.

In dieser Liste sind Ziele offenbar Ansprüche, die von einzelnen an die Organisation gestellt werden. Was sind nun Organisationsziele (oder -zwecke, wir wollen hier beide Begriffe nicht unterscheiden), welche Funktion hat die Verwendung dieser Sprechweise? Wir wollen im folgenden einmal mehrere Antwortmöglichkeiten durchspielen; und zwar:
Organisationsziele als

(1) subjektive Handlungsintentionen der Organisationsspitze
(2) Verhandlungsergebnis von Organisationsteilnehmern
(3) Beschränkungen durch Organisationsteilnehmer und Organisationsumwelt
(4) funktionale Erfordernisse einer Organisation
(5) Selektoren für organisationale Handlungsfelder.

Zu (1): Organisationsziele als subjektive Handlungsintentionen der Organisationsspitze

In der klassischen Theorie der Unternehmung, die auch in dieser Hinsicht bis in die heutige Betriebswirtschaftslehre fortwirkt, sind Unternehmungs- und Unternehmerziele identisch. Unternehmungen werden als Instrumente des Unternehmers betrachtet, durch die er vermittelst Investition und Kombination von Produktionsfaktoren Güter produziert, deren Absatz sein Haushaltseinkommen maximieren soll. Eine ähnliche Konzeption hält die Max *Weber*sche Bürokratietheorie bereit, nach der die Bürokratie ein Instrument des politischen Herren ist, seine Herrschaft durchzuführen und zu sichern. Die Organisationsspitzen sind in diesen Ansätzen nicht Organisationsmitglieder, sondern „Organisationsbediener". In aller Regel wird hier dann von einer monistischen Ziel- oder Zwecksetzung ausgegangen, die in einer zu erledigenden Sachaufgabe besteht („Produktion von PKW", „Heilung von Kranken" usw.). Dies hat die politische Konsequenz, daß man Zielsetzungsprozesse und Zielsetzungslegitimationen nicht weiter hinterfragt und die theoretisch-analytische Konsequenz, die Organisationsstrukturen als allein durch diese „Sachaufgabe" determiniert zu untersuchen[18].

Der theoretische Pfad läuft dann über folgende Stufen:

● ein (zukünftiger) „Organisationsherr" hat die Absicht, persönliche Ziele zu erreichen (Einkommens- oder Machtmaximierung zum Beispiel)

● er kalkuliert, wie er dieses Ziel am besten erreichen kann und beschließt die Gründung einer Organisation

● diese Organisation wird auf ein instrumentelles Ziel, einen „Organisationszweck" ausgerichtet (Herstellung von PKW)

● dieser Organisationszweck wird als „Sachaufgabe" betrachtet und in Teilaufgaben zerlegt

● Teilaufgaben werden zu Stellenaufgaben und Abteilungsaufgaben aggregiert, womit — gleichsam automatisch — alle diese Aufgaben auf den einen Organisationszweck hin ausgerichtet sind

● die Zielkonformität der Organistionsmitglieder — des Personals — wird durch Geldzahlung erkauft und durch Arbeits- oder Mitgliedschaftsverträge, Vereidigungen u.ä.m. abgesichert.

Es liegt auf der Hand, daß diese Vorstellung sowohl für praktische als auch für theoretisch-analytische Zwecke etwas zu einfach ist. Zeigt doch die Alltagserfahrung schon, daß

● es häufig gar nicht möglich ist, nur ein Ziel festzustellen

● es Diskrepanzen geben kann zwischen offiziellen und tatsächlichen Zielen

● ein „Organisationsherr" nicht in der Lage ist, autonom Ziele zu setzen und zu verfolgen

● man sich bei dem Aufbau einer Organisation bzw. dessen Analyse nicht allein auf nur einen Zweck konzentrieren kann, sind doch z.B. Umweltbedingungen und Ansprüche der Organisationsteilnehmer zu berücksichtigen

● ein eindeutiger „Organisationsherr" häufig gar nicht auszumachen ist.

Zu (2): Organisationsziele als Verhandlungsergebnis von Organisationsteilnehmern

Eine Gegenposition zur unter (1) skizzierten Konzeption wurde in der „Behavioral Theory of the Firm" von *Cyert/March* entwickelt[19]. Ihre Auffassung läßt sich wie folgt kurz umreißen:

● Es gibt nicht eines, sondern viele Organisationsziele, die zum Teil nicht einmal kompatibel sein müssen, die weiterhin zum Teil als Anspruchsniveaus und nicht als Extremierungsanweisungen formuliert sind, die nicht immer operational, zum Teil vage und äußerst interpretationsbedürftig erscheinen.

● Solche Organisationsziele entstehen durch implizite oder explizite Verhandlungen zwischen den „aktiven Organisationsteilnehmern", die als Koalition zu betrachten sind.

● Im Wege solcher Verhandlungen über Organisationsziele wird ein Konsens dadurch hergestellt, daß gegenseitige Ausgleichszahlungen in Form von materiellen oder politischen Zugeständnissen erfolgen.

● Solche Verhandlungsprozesse über Organisationsziele sind prinzipiell nie endgültig abgeschlossen, vielmehr permanent andauernd, so daß Wandlungen im Zielgefüge möglich und wahrscheinlich sind. Allerdings werden ausgehandelte Organisationsziele im Wege von Organisationsstrukturierungen operationalisiert und durch Institutionalisierung von Kontrollsystemen in ihrer Verfolgung und Erreichung überwacht.

Drei Aspekte dieses Konzepts sind gegenüber der „Unternehmertheorie" hervorzuheben:
Erstens wird davon ausgegangen, daß Organisationen durch eine Vielzahl heterogener Ziele gesteuert werden; zweitens wird betont, daß Zielbildungen politische Prozesse sind, die interaktionell ablaufen und drittens wird — dies allerdings eher implizit — ein gewisser

theoretischer Übergang vom Denken in Individualzielen zum Denken in Systemzielen vollzogen; denn die ausgehandelten, sich durch Machteinsatz und Interaktion schließlich etablierenden Ziele müssen nun mit keinem einzigen Individualziel einer Person oder Partei übereinstimmen; vielmehr können es nur noch „der Organisation" zukommende Ziele sein, über deren Erreichung sich die Individuen selbst die Erfüllung eigener Ziele versprechen. Organisationszwecke und Individualmotive können also auseinanderfallen.

Recht ungeklärt bleiben in diesem Ansatz von Cyert/March eigentlich Begriff und Funktion von Organisationszielen, die Prozesse der Zielbildung im einzelnen, die Rolle der Macht sowie die Umsetzung von Zielen in Strukturen.

Zu (3): Organisationsziele als Beschränkungen durch Organisationsteilnehmer und Organisationsumwelt

Schon bei *Cyert/March* wird eine Sichtweise von Organisationszielen angedeutet, die in einem weiteren Konzept explizit ausgearbeitet wird: Ziele werden als „constraints", als Beschränkungen verstanden, die die organisationalen Handlungsspielräume begrenzen oder gar erst definieren[20]. Solche Beschränkungen werden durch die Ansprüche der verschiedensten Organisationsteilnehmer, die weitere Umwelt sowie durch explizite dispositive interne Entscheidungen der betreffenden Organisation auferlegt.

Beschränkungen sind Grenzen, die die Folgen oder Wirkungen von Handlungen in eine Menge erlaubter oder erwünschter einerseits und unerlaubter oder unerwünschter andererseits aufteilen. Wir wollen dieses Konzept einmal an einem sehr einfachen Demonstrationsbeispiel erläutern, das von lediglich zwei verschiedenen Dimensionen von Handlungsfolgen ausgeht:

In einer Haftanstalt können die Aktionen grundsätzlich verwahrungsorientiert und/oder resozialisierungsorientiert sein.

Es sei folgende Situation gegeben:

● Es stehen Finanzmittel zur Verfügung, die für die Strukturierung und Unterhaltung der Haftanstalt eingesetzt werden können. Wir wollen von der (heroischen) Annahme ausgehen, daß dann, wenn man allein verwahrungsorientiert wäre, man ein „Verwahrungsausmaß" von V* erreichen könnte, wenn man allein resozialisierungsorientiert wäre, ein „Resozialisierungsausmaß" von R*, dazwischen soll jede beliebige Aufteilung linear möglich sein (vgl. in Übersicht 21 die Gerade V* − R*).

● Eine Gruppe von Anstaltspersonal hat das Ziel, mindestens ein Resozialisierungsniveau von I zu erreichen.

● Eine andere Gruppe ist verwahrungsorientiert und setzt ein Mindestausmaß an Verwahrung von II.

● Politische Instanzen schreiben ein Verwahrungsausmaß von höchstens III und ein Resozialisierungsniveau von höchstens IV vor.

● Die Verwaltung der Haftanstalt setzt sich zum Ziel, mindestens ein Verwahrungsausmaß von V und ein Resozialisierungsausmaß von VI zu erreichen.

Übersicht 21: Durch Beschränkungen definierter Handlungsspielraum

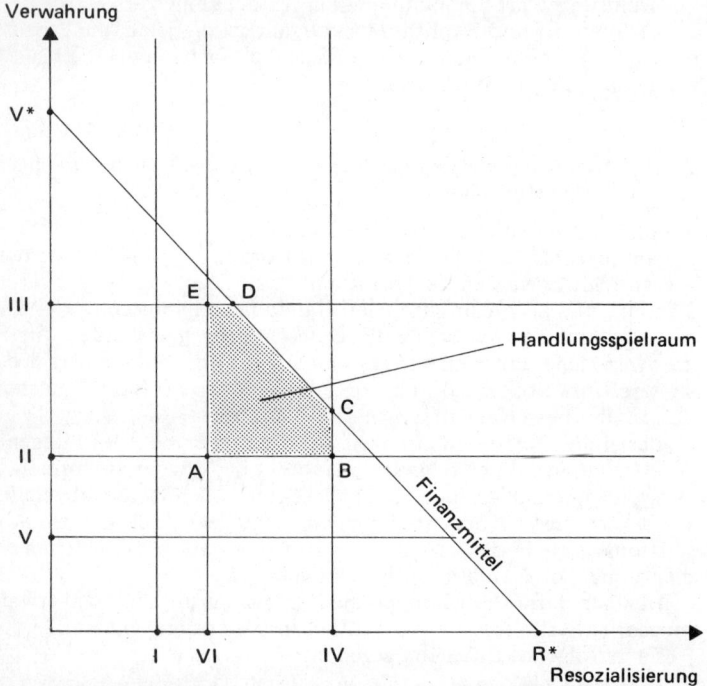

Wenn wir alle diese Ziele als Beschränkungen auffassen, ergibt sich der Handlungsspielraum A B C D E in der Übersicht 21. (Dabei ist allerdings nicht ausgemacht, ob es überhaupt Handlungen gibt, die dort hineinfallen, also Handlungsfolgen zugleich in beiden Dimensionen in dem zulässigen Ausmaß zeitigen; dies setzen wir hier einfach einmal voraus).

Wir sehen, daß in unserem Beispiel durch die Vielzahl unterschiedlicher Ziele ein Handlungsfeld zulässiger Aktionen entsteht, das nun in unterschiedlicher Weise angewendet werden kann. Je nach Situation könnte opportunistisch von einem Punkt zum anderen gegangen werden, oder von verschiedenen Organisatonsmitgliedern könnten unterschiedliche Aktionen realisiert werden, die alle mit dem „Zielsystem" kompatibel sind. Insbesondere gilt:

● Den Punkt A würde derjenige wählen, dem es darauf ankommt, so sparsam wie möglich zu wirtschaften.

● Den Punkt B würde derjenige wählen, der so weit wie möglich resozialisieren will und so weit wie möglich das Verwahren vermeiden will.

● Den Punkt C würde derjenige wählen, der so weit wie möglich resozialisieren will, aber jemandem mit Verwahrungsorientierung entgegenkommen möchte oder muß.

● Den Punkt D würde derjenige wählen, der so weit wie möglich verwahren will, aber jemandem entgegenkommen möchte oder muß, der resozialisieren will.

● Den Punkt E würde derjenige wählen, der so weit wie möglich verwahren will und resozialisieren vermeiden will.

Dieser „constraints-Ansatz" verdeutlicht, wie durch Ziele erst Handlungsfelder entstehen, zugleich aber durch sie eingeschränkt werden. Wie vielfältig solche Restriktionen sein können, zeigt z.B. der oben zitierte Zielkatalog von *Gross* für die Universität. Dieser Ansatz zeigt aber nicht, wie Ziele entstehen, durch welche Prozesse und auf welchen Grundlagen bestimmte Beschränkungen sich durchsetzen, greifen, relevant werden. In gewisser Weise liegt hier also eine Problemverschiebung vor, die auch bei *Simon* ganz deutlich wird, wenn er neben dem Begriff des Zieles den des Motivs einführt und sagt, daß Motive Gründe sind, aus denen bestimmte Ziele ausgewählt und verfolgt werden[21]; diese Motive werden von ihm dann aber nicht weiter behandelt.

Zu (4): Organisationsziele als funktionale Erfordernisse einer Organisation

Einen endgültigen Übergang von Individualzielen zu Systemzielen finden wir in der strukturell-funktionalistischen Konzeption von *Parsons*, auf die sich die organisationssoziologische (-theoretische) Literatur zuweilen stützt.

Organisationen werden in diesem (systemtheoretischen) Ansatz als Ordnungszusammenhänge betrachtet, die gegenüber einer unstrukturierteren Umwelt eine interne „negative Entropie" aufrechterhalten. Funktionale Grundprobleme entstehen nun in zwei Dimensionen. Zunächst einmal durch die „Komplexitätsdifferenz"

86

zwischen Innen und Außen; zum zweiten durch die Relation von Instrumentalcharakter der Organisation und ihrem möglichen Beitrag zur Erreichung individueller Bedürfnisbefriedigung bzw. zur Produktion von Outputs, die in der weiteren Gesellschaft benötigt werden. Soll vermittelst Organisation die spezifisch organisatorische Leistung vollbracht werden, muß dieses System gleichzeitig sowohl an die Umweltbedingungen angepaßt sein, als auch gegenüber der Umwelt einen internen Stabilitätssurplus bewahren; das heißt, in instrumenteller Hinsicht muß eine Organisation in externer Richtung adaptiven Erfordernisse Genüge tun, in interner Richtung eine gewisse Strukturerhaltung und Spannungsbewältigung sichern.

Im Hinblick auf die Bedürfnisbefriedigungs- oder Outputleistung („konsummatorische" Richtung[22]) muß eine Organisation ebenfalls einerseits extern orientiert die Funktion der Zielerreichung erfüllen, intern orientiert für eine Integration — z.B. Kooperation, Befriedigung sozio-emotionaler Bedürfnisse der Organisationsmitglieder — sorgen.

Diese vier funktionalen Erfordernisse lassen sich wie folgt abbilden (Übersicht 22).

Übersicht 22 Die vier funktionalen Erfordernisse einer Organisation nach der Theorie von *Parsons*

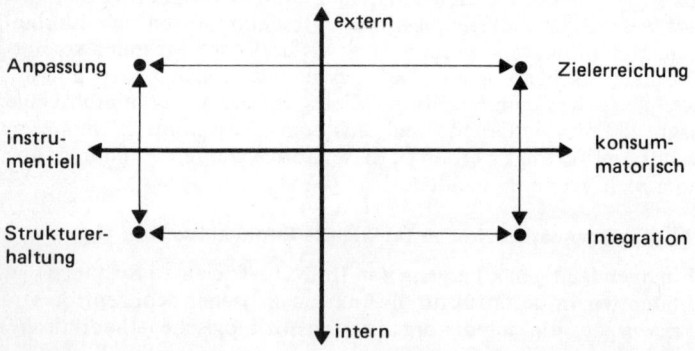

„Zielerreichung" ist in diesem Kategorienschema also kein übergeordneter, sondern ein den anderen Kategorien gleichgeordneter Begriff. Weiterhin meint „Zielerreichung" hier nicht „Erreichung von Organisationszielen", sondern, daß Organisationen die Funktion der Erreichung individueller oder gesellschaftlicher Ziele erfüllen müssen. Es wäre also z.B. das Individualziel der Einkommens- oder Gewinnmaximierung in dieser Sichtweise nicht zugleich Organisationsziel einer Betriebswirtschaft; vielmehr wäre es ein funktionales Erfordernis des ökonomischen Betriebes, das in einer Gesellschaft institutionalisierte Prinzip des Erwerbsstrebens zur Durchsetzung und Realisation zu verhelfen.

Das Schema der vier Funktionen wird nun von *Parsons* in bezug auf Organisationen auf zwei Ebenen verwendet.

Auf der mesosoziologischen Ebene in dem eben geschilderten Sinne, daß Organisationen als soziale Systeme allen vier Erfordernissen der Anpassung, Zielerreichung, Strukturerhaltung und Integration genügen müssen; auf der eher makrosoziologischen Ebene und zugleich im Sinne einer Differentiellen Organisationssoziologie dient dieses Schema zur Klassifikation von Organisationstypen. Aus der Sicht der Gesamtgesellschaft haben einige Organisationen die Primärfunktion der Zielerreichung oder -durchsetzung (politische Organisationen), andere die der Anpassung als extern-instrumentelle Funktion (ökonomische Betriebe), andere besitzen die Primärfunktion der Integration (Gerichte, politische Parteien) und wiederum andere schließlich haben vornehmlich die Funktion der Strukturerhaltung zu erfüllen (religiöse Organisationen, Schulen).

Das *Parsons*sche Funktionskonzept ist dabei rein analytischer Art. Es stellt Bezugspunkte für die Strukturuntersuchung von Organisationen zur Verfügung; nicht erfaßt werden Prozesse der Funktionsgenese und des Funktionswandels.

Zu (5): Organisationsziele als Selektoren für organisationale Handlungsfelder

Die neuere Systemtheorie fragt nun weniger danach, was Ziele „sind" oder welche Ziele „existieren", sondern sie versucht auf einer allgemeineren Ebene, die Funktion der Verwendung des Zweckbegriffs bzw. des Zweckkonzepts in dem gesellschaftlichen Leben zu ergründen. Die Schrift „Zweckbegriff und Systemrationalität" von Niklas *Luhmann* ist dieser Frage gewidmet.

Ausgehen kann man dabei von der Erkenntnis, daß Ziele oder Zwecke nicht Folgen oder Wirkungen von eingesetzten Mitteln oder durchgeführten Handlungen sind, sondern *vorgestellte* Wirkungen, die *erwünscht* sind. Wir benutzen das Zweckkonzept im Alltag offenbar dazu, einerseits um uns überhaupt über mögliche, wahrscheinliche Wirkungen unserer Aktionen eine Vorstellung zu machen und zum anderen dazu, die wahrscheinlichen Wirkungen subjektiv zu bewerten. Anders ausgedrückt können wir sagen, daß es sich dabei um einen zweifachen „Selektionsprozeß" handelt, den wir durchführen müssen, um angesichts der Vielzahl möglicher Handlungen und damit auch Wirkungen überhaupt agieren zu können. Zweckverwendung reduziert also Komplexität. Die Übersichten 23 a, b und c sollen dies (vereinfacht) veranschaulichen.

Wir gehen zunächst einmal davon aus, daß es prinzipiell eine große Zahl möglicher Handlungen gibt, die wir ergreifen können und die eine Vielzahl möglicher Wirkungen zeitigen können. Welche Wirkungen die einzelnen Handlungen haben können, wird durch ein Kreuz in der Matrix 23 a symbolisiert.

Übersicht 23 a Komplexes Handlungs-/Wirkungsgefüge

Handlungen \ Wirkungen	1	2	3	4	5	6	.	.	.	.	.
A	x	x			x						
B			x								
C				x							
D		x	x		x						
E	x			x	x						
F	x	x				x					
.											
.											
.											
.											

Durch unsere Zwecksetzung werden nun je nach Enge oder Weite der Zweckdefinition *bestimmte* Wirkungen von Interesse, es werden bestimmte Wirkungen „fokussiert", andere „neutralisiert", obwohl auch diese weiterhin natürlich entstehen würden. Diese erste „Reduktion" zeigt die Matrix der Übersicht 23 b.

Durch diese Selektion von relevanten Wirkungen wird das Entscheidungsfeld auf die Aktionen B, C, D und E verringert, weil eben diese nur jene Wirkungen zu erbringen vermögen.

Übersicht 23 b Reduktion des Handlungsfeldes durch „Fokussierung"
von Wirkungen

Handlungen \ Wirkungen	1	2	3	4	5	6	.	.	.	.	.
A	x	x				x					
B ←				x							
C ←					x						
D ←		x	x		x						
E ←	x		x	x							
F	x	x				x					

durch Zwecksetzung „fokussierte" Wirkungen

Weiterhin hatten wir gesagt, daß die Reduktionsfunktion der
Zwecksetzung auch in der Bewertung der Wirkungen besteht, also
eine oder mehrere Wirkungen gegenüber anderen präferiert werden.
Diese Bewertung schränkt das Handlungsfeld nochmals ein (Übersicht 23 c).
In unserem einfachen Beispiel bleiben also die beiden Handlungen
D und E nach. Von Relevanz bei der Auswahl waren nur die Wirkungen 3, 4 und 5; d.h. die Folgen 2 und 5 bei D bzw. die Folge 1
bei E werden überhaupt nicht in das Kalkül einbezogen. Dies ist
wahrscheinlich eine angemessene Abbildung der Realität,
wenn man sich z.B. vorstellt, daß viele sogenannte „externe Effekte" von Organisationen in deren Handlungsplanung neutralisiert
werden (z.B. lange Zeit die Umweltzerstörung durch Industriebetriebe).
Zwecke sind also nicht Wirkungen, sondern kognitive Selek-

Übersicht 23 c Reduktion des Handlungsfeldes durch Bewertung der Wirkungen.

präfe
rierte
Wirkung
↓

Wirkungen / Handlungen	1	2	3	4	5	6	.	.	.	.
A	x	x			x					
B				x						
C				x						
D ←		x	x	x						
E ←	x		x	x						
F	x	x				x				
.										
.										
.										

tionsmechanismen, die nach dem Prinzip eines binären Schematismus die Menge aller möglichen Wirkungen durch Ja/Nein-Entscheidungen in die Teilmenge der relevanten und die Teilmenge der irrelevanten scheiden. Sie haben also eine ähnliche Funktion wie die „constraints" in dem vorn behandelten Ansatz.

Bisher haben wir aber nur eine Dimension der Reduktion von Komplexität durch Zwecke angesprochen, nämlich die sachliche. Daneben ist es deutlich, daß durch das Zweckprinzip auch eine zeitliche Reduktion erfolgt: die Zukunft wird über Antizipationen selektierter Wirkungen im Bewußtsein vorweggenommen; es wird also gleichsam der Faktor Zeit durch Vorziehen ausgeschaltet.

Der Wert dieser antizipierten Wirkung hat nun auch in sozialer Dimension eine Reduktionsfunktion. Er ist nämlich in unserem sozialen Verkehr in Organisationen die Rechtfertigung, die Legitimation, für die dementsprechend einzusetzenden Handlungen oder Mittel. Nicht nur das Zweckprinzip als solches, sondern auch Zweckinhalte sind konsensfähig. Über Zwecke läßt sich häufig sogar eher ein sozialer Konsens erzielen als über konkrete Handlungen. Das Sprichwort „der Zweck heiligt die Mittel" entbehrt insofern nicht der sozialen Realitätsgrundlage. Man braucht Zwecke nur abstrakt und vage genug zu formulieren, um eine breite Unterstützung zu finden. Ein Zweckkonsens läßt sich deshalb häufig leicht herstellen, weil die vorgestellten fokussierten Wirkungen allgemein sozial anerkannt sind und „Nebenfolgen" ausgeblendet werden. Dieser Zweckkonsens nun wiederum dient der Legitimation für Handlungen und Mitteleinsatz.

Wenn wir diese Überlegungen noch einmal unter einem etwas anderen Aspekt zusammenfassen, können wir also sagen, daß Zwecke nicht irgendwie oder irgendwo „existieren", daß auch nicht Organisationen Zwecke haben , sondern daß die Verwendung der Zweckformel in der sozialen Kommunikation oder Handlungsplanung eine strategische und rechtfertigende Funktion hat, daß also ihre Verwendung interpretativ in der Weise erfolgt, daß das Sprechen von Zwecken einen sozial akzeptierten und interpersonell verständlichen Erklärungsgehalt für Handlungen oder Handlungsprogramme besitzt. Auf diesem ganzen Hintergrund wird auch verständlich, daß genannte Organisationsziele/Zwecke der bewußten oder unbewußten Verschleierung wirklichen Tuns und Wollens dienen können.

Weiterhin wird deutlich, warum Zweckdenken und Zweckvorgaben in Organisationen eine so große Rolle spielen; läßt sich doch ein so komplexes Handlungsgefüge über Zerlegung von Zwecken in Teilzwecke, durch Zweckprogrammierung und Zweckinternalisierung recht gut steuern. Einmal schaffen Zwecke über ihre selektive Funktion Handlungsorientierungen, Handlungsbereiche, denen man sich spezialisiert widmen kann; zudem lassen sich Handlungsfolgen durch Zwecke als Handlungs*erfolge* interpretieren, dadurch werden Aktionen kontrollierbar; darüber hinaus können Zwecke weit, eng, exakt, interpretierbar, vage usw. formuliert werden, was Flexibilitäts- und Konsensbedürfnissen Rechnung trägt. Schließlich sind Zwecke an veränderte Umweltbedingungen anpaßbar, sind veränderbar, ohne daß der Bestand einer Organisation gefährdet würde.

Die hier kurz skizzierte systemtheoretische Konzeption von Organisationszielen fragt also nicht, ob es Organisationsziele gibt oder nicht, sondern geht von dem unbestreitbaren sozialen Sachverhalt aus, daß die Menschen in Organisationen mit dem Zweckbegriff arbeiten, und untersucht dessen Funktion. Die Analyse läßt sich, wie wir kurz anzudeuten versucht haben, auch ethnomethodologisch wenden, was wiederum Anstöße zu einer wissenssoziologi-

schen und ideologiekritischen Betrachtung zu geben vermag. Hier
weiter zu argumentieren, hieße aber den Rahmen dieser Einführung
sprengen.

c) Organisationsstrukturen

Wir wollen uns noch einmal an eine Zentralfrage der Mesosoziologie der Organisation erinnern: Worin liegt das Organisatorische einer Organisation? Eine Teilantwort haben wir in dem vorangegangenen Abschnitt gegeben: die Zweckhaftigkeit, die Verwendung des Zweckkonzepts zur Handlungssteuerung und -rechtfer-
tigung, macht einen Aspekt des organisatorischen Charakters
dieses sozialen Gebildes aus. Ähnlich geläufig wie das Zweckdenken
ist in der Alltagskommunikation wie in der Wissenschaft offenbar
das Konzept der *Organisationsstruktur.*

Wir sprechen von der „Sozialstruktur des Betriebes", der „Kommunikationsstruktur in einer Behörde", der „hierarchischen Struktur in einer Partei", der „formalen Struktur des Krankenhauses"
usw. Was hat man darunter zu verstehen? Nun ist der Strukturbe-
griff innerhalb der Soziologie zwar in aller Munde, dabei aber aus-
serordentlich schillernd. An dieser Stelle können wir leider keine
Auseinandersetzung mit oder Darstellung von Verwendungsweisen des Strukturbegriffs geben[23], wollen aber doch überlegen,
was „Organisationsstruktur" meinen kann.

Stellen wir uns einmal vor, ein neues Mitglied tritt in eine Organisation ein. Denken wir dabei vielleicht an einen Berufsanfänger in
einem großen Industriebetrieb. Wenn wir den Bereich der fachlichen Qualifikation außer Acht lassen, wird dieser „Neue" eine Ver-
haltensunsicherheit gerade hinsichtlich derjenigen Sachverhalte
empfinden, die die anderen, alten Mitglieder *nicht* in ihren Äu-
sserungen, Handlungen und Interaktionen thematisieren, sondern stillschweigend in gleichsinniger Weise voraussetzen. Der Neue
wird erschließen oder sich erklären lassen müssen, wer was zu tun
hat, wer wem gegenüber Rechenschaft schuldig ist, wer offiziell
und wer „eigentlich" „das Sagen hat", welche Tätigkeiten besonders angesehen sind, was *man* gerade noch tun darf und was *man*
tun muß, wie *man* sich durchsetzt, welche tatsächliche Bedeutung
der Betriebsrat hat, wie *man* einen Aufstieg vorbereitet usw. usw.
Diese dem Handeln in Organisationen zugrunde liegenden Muster,
Regelmäßigkeiten, Ordnungsgefüge, die sozial konsentiert und generalisiert sind und die im Handeln nicht expliziert, sondern vorausgesetzt werden, die gegenseitige Orientierungen ermöglichen
und den Sinn von Aktionen bestimmen, können wir „Organisationsstrukturen" nennen. Es handelt sich dabei um „syntaktische"

Muster und Regeln, die wegen ihrer Redundanz erschlossen, erklärt und in der Interaktion unexpliziert, aber stets mitgedacht, werden können. Zum (geringsten) Teil sind diese Strukturen schriftlich, z.B. in Form von Organisationsplänen, niedergelegt, wobei diese keinesfalls stets die wirklichen Strukturen abbilden müssen. Gleiches gilt für schriftlich fixierte Stellenbeschreibungen, Ablaufpläne, Satzungen und Betriebsordnungen.

Organisationsstrukturen sind „emergente Eigenschaften" von Organisationen, d.h. sie kommen dem System insgesamt zu und sind nicht aus dem einzelnen Element her ableitbar. Das Gesamtgefüge von Strukturen und Strukturüberlappungen ist das, was wir im Alltag normalerweise unter „Organisation" verstehen.

Strukturen dienen der Steuerung des Verhaltens in Organisationen, und wir können versuchen, sie als durch Einsatz von „Steuerungsstrategien" entstanden zu begreifen. Dies soll im folgenden Abschnitt (1) dargestellt werden; daran anschließend wollen wir einige typische Strukturmuster (2) vorstellen, weiter nach den Determinanten von Organisationsstrukturen (3) fragen und uns schließlich dem Bereich des Strukturwandels (4) zuwenden.

(1) Steuerungsstrategien

Folgende zentrale Systemstrategien lassen sich identifizieren und für das Verständnis der Funktionsweise von Organisationsstrukturen fruchtbar machen[24]:

● **Subjektivierung**

Wir haben bereits an mehreren Stellen angeführt, daß durch die gesellschaftliche Ausdifferenzierung von Organisationen Komplexität jeweils verringert wird. Subjektivierung ist nun jene Strategie, die in dieser Hinsicht eine Doppelfunktion leistet: in und für Organisationen sind einmal nur jeweils bestimmte oder bestimmbare Ereignisse, Sachverhalte und Probleme von Relevanz; wie das funktioniert, haben wir bereits bei der Behandlung der Organisationsziele gesehen. Dadurch wird gleichsam immer nur ein Ausschnitt aus der Welt „fokussiert". Zum anderen wird durch und von Organisationen diesem Ausschnitt an Ereignissen, Sachverhalten und Problemen und den ihnen korrespondierenden Handlunspotentialen eine organisationsspezifische Bedeutung, ein organisationsdeterminierter Sinn unterlegt. Nicht nur der Sachverhalt der Selektion, sondern eben auch der der systemrelativen Interpretation solcher Umwelt- und Systemereignisse usw. sind diejenigen Charakteristika, die wir unter dem Begriff der Subjektivierung fassen wollen.

● Objektivierung

Ebenfalls wurde schon verschiedentlich deutlich gemacht, daß
Organisationen z.B. im Unterschied zu sozialen (Primär-)Gruppen
von den konkreten, einzelnen Organisationsmitgliedern abgelöste,
in gewisser Weise verselbständigte soziale Gebilde, Vergegen-
ständlichungen, sind (es ist für einen Industriebetrieb relativ gleich-
gültig, ob Herr Müller oder Herr Meyer Buchhalter ist, wenn beide
nur in gleicher Weise vorgegebene Funktionen erfüllen können).
Diese Abgehobenheit im Bewußtsein und Handeln der agierenden
Menschen, die sowohl eine Stabilität der Organisation gegenüber
Mitgliederfluktuation als auch eine Stabilität der Persönlichkeiten
der Mitglieder gegenüber Organisationswandlungen ermöglicht,
verschafft diesem System einen Objektivitätscharakter. Es scheint
dann so, als ob es „organizations without people" gäbe; die Herstellung dieses Scheins bezeichnen wir als Systemstrategie der Objektivierung.

● Differenzierung

Organisationen gewinnen ein Großteil ihres Synergie- und Reduk-

Übersicht 24 Differenzierung als komplexe Strategie

1. Stufe: Differenzierungsstrategie zur Bildung elementarer Subsysteme

Zerlegung von Prozessen   Zerlegung von Funktionen

Subsysteme

funktional   segmental

parallel   sequentiell

2. Stufe: Differenzierungsstrategien zur Strukturierung differenzierter
Systeme

Differenzierung der Rangordnung   Differenzierung der Transaktions-
(Hierarchisierung)   beziehungen

Wertschätzungs-   Relevanz-   Differenzierung   Differenzierung
differenzierung   differen-   der Kommunika-   der Einflußbezie-
                  zierung   tionsbeziehun-   hungen zwischen
                                 gen zwischen   den Subsystemen
                                 den Subsystemen

tionseffektes daraus, daß sie intern nochmals ausdifferenzierte Bereiche schaffen bzw. den internen Verkehr differenziert regeln. Es gibt keine Organisation ohne irgendeine Form von „Arbeitsteilung" und internen Kommunikationsbeschränkungen.

Die Differenzierung ist eine komplexe Strategie, deren einzelne Elemente in der Übersicht 24 abgebildet sind.

Die Strategie der Differenzierung kann in zwei Stufen betrachtet werden. Zunächst erfolgt eine Aufteilung in Subsysteme (Arbeitsteilung). Diese kann durch Zerlegung von Prozessen (z.B. die Phasendifferenzierung bei dem Entscheidungsverhalten nach Vorbereitung, Entschlußfassung und Durchführung) oder durch Zerlegung von Funktionen erfolgen (z.B. Differenzierung nach Verwaltungs- und Marktfunktionen in einer Unternehmung).

Die segmentale Differenzierung ist dabei eine besondere Art der Bildung von Untereinheiten, und zwar solcher mit gleichen Aufgaben. Hierdurch wird nicht zusätzliche Komplexität in dem System geschaffen, sondern die segmentale Differenzierung hat die Funktion der Stabilisierung der Gesamtorganisation gegenüber Störungen; denn wenn eine Einheit ausfällt, kann die Organisation weiterarbeiten. Lediglich eine mengenmäßige Beschränkung findet statt. Dies ist anders bei der funktionalen Differenzierung, bei der die einzelnen Untersysteme verschiedenartig spezialisiert sind. Dieser Spezialisierungsgewinn wird allerdings mit einer größeren Störanfälligkeit der Gesamtorganisation erkauft. Die funktionale Differenzierung kann in paralleler oder sequentieller Weise vollzogen werden. Im ersten Falle arbeiten die Untereinheiten „simultan" an verschiedenen Problemen, im zweiten Falle widmet sich ein und derselbe Handelnde nacheinander verschiedenen Themen. Mit der Differenzierung in elementare Subsysteme wird die Eigenkomplexität der Gesamtorganisation erhöht. Die Organisation kann mehr Umweltereignisse verarbeiten als ohne eine solche Differenzierung. Damit treten Folgeprobleme der möglicherweise übermäßigen Vielfalt auf, denen zum Teil wieder durch Differenzierung begegnet werden kann. Solche Differenzierungsstrategien zweiter Stufe regeln das Verhältnis der gebildeten Untereinheiten zueinander, und zwar einmal durch die Bildung einer Rangordnung der Subsysteme (Hierarchisierung), zum anderen durch die Regelung der Transaktionsbeziehungen zwischen ihnen. Solche Rangordnungen können nach verschiedenen Kriterien gebildet werden. Für Organisationen ist z.B. die Differenzierung nach der Wertschätzung (Schaffung einer Statushierarchie) von großer Bedeutung. Rangordnungen erleichtern die Orientierung insbesondere in Krisensituationen und erfüllen damit ebenfalls eine Reduktionsfunktion hinsichtlich der eigenen Komplexität des Systems. Die Transaktionsbeziehungen können sowohl durch Differenzierung der Kommunikationswege als auch durch Ausbildung differenzierter Einflußbeziehungen zwischen den Subsystemen strukturiert werden (also z.B. durch Leitungsbeziehungen).

● Standardisierung

Während die Differenzierung eine Strategie zur spezifischeren Behandlung von Ereignissen und Problemen ist, stellt die Standardisierung einen Prozeß der Vereinfachung und Vereinheitlichung dar; durch Standardisierung werden Gleichförmigkeiten geschaffen (vgl. Übersicht 25). Vereinfachung und Vereinheitlichung erfolgen durch Standardisierung der Wahrnehmungen und der Handlungen. Der Prozeß der Standardisierung der Wahrnehmungen führt zur Typisierung von Ereignissen, Objekten und Erscheinungen, d.h. zur Abstraktion von Dingen, die als unwesentlich gelten sollen, zur Behandlung ähnlicher Erscheinungen wie gleiche und zur Zusammenfassung relevanter spezifischer Merkmale zu einem zusammenhängenden Merkmalskomplex. Die Ergebnisse dieser Prozesse erhalten dann eine relative Dauergeltung. Die Umwelt wird also durch Kategorien gesehen, eingeordnet und interpretiert. Dies vereinfacht die Orientierung.

Übersicht 25 Standardisierung als komplexe Strategie

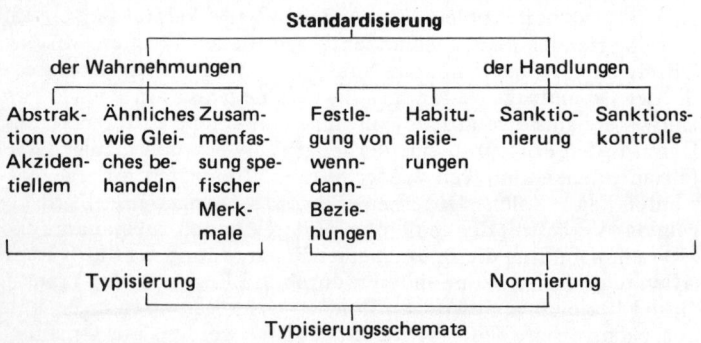

Die Standardisierung von Handlungen kann nun nicht unmittelbar erfolgen, sondern über Verfahren der Bindung von Handlungen an Situationen und der Stabilisierung von Erwartungen. Die

Festlegung von dauerhaften wenn-dann-Beziehungen (wenn Situation S, dann Handlungen H), die Ausbildung von Verhaltensgewohnheiten, die auch kontrafaktische Geltung haben (Normen, Habitualisierungen), die Sanktionierung erwartungsgemäßen bzw. abweichenden Verhaltens und die Etablierung von Sanktionskontrollinstanzen sind die in diesem Zusammenhang aufzuführenden Prozesse, die zusammengenommen die Normierung von Handlungen zur Folge haben. Typisierung und Normierung können nun zusammenlaufen, d.h. Typisierungen erhalten selbst normativen Charakter. Wir können dann von „Typisierungsschemata" sprechen, als welche wir die sozialen Rollen in Organisationen betrachten können.

Typisierung und Normierung haben damit außer ihrer Standardisierungsfunktion auch die Funktion der Objektivierung; denn Abstraktion und konstante Anwendbarkeit lassen sich offenbar nur durch eine gewissen „Entsubjektivierung" erreichen.

● **Koordination**

Einigen der aufgeführten Strategien ist auch eine integrative Funktion immanent, insbesondere Subjektivierung und Standardisierung können auch eine Koordination der verschiedenen differenzierten Organisations- und Handlungsbereiche dadurch leisten, daß sie die Handlungsvielfalt begrenzen bzw. über wenn-dann-Bedingungen gegenseitige Handlungsabstimmungen „vorprogrammieren". Allerdings hat auch die immanente Integrationswirkung ihre Grenzen. Gerade besonders differenzierte Systeme, deren Gewinn ja in der internen Grenzziehung liegt, d.h. in der Ausbildung von Bereichen relativer funktionaler Autonomie, laufen Gefahr, vorhandene funktionale Interdependenzen zu vernachlässigen, und können so ein Zerbrechen des Zusammenhangs herbeiführen. In Organisationen lassen sich deshalb explizite Koordinationsstrategien ausmachen, die die Erhaltung der Systemintegration bewirken.

Eine Gruppe solcher Koordinationsstrategien hat ihr charakteristisches Merkmal in der Internalisierung der spezifischen Organisationskultur. Damit ist gemeint, daß organisationsspezifische Zwecke, Strukturen, Werte insoweit den Handlungsträgern zu eigen werden, daß alle ihre Handlungen durch sie gesteuert werden. Außer an die Internalisierung von Werten und Zielen kann auch z.B. an die Ausbildung eines „Wir-Gefühls", eines Korpsgeistes in Organisationen gedacht werden. Wegen nur begrenzter Integrationswirkung dieser Internalisierungsmechanismen bei sehr komplexen Systemen ist aber darüber hinaus oder an ihrer Stelle

häufig eine Ausdifferenzierung mehr extrinsischer Kontrollein-
heiten zur Koordination erforderlich, also etwa die Institutionalisierung von spezifischen Leitungs- oder Führungsrollen in Organisationen. Diese Kontrolleinrichtungen können dabei selbst wieder als Systeme organisiert sein.

Neben der Einrichtung koordinativer Rollen kann diese Funktion auch durch Sanktionen, Sanktionskontroll- und -einflußstrate-
gien, die nicht unbedingt an Rollen gebunden sind, erfüllt werden.

Die Ergebnisse der Anwendung dieser Steuerungsstrategien erscheinen in einer Momentaufnahme einer Organisation als Organisationsstruktur oder Strukturmuster.

(2) Strukturmuster

Je nachdem welche Steuerungsstrategien in welcher Weise angewendet werden, entstehen unterschiedliche Strukturmuster. Die Literatur auf diesem Gebiet ist unüberschaubar groß geworden, so daß
wir hier relativ dazu nur eine sehr knappe Einführung geben können. Wir wollen das tun, indem wir auf drei Typen von Struktur-
konzepten hinweisen.

● Das Konzept der formalen Organisationsstruktur

Häufig findet man als Darstellung von organisationalen Strukturmustern den sog. „Organisationsplan" oder das „Organigramm".
In diesem werden Anweisungs- bzw. Unterstellungsbeziehungen
zwischen differenzierten „Subsystemen", wie z.B. Stellen oder Ab-
teilungen, dargestellt. Das Denken in Organisationsplänen stammt
insbesondere aus der betriebswirtschaftlichen Organisationslehre,
ist aber auch in der Betriebssoziologie häufig anzutreffen. Die
Übersicht 26 zeigt für diese Darstellungsweise typische Strukturmuster in vereinfachter Form.

Solche Strukturen, die in Organigrammen fixiert werden können,
enthalten aber nur wenige der möglichen Struktureigenschaften.
So präsentieren die gezogenen Linien auch in der Regel nur formale Unterstellungsverhältnisse, noch nicht aber ungeplante oder
tatsächliche Kommunikationsstrukturen zwischen den organisatorischen Einheiten. Zur Darstellung solcher Kommunikationsstrukturen wird stets auf die Strukturtypen der umfangreichen Kommunikationsforschung in kleinen formalen Gruppen zurückgegriffen. Da diese in keiner Einführung fehlen dürfen, möge der Leser hier einen Blick auf die Übersicht 27 werfen, die solche reinen Formen von kommunikativen Strukturmustern zeigt[25].

Übersicht 26: Strukturmuster von Organisationsplänen (aus *W. Hill/P. Fehlbaum/P. Ulrich:* Organisationslehre I, Bern/ Stuttgart 1976, S. 212)

	Linienorganisation	Stab-Linien-Organisation	Funktionale Organisation	Matrix-Organisation
Grundsätze	– Einheit der Leitung – Einheit des Auftrags-empfangs	– Einheit der Leitung – Spezialisierung von Stäben auf Leitungs-hilfsfunktionen ohne Kompetenzen gegenüber der Linie	– Spezialisierung der Leitung – direkter Weg – Mehrfachunterstellung	– Spezialisierung der Leitung nach Dimensionen – Gleichberechtigung der verschiedenen Dimensionen
Schema				
Eigenarten	– Linie = Dienstweg für Anordnung, Anrufung, Beschwerde, Information – Linie = Delegationsweg – hierarchisches Denken – keine Spezialisierung bei der Leitungsfunktion	– Funktionsaufteilung der Leitung nach Phasen des Willens-bildungsprozesses – Entscheidungs-kompetenz von Fach-kompetenz getrennt	– Job-Spezialisierung der Leitungskräfte – Übereinstimmung von Fachkompetenz und Entscheidungs-kompetenz	– keine hierarchische Differenzierung zwischen verschiedenen Dimensionen – systematische Regelung der Kompetenzkreuzungen – Teamarbeit der Dimensionsleiter

Übersicht 27 Kommunikationsstrukturmuster

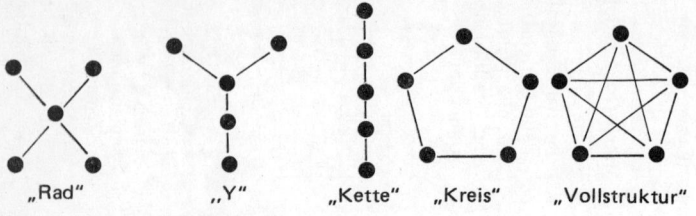

„Rad"   „Y"   „Kette"   „Kreis"   „Vollstruktur"

Die Kommunikationsforschung hat zahlreiche Forschungsergebnisse zur Funktionsweise und Effizienz dieser Strukturen hervorgebracht, über die wir hier aus Raumgründen nicht berichten können. Allerdings ist zu beachten, daß diese reinen Kommunikationsstrukturtypen in der Organisationswirklichkeit so kaum aufzufinden sind. Dort nämlich sind diese Typen nur durch künstliche Isolierung herauszufinden. Wenn man sich z.B. die gesamte Kommunikationsstruktur der Übersicht 28 ansieht, wird man etwa unschwer feststellen, daß sich neben vielen anderen z.B. folgende Strukturtypen wiederfinden:

Übersicht 28 Kommunikationsstruktur einer Organisation (fiktives Beispiel)

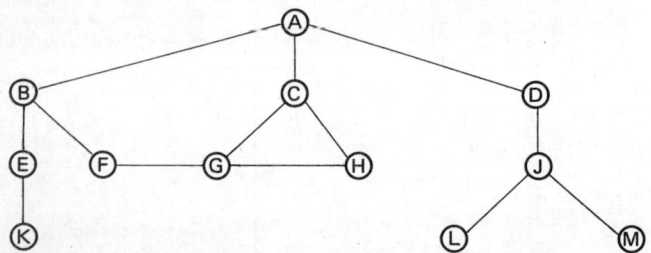

- A B C D bilden ein Rad
- A D J oder D J M bilden eine Kette
- A B E F oder D J L M bilden ein Ypsilon
- C G H bilden eine Vollstruktur
- A B C F G bilden einen Kreis

Wie nun diese Verzahnungen von Strukturtypen wirken, darüber schweigt sich diese Forschungsrichtung aus.

Hinzu kommt, daß hier nur ein Aspekt der kommunikativen Differenzierung betrachtet wird, nämlich die sog. „eliminative kommunikative Differenzierung", bei der die Differenzierung durch Eliminierung von im Hinblick auf die Vollstruktur möglichen Kommunikationswegen zustande kommt. Strukturschaffende Differenzierungen von Kommunikationskanälen erfolgen aber auch dadurch, daß man Kommunikationsrichtungen (einseitige Öffnung) beschränkt oder dadurch, daß man Kommunikationswege in der Weise gewichtet, daß bestimmte Kanäle nur für bestimmte Probleme oder zu bestimmten Zeiten oder zu unterschiedlichen Kosten benutzbar sind[26]. Kommunikative Strukturmuster können dadurch außerordenlich komplex werden.

● **Die Konzeption der Strukturdimensionen**

Eine umfassendere Konzeption zur Explikation von Kommunikationsstrukturen ist von der oben schon zitierten Gruppe der „Strukturalisten" — hier insbesondere der *Aston*-Gruppe — entwickelt worden. Wie z.B. aus den Übersichten 10 und 11 auf den Seiten 33 ff ersichtlich, wird dort mit einem Konzept der Struktur*dimensionen* gearbeitet, das in gewisser Hinsicht z.T. unseren „Steuerungsstrategien" ähnelt[27].

Eine Struktur wird durch Ausprägungen auf — im Basiskonzept — fünf Hauptdimensionen gekennzeichnet; dies sind:

● Spezialisierung (Arbeitsteilung)

● Koordination (Ausmaß des Einsatzes von Koordinationsinstrumenten)

● Konfiguration (Leitungsstruktur)

● Entscheidungsdelegation (Kompetenzstruktur)

● Formalisierung (Ausmaß der Schriftlichkeit)

Mit Hilfe dieses Konzepts wird nun im Sinne des oben angeführten „Interne-Struktur-Ansatzes" gefragt, in welcher Weise die empirischen Ausprägungen auf diesen Dimensionen miteinander korrelieren, inwieweit also diese Dimensionen nicht unabhängig voneinander sind (inwieweit es dann überhaupt noch sinnvoll ist, von eigenständigen Dimensionen zu sprechen, sei hier einmal dahingestellt).

Kieser/Kubicek haben einmal bisherige Untersuchungen zusammengefaßt und kommen zu den in Übersicht 29 abgebildeten Zusammenhängen (+/−: positive/negative Korrelation):

Übersicht 29 Der Zusammenhang zwischen den Strukturdimensionen (aus *A. Kieser/H. Kubicek:* Organisation. Berlin/New York 1977, S. 170).

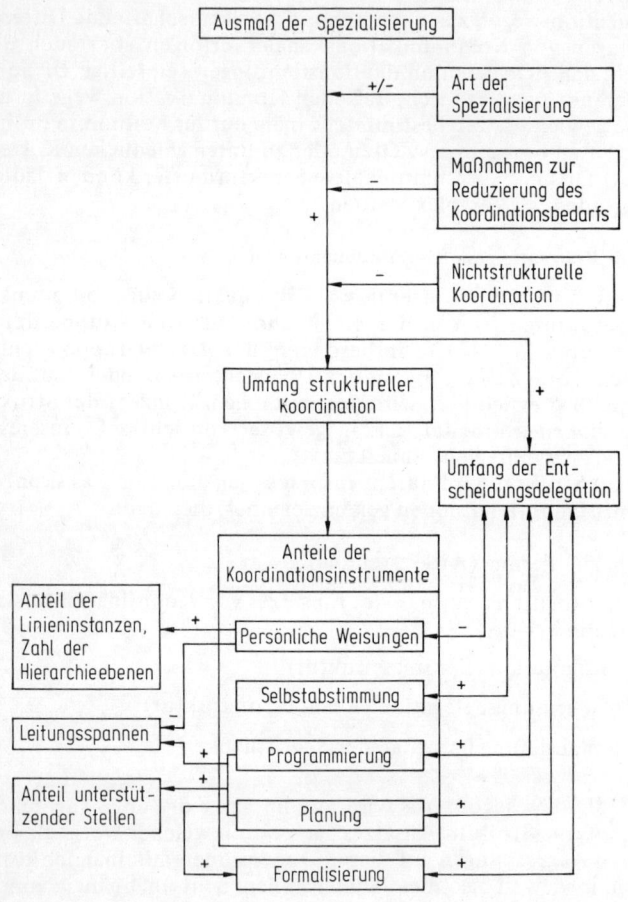

Reimann dagegen arbeitet mit drei Dimensionen: Dezentralisierung, Spezialisierung und Formalisierung, die nach seiner Untersuchung relativ unabhängig voneinander sind und einen „Organisationalen Strukturraum" aufspannen, in dem jeder Punkt zur Beschreibung und Darstellung von empirischen Strukturmustern dienen kann (Übersicht 30):

Übersicht 30 (aus *Reimann, B.G.* Strukturdimensionen Suroleratischer Organisationen: Eine empirisch fundierte Würdigung. In: *K. Türk* Hg): Organisationstheorie. Hamburg 1975, S. 26.

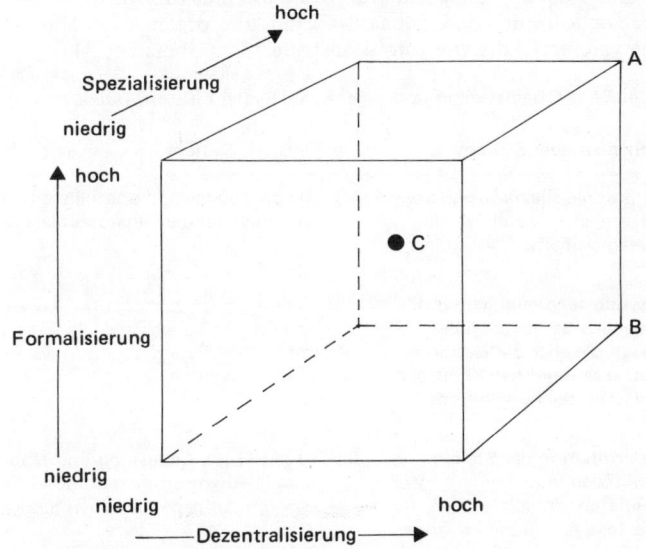

Zu beachten ist allerdings, daß bei diesen Untersuchungen stets nur Unternehmungsorganisationen erfaßt wurden.

● **Konzeptionen der Strukturdichotomisierung**

Ein dritter theoretischer Ansatz ist in Versuchen zu sehen, durch eine Dichotomisierung von Strukturdimensionen zu typischen organisationalen Strukturmustern zu kommen. Die einzelnen Konzepte innerhalb dieser Klasse von theoretischen Zugängen arbeiten in der Regel mit erheblich mehr Strukturdimensionen als es bei den Strukturalisten der Fall ist. Es handelt sich dabei um theoretisch hergeleitete Organisationsmerkmale, die nicht — wie in der Regel bei den Strukturalisten — nach ihrer Meßbarkeit mit der traditionellen Technik der empirischen Sozialforschung ausgewählt wurden, sondern der Konstruktion theoretischer Idealtypen dienen. Wir wollen hier zwei, nicht ganz unverwandte, Typisierungen vorstellen. Strenggenommen bewegen wir uns hier aber schon auf dem Weg zur Differentiellen Organisationssoziologie.

● **„Mechanistische und organische Managementsysteme"**

Burns und *Stalker*[28] entwickeln im Rahmen iher Innovationstheorie eine Dichotomie von „mechanistischen und organischen Managementsystemen", die wie folgt konstruiert ist (Übersicht 31):

Übersicht 31 Mechanistisches und organisches System (*Burns/Stalker*)

mechanistisches System	organisches System
(a) funktional spezialisierte Stellenaufgaben, durch die die Gesamtaufgabe fraktioniert wird	(a) Beschäftigung von Spezialisten im Hinblick auf die Gesamtaufgabe
(b) Verselbständigung von individuellen Stellenaufgaben, durch die eher die technologische Mittelentwicklung als die Zielerreichung betont wird	(b) „realistische" Konzeption individueller Aufgaben, die als Element der Gesamtsituation verstanden werden
(c) Koordination der Stellen durch den unmittelbaren Vorgesetzten, der allein seine spezielle Abteilung im Auge hat	(c) gegenseitige Anpassung und ständige Neudefinition der individuellen Aufgaben durch Interaktion
(d) genaue Festlegung von Rechten, Pflichten und Verfahrensweisen für jede Stelle	(d) Übergabe von Verantwortung für einen begrenzten Bereich von Rechten, Pflichten, Verfahrensweisen, so daß Probleme nicht aus dem Verantwortungsfeld abgeschoben werden können
(e) Übersetzung von Rechten, Pflichten und Verfahrensweisen in die Verantwortung einer Stelle	(e) Eingehen von Verpflichtung gegenüber der Gesamtorganisation, jenseits aller rein technischer Festlegung
(f) hierarchische Kontroll-, Autoritäts- und Kommunikationsstruktur	(f) Eine Netzwerkstruktur der Kontrolle, Autorität und Kommunikation; Sanktionierungen erfolgen eher aus der Verpflichtetheit

Übersicht 31 (Forts.)

mechanistisches System	organisches System
	der Gesamtheit gegenüber als aus reinen Vertragsbeziehungen
(g) Verstärkung der hierarchischen Struktur durch Informationsmonopol an der Spitze	(g) Allwissenheit ist nicht länger Vorrecht der Spitze; Informationskonzentration situationsabhängig immer dort, wo funktional erforderlich
(h) Tendenz zur rein vertikalen Interaktion	(h) eher horizontale („laterale") Kommunikation
(i) Steuerung des Arbeitsverhaltens nur durch den Vorgesetzten vermittelst Anweisung	(i) eher Information und Ratschläge als Anweisungen und Entscheidungen
(j) Loyalität der Organisation und Gehorsam dem Vorgesetzten gegenüber als Mitgliedschaftsbedingung	(j) Verpflichtung gegenüber Organisationszielen und Berufsethos wichtiger als Loyalität und Gehorsam
(k) Schwergewicht auf internem, lokalem Wissen weniger auf übergreifendem Wissen	(k) Betonung der Bedeutung auch übergreifenden Wissens

Burns/Stalker entwickeln ihre Typologie im Zusammenhang mit der Diskussion „effizienter" Organisationsstrukturen und kommen zu dem Schluß, daß mechanistische Systeme dann geeignete Strukturen aufweisen, wenn die Organisationsumwelt stabil und vorhersagbar ist, organische Systeme seien dagegen dann angebracht, wenn die Umweltverhältnisse „turbulent" und veränderlich sind, so daß die Strukturen flexibel sein müssen.

● **„Bürokratische und assoziative Organisation"**

Im Sinne einer Synthese und Ergänzung der Vielzahl in der Literatur vorfindbarer Dichotomisierungen und Typisierungen entwickelt *Bosetzky*[29] zwei „Grenztypen" rationaler organisationaler Strukturmuster, wobei er ähnlich wie *Burns/Stalker* jeweils die („linken und rechten") Endpunkte von Strukturdimensionen definiert (vgl. Übersicht 32):

Übersicht 32: Bürokratische und assoziative Organisation (*Bosetzky*)

Grenztypus bürokratischer Organisation	*Grenztypus assoziative Organisation*
Rollenstruktur:	*Rollenstruktur:*
1. Die Gesamtaufgabe der Organisation ist generell und dauerhaft in „atomisierte" und vom Gesamtziel losgelöste Teilaufgaben zerlegt, wobei jedes Organisationsmitglied eine anders spezialisierte, von seiner Person prinzipiell unabhängige, fest an eine eindeutig definierte Position geknüpfte und von allen anderen genau abgegrenzte Rolle über längere Zeiträume hinweg übernimmt und sich nur für sie verantwortlich fühlt;	1. Die Gesamtaufgabe der Organisation wird nur von Fall zu Fall und kurzfristig in komplexe und immer mit dem Gesamtziel verbundene „natürliche" Teilaufgaben gegliedert, wobei jedes Organisationsmitglied nur über kürzere Zeiträume hinweg eine anders spezialisierte, aber von seiner Person abhängige, nicht fest an eine eindeutig definierte Position geknüpfte und von allen anderen nicht immer genau abgegrenzte Rolle übernimmt, sich aber gleichzeitig auch für alle anderen verantwortlich fühlt;
2. Alle Rollen sind auf abstrakte Teilziele bezogen, und jeder Rollenspieler verfügt nur über die Kenntnisse und Fertigkeiten, die zur Erfüllung seiner eigenen Rolle notwendig sind;	2. Alle Rollen sind auf das ständig neu definierte Gesamtziel der Organisation bezogen, und jeder Rollenspieler verfügt über die Kenntnisse und Fertigkeiten, die zur Erfüllung aller in der Organisation vorkommenden Rollen notwendig sind;
3. Träger der Rollenerwartungen sind ausschließlich der jeweilige Vorgesetzte und die eigene Organisation qua Institution;	3. Träger der Rollenerwartungen sind die Kollegen innerhalb und die Fachkollegen außerhalb der Organisation;
4. Die für alle Untergebenen gleich strenge Kontrolle der Rollenerfüllung und die Koordinierung der einzelnen Tätigkeiten liegen ausschließlich beim jeweiligen Vorgesetzten;	4. Die für alle Organisationsmitglieder gleich strenge Kontrolle der Rollenerfüllung liegt bei den Kollegen innerhalb und den Fachkollegen außerhalb der Organisation, die Koordinierung der einzelnen Tätigkeiten erfolgt in Beratungen mit den Kollegen und/oder über einen durch Wahl oder Übereinkunft bestimmten Koordinator bzw. einen mit mehreren Personen besetzten Koordinierungsausschuß;

Übersicht 32 (Forts.)

Grenztypus bürokratischer Organisation	*Grenztypus assoziativer Organisation*

Rollenstruktur:

5. Alle Initiativen und Entscheidungen sind ausschließlich Sache des jeweiligen Vorgesetzten, der über alle wichtigen Informationen und Kenntnisse eines Bereichs verfügt, so daß die Organisationsspitze „allwissend" ist;

6. Die Tätigkeit in der Organisation ist die einzige berufliche (gegen Entgelt ausgeübte) Beschäftigung;

Formalisierung:

7. Die Kompetenzen, d.h. die in jeder Rolle eingelagerten Rechte, Pflichten und Arbeitsmethoden oder ihr „Erwartungsinhalt", sind bis ins letzte Detail und der Intention nach ein für allemal schriftlich festgelegt;

8. Es besteht eine differenzierte und erschöpfende Disziplinarordnung — die zulässigen positiven und negativen Sanktionen und die Voraussetzungen ihrer Anwendung sind bis ins letzte Detail festgelegt und gegeneinander abgegrenzt;

9. Alle Untergebenentätigkeiten sind durch auferlegte Regeln konditional programmiert.

Rollenstruktur:

5. Alle Initiativen und Entscheidungen sind Sache des Kollegiums, in dem jedes Mitglied über alle wichtigen Informationen und Kenntnisse verfügt, also „allwissend" ist;

6. Die Tätigkeit in der Organisation ist nicht die einzige beruftlich (gegen Entgelt ausgeübte) Beschäftigung;

Formalisierung:

7. Die Kompetenzen, d.h. die in jeder Rolle eingelagerten Rechte, Pflichten und Arbeitsmethoden oder ihr „Erwartungsinhalt", werden von Fall zu Fall oder für einen begrenzten Zeitraum in groben Zügen und mündlichen Absprachen abgegrenzt;

8. Es besteht keine differenzierte und erschöpfende Disziplinarordnung — die positiven und negativen Sanktionen werden von Fall zu Fall nach Beratung aller Organisationsmitglieder und Abstimmung festgelegt;

9. Es gibt für die vorkommenden Tätigkeiten keine Dauerregelungen, sondern nur vorläufige und provisorische Weisungen des Koordinators, von allen Beteiligten beschlossene weitgespannte Richtlinien, nach denen improvisiert werden kann, einmalige dispositive Weisungen des Koordinators und Ad-hoc-Beschlüsse von Arbeitsgruppen.

108

Grenztypus bürokratischer Organisation	Grenztypus assoziativer Organisation
Autoritätsstruktur:	*Autoritätsstruktur:*
10. Es besteht eine ein für allemal festgelegte Hierarchie mit mindestens drei Ebenen;	10. Es gibt keine festgelegte Hierarchie, sondern nur eine instabile Einkommens- und Prestigeschichtung aufgrund des fachlichen Könnens, der früher erbrachten und momentanen fachlichen Leistung und bestimmter charismatischer Eigenschaften;
11. Die höchste Autorität liegt bei einem „Herrn" — der nicht-bürokratischen Spitze — außerhalb der Organisation;	11. Es gibt keinen „Herrn" außerhalb der Organisation, die höchste Autorität genießt ein aufgrund seiner fachlichen Überlegenheit und/oder seiner charismatischen Eigenschaften durch Wahl oder Übereinkunft für einen begrenzten Zeitraum als Primus inter pares bestimmter und jederzeit abwählbarer Koordinator;
12. Die jeweils Untergebenen haben keine andere Möglichkeit, sich dem Befehl eines Vorgesetzten zu widersetzen, als das Ausscheiden aus der Organisation — Appellationsmuster sind nicht vorhanden;	12. Die im Kollegium jeweils überstimmten Organisationsmitglieder haben die Möglichkeit der Appellation, vor allem durch Anrufung von kompetenten Fachkollegen außerhalb der eigenen Organisation;
13. Die Autorität des Vorgesetzten ist ausschließlich rational begründet, nur die Amtsautorität zählt;	13. Die Autorität des Koordinators ist ausschließlich funktional und/oder charismatisch begründet;
14. Gehorcht wird ausschließlich aus dem Legalitätsglauben an die und dem Legitimitätseinverständnis mit der Herrschaftsordnung heraus sowie aus der Erwartung eines festen, nach dem hierarchischen Rang abgestuften Gehalts — Organisationsziel und persönliche Mo-	14. Jedes Organisationsmitglied erbringt seine Leistung und folgt den als zweckrational akzeptierten Beschlüssen des Koordinators odes des Kollegiums, weil es sich mit dem umfassenden Ziel der Organisation voll identifiziert, sowie aus der Erwartung

Übersicht 32 (Forts.)

Grenztypus bürokratischer Organisation	*Grenztypus assoziativer Organisation*

Autoritätsstruktur:

tivation sind streng getrennt, über die Erfüllung der eigenen Rolle hinaus besteht keine Beziehung zum Gesamtziel der Organisation.

Autoritätsstruktur:

auf ein Gehalt heraus, das sich in seiner Höhe nach der jeweils in einem bestimmten Zeitraum erbrachten Leistung richtet und durch einen Beschluß des Kollegiums festgelegt wird.

Kommunikationsstruktur:

15. Es gibt nur vertikale Kommunikationskanäle (dauerhaft festgelegte Dienstwege), auf denen ohne Auslassung einer im Organisationsplan vorgesehene Position ausschließlich Befehle und Vollzugsmeldungen transportiert werden;

Kommunikationsstruktur:

15. Es gibt keine dauerhaft festgelegten Kommunikationskanäle (Dienstwege), sondern bei Bedarf benutzbare netzartige Verbindungswege zwischen allen Organisationsmitgliedern, auf denen keine Befehle und Vollzugsmeldungen, sondern nur Ratschläge, Wünsche, Informationen sachlicher Art und Berichte übermittelt werden;

16. Alle organisatorischen Kommunikationen werden ausschließlich schriftlich übermittelt;

16. Soweit es nicht Umfang und Art der Informationen verbieten, werden alle organisatorischen Kommunikationen mündlich übermittelt;

17. Von unten nach oben werden ausschließlich Informationen übermittelt, die vorher von oben angefordert worden sind;

17. Jedes Organisationsmitglied gibt ohne vorherige Aufforderung die ihm relevant erscheinenden Informationen an alle anderen weiter;

18. Alle Kommunikationen mit der Umwelt werden unpersönlich gehalten.

18. Alle Kommunikationen mit der Umwelt werden persönlich gehalten.

Personal:

19. Alle Organisationsmitglieder müssen nach Maßgabe der von ihnen zu bearbeitenden Materie Diplome oder Zeugnisse über eine erfolgreich abgeschlossene Fachschulung aufweisen;

Personal:

19. Voraussetzung einer Mitgliedschaft sind nicht Diplome oder Zeugnisse, sondern die tatsächlich aktivierbaren Kenntnisse und Fertigkeiten und in Fach-

Übersicht 32 (Forts.)

Grenztypus bürokratischer Organisation	*Grenztypus assoziativer Organisation*
Personal:	*Personal:*

<table>
<tr>
<td></td>
<td>prüfungen nicht erfaßbare Eigenschaften wie der Ruf in Fachkreisen, Fortune, Persönlichkeit, Kooperationsfähigkeit, Improvisationstalent, die Fähigkeit der Hingabe an eine Idee, Fantasie, Kreativität oder Genialität;</td>
</tr>
<tr>
<td>20. Die einzelnen Organisationsmitglieder haben die erforderlichen Kenntnisse und Fertigkeiten in der eigenen Organisation erworben;</td>
<td>20. Die einzelnen Organisationsmitglieder haben die erforderlichen Kenntnisse und Fertigkeiten in praxisunabhängigen Ausbildungsinstitutionen erworben;</td>
</tr>
<tr>
<td>21. Die einzelnen Organisationsmitglieder verfügen nur über partielle Kenntnisse und Fertigkeiten;</td>
<td>21. Die einzelnen Organisationsmitglieder verfügen generell über über umfassende Kenntnisse und Fertigkeiten;</td>
</tr>
<tr>
<td>22. Die Rekrutierung erfolgt nach bis ins letzte Detail festgelegten rationalen Kriterien durch freie Auslese und Anstellung;</td>
<td>22. Die Rekrutierung erfolgt nach fallweise wechselnden Gesichtspunkten und subjektiven Kriterien der sachverständigsten Mitglieder bzw. derjenigen, in deren Arbeitsgruppe eine neue Kraft benötigt wird, und zwar in der Regel unter Bevorzugung von persönlichen Freunden und Bekannten oder von kompetenten Fachkollegen empfohlenen Personen, von denen man Anpassungsfähigkeit, Kreativität und einschlägiges Wissen erwartet;</td>
</tr>
<tr>
<td>23. Kündbarkeit, Degradierung, Versetzung und Ernennung oder Beförderung sind bis ins letzte Detail vom Urteil des Vorgesetzten abhängig oder aber erfolgen nach dem Senioritätsprinzip;</td>
<td>23. Ausschluß aus der Organisation oder Übergang in eine höhere bzw. niedrigere Entlohnungsstufe werden von Fall zu Fall durch Beschluß aller Mitglieder geregelt, wobei eine Gehaltserhöhung von der gesteigerten Leistung und dem verbesserten Ruf in der Fachwelt abhängt;</td>
</tr>
</table>

Übersicht 32 (Forts.)

Grenztypus bürokratischer Organisation

Grenztypus assoziativer Organisation

Personal:

24. Die Karriere der Organisationsmitglieder ist am Statussystem ihrer eigenen Organisation orientiert;

25. Die Wertschätzung und Belohnung eines Organisationsmitgliedes erfolgt ausschließlich nach dem Ausmaß der der Organisation bewiesenen Loyalität und des erbrachten Gehorsams, der Befolgung bestimmter Verfahrensregeln und nach seinen organisationsinternen Kenntnissen, Erfahrungen und Fähigkeiten;

26. Die Loyalität hat ausschließlich der eigenen Organisation zu gelten und wird laufend kontrolliert;

27. Der Führungsstil ist autoritär, alle zwischenmenschlichen Beziehungen innerhalb der Organisation sind unpersönlich;

28. Kein Organisationsmitglied besitzt irgendwelche Eigentumsrechte an den Produktions- und Verwaltungsmitteln.

Personal:

24. Die Karriere der Organisationsmitglieder ist am Statussystem ihrer Berufsgruppe (profession) und/oder der Wertschätzung der für die Berufsgruppe je spezifischen Öffentlichkeit orientiert;

25. Die Wertschätzung und allgemeine Belohnung eines Organisationsmitgliedes erfolgt nach seinen Arbeitsergebnissen, d.h. dem Ausmaß seiner Leistung für die eigene Organisation, und nach dem Ruf, den es sich aufgrund seiner universellen Kenntnisse, Erfahrungen und Fähigkeiten außerhalb der Organisation erworben hat;

26. Die Loyalität kann auch anderen Organisationen gelten, die Loyalität der eigenen Organisation gegenüber wird nicht überbewertet;

27. Der Führungsstil des Koordinators bzw. die Zusammenarbeit ist demokratisch oder entspricht dem Laissez-faire-Prinzip, alle zwischenmenschlichen Beziehungen innerhalb der Organisation sind persönlich;

28. Jedes Organisationsmitglied besitzt irgendwelche Eigentumsrechte an den Produktions- und Verwaltungsmitteln.

An der Vielzahl der von *Bosetzky* verwendeten Strukturdimensionen wird deutlich, wie begrenzt etwa das Konzept der *Aston*-Gruppe zur Analyse von Organisationen ist. Es gibt offenbar nicht „die" Sozialstruktur einer Organisation, vielmehr überlappen sich vielfältige Strukturen, greifen ineinander über, bedingen sich gegenseitig. So wird man z.B. allein schon dann Schwierigkeiten zu erwarten haben, wenn man „die" organisationale Hierarchie darstellen will; denn man muß sich überlegen, welche Hierarchie man denn meint: die formale oder tatsächliche Entscheidungshierarchie, oder die Statushierarchie, oder die Hierarchie der Macht, oder die Hierarchie des Einkommens, oder die Hierarchie der funktionalen (Sach-) Autorität usw. usw.

Es stellt sich bei der Untersuchung organisationaler Strukturen die Frage, ob man sie als von irgendwelchen Determinanten abhängige Variable betrachten kann. An Versuchen, solche Bestimmungsgrößen zu erforschen, hat es nicht gefehlt; dem wollen wir uns jetzt zuwenden.

(3) Determinanten von Organisationsstrukturen

Auch zu dieser Fragestellung ist die vorliegende Literatur außerordentlich umfangreich. Wir haben hier nicht den Raum, dieser Vielfalt durch eine Zusammenfassung auch nur annähernd gerecht zu werden. In dem schon mehrfach zitierten einführenden Lehrbuch von *Kieser/Kubicek* sind diesem Problembereich ca. 130 Seiten gewidmet. Dem an diesem Gebiet interessierten Leser sei die Lektüre dieser Abschnitte empfohlen. Die folgenden Ausführungen können nur der Kurzinformation dienen.

Die Suche nach Strukturdeterminanten ist bisher in zwei Richtungen erfolgt: organisationsbezogen und umweltbezogen, wobei wiederum zwischen monofaktoriellen und multifaktoriellen Erklärungsversuchen zu unterscheiden ist.

Als organisationsbezogene Determinanten sind insbesondere untersucht worden:

- die Organisationsgröße
- das Leistungsprogramm
- die verwendete Technologie

Herangezogene umweltbezogene Faktoren sind:
- die Konkurrenzverhältnisse der Organisation
- die Klientenstruktur
- die Wandlungsrate der Technologie.

Wenn wir uns einmal auf die wenigen intensiver untersuchten Strukturdimensionen beschränken, kann man die Abhängigkeiten von den *organisationsbezogenen* Determinanten etwa grob wie folgt zusammenfassen (Übersichten 33 a, b c):

Übersicht 33a Organisationsgröße als Strukturdeterminante

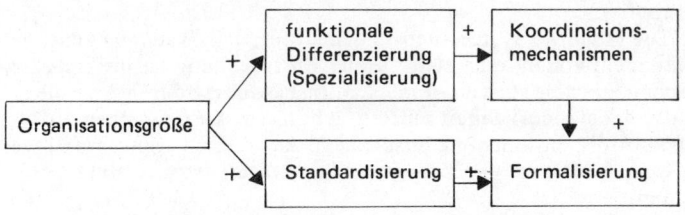

Übersicht 33b Leistungsprogramm als Strukturdeterminante

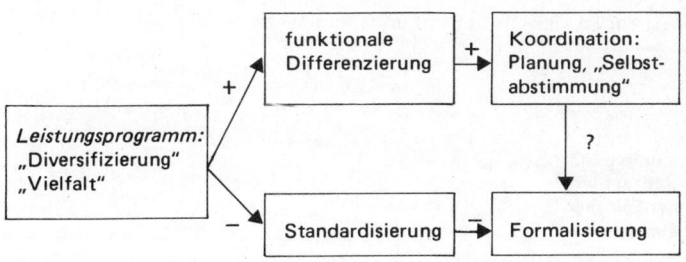

Übersicht 33c Technologie als Strukturdeterminante

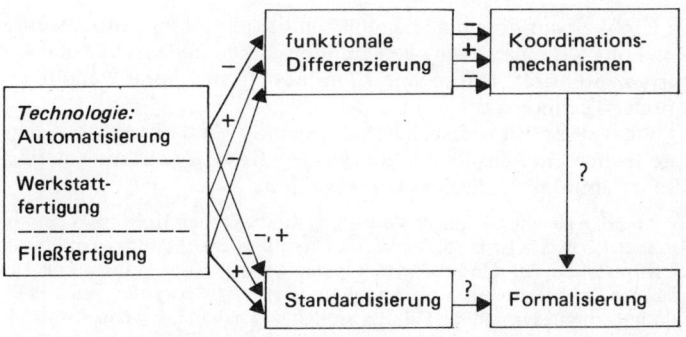

Es liegt auf der Hand, daß insbesondere die Strukturdeterminanten „Leistungsprogramm" und „Technologie" vornehmlich für Betriebswirtschaften Geltung besitzen. Es ist anzunehmen, daß für an-

114

dere Organisationstypen andere Faktoren von Bedeutung sind. Hier liegen offenbar Grenzen einer Allgemeinen Organisationssoziologie (-theorie).

Die moderne Systemtheorie behauptet, daß Systeme, wenn sie überleben wollen, eine strukturelle Entsprechung zu ihrer spezifischen Umwelt aufweisen müssen. Insbesondere deren Komplexität und Veränderlichkeit müssen sich in den Ausprägungen auf den Strukturdimensionen niederschlagen. Auf diesem Hintergrund war ja auch die Dichotomisierung von *Burns/Stalker* zu verstehen gewesen.

Die Generalthese, die allerdings nicht immer bestätigt wurde, läßt sich wie folgt abbilden (Übersicht 34):

Übersicht 34 Umwelt als Strukturdeterminante

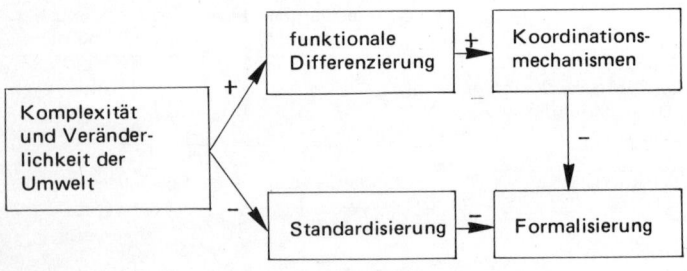

Im Hinblick auf die oben angeführten Einzeldeterminanten würde eine hohe Komplexität bzw. Veränderlichkeit bedeuten: hohe Konkurrenzintensität, heterogene Klientenstruktur, hohe Wandlungsrate der Technologie.

Wie weitere Umweltsachverhalte strukturell wirksam sind, zeigt anschaulich ein Beispiel von *Boulding*[39]. Er vergleicht die amerikanischen mit den englischen Universitäten:

"In Amerika gleicht die innere Verfassung der typischen Universität der eines Großbetriebes. Sie ist autokratisch und totalitär. Das Leitungsgremium ist ein Kuratorium, das den Präsidenten ernennt, der Präsident ernennt die Dekane, die Dekane ernennen die Abteilungsleiter, die Verwaltung ernennt die Fakultätsmitglieder und die Fakultätsmitglieder haben nur wenig Kontrolle über die politischen Entscheidungen oder die Leitung der Organisation. Dies wird allerdings kaum als ein großes Kümmernis oder eine große Einschränkung der individuellen Freiheit angesehen. Dies liegt einmal daran, daß die traditionellen Werte der akademischen Freiheit auch den Einfluß der universitären Verwaltung in Grenzen halten. Der Hauptgrund liegt aber darin, daß es einen großen funktionsfähigen Arbeitsmarkt für Professoren gibt, ebenso wie einen erheblichen Wettbewerb zwischen Dekanen und Präsidenten. Die Professoren können sich dadurch der theoretischen Macht der Universitätsverwaltung widersetzen, daß sie dann, wenn sie qualifiziert sind, stets die Möglichkeit haben, die Universität zu wechseln. Ihr Einfluß ist nicht formaler Art. Kein politisches System kann einen Dekan hinsichtlich der Wünsche eines Professors so willfährig machen, wie eine Berufung durch einen anderen Dekan in der Tasche des Professors.

In England dagegen ist der Markt sehr viel begrenzter. Es gibt nur wenige Universitäten, und es existiert eine starke Tradition gegen den Wettbewerb zwischen Professoren. In solch einer Situation wäre das amerikanische System im Hinblick auf die Freiheit der Lehrer viel zu restriktiv. Es ist deshalb nicht erstaunlich, daß man in England ein viel ausgeprägteres demokratisches internes Verwaltungssystem findet. In Oxford und Cambridge ist es tatsächlich so, daß die Universitätsorganisation ein kooperatives Erziehungssystem ist. Die Fakultät selbst bestimmt die Universitätsleitung. Die Universitäten in Oxford und Cambridge sind lockere Föderationen solcher kooperativen Colleges. Die interne Demokratie hat allerdings ihren Preis: sie absorbiert einen großen Teil der Kapazität der Fakultätsmitglieder, die nun auch in der Selbstverwaltung tätig sein müssen. Hinzu kommt die Immobilität auf dem Arbeitsmarkt ebenso wie die mangelnde Wechselbereitschaft begabter junger Leute. Die Mitgliedschaft an den Colleges von Oxford oder Cambridge hat sich oft als eine Sackgasse für junge Leute erwiesen, aus der man, je länger man einer solchen Universität angehört, immer schwerer herauskommt durch eine wachsende Routinisierung des akademischen Lebens."

Auch dieses kleine Beispiel macht deutlich, wie begrenzt die Aussagen der Strukturalisten noch sind. Es bedarf auf diesem Gebiet noch der weiteren Forschung. Zur kritischen Einschätzung des strukturalistischen Ansatzes möge der Leser nochmals auf die Anmerkungen auf S. 36 f zurückkommen.

Wir haben vorn festgestellt, daß man Strukturen mit einer „Momentaufnahme" einer Organisation identifizieren kann. Diese Standardredeweise bedarf aber der Relativierung. Wohl kann man Organisationspläne z.B. als solche Momentaufnahmen verstehen, ebenso die Feststellung des Standardisierungs- oder Formalisierungsgrades oder auch des Einsatzes bestimmter Koordinationsmechanismen. Anders ist es aber beispielsweise im Falle der Aufdeckung von Entscheidungsstrukturen, Machtstrukturen oder Aufstiegsmustern. Hier handelt es sich offenbar um Verlaufsstrukturen, die nicht durch Momentaufnahme, sondern nur — um im Bild zu bleiben — durch „Filmen" abgebildet und erfaßt werden können, d.h. durch Berücksichtigung des Faktors Zeit, durch Analyse wiederkehrender, „zyklischer" Handlungsgleichförmigkeiten. Aus diesem Grunde sind die Instrumente der Strukturalisten recht selektiv. Zugleich zeigt sich daran auch die Problematik der Unterscheidung von Struktur und Prozeß; lassen sich doch Strukturen in der Primäranalyse (also nicht durch Auswertung sekundären Materials wie z.B. Organigramme) nur mittelst Prozeßbetrachtung feststellen, lassen sich andererseits Prozesse nur insoweit erkennen, als wir ihnen Strukturen, Redundanzen, zugrunde legen.

(4) Strukturwandel

Was kann in diesem Zusammenhang Strukturwandel heißen? Ein Strukturalist würde sagen, daß Strukturwandel einer Organisation darin besteht, daß die Merkmalsausprägungen auf den Strukturdimensionen einer Organisation, verursacht durch eine Änderung der organisations- oder umweltbezogenen Strukturdeterminanten einen anderen Wert annehmen. Ein solches Erklärungsmodell scheint auf den ersten Blick ganz plausibel zu sein, bedarf bei genauerer Betrachtung aber doch einiger Präzisierung; denn man muß überlegen, was „Änderung der Strukturdeterminanten" heißt. Überlegungen in zwei Richtungen sind dabei von Bedeutung: einmal ist die Art der Definition der jeweiligen Strukturdeterminante zu beachten. Lautet diese z.B. „Veränderungsrate in der Technologie", so führen tatsächliche technologische Neuerungen nach diesem Modell offenbar dann nicht zu einem Strukturwandel, wenn für die betreffende Organisation diese Veränderungsrate als hoch richtig eingeschätzt und diese Umweltkonstellation von vornherein organisationsstrukturell erfaßt wurde. Man muß also beachten, daß in diesem Beispiel eine Änderung der Strukturdeterminante

Übersicht 35 Strukturwandlungen als Stufenfunktion (fiktives Beispiel)

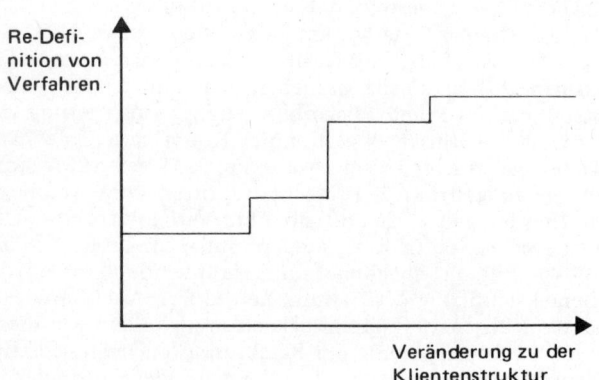

Re-Definition von Verfahren

Veränderung zu der Klientenstruktur

erst dann vorliegt, wenn eine zunächst hohe Wandlungsrate nun geringer wird. Analoge Überlegungen gelten für die anderen Determinanten.

Die zweite Überlegungsrichtung geht dahin, Sensitivitätsanalysen durchzuführen, d.h. zu untersuchen, wie „resistent" Organisationsstrukturen gegenüber Determinantenänderungen sind. Solche Sensitivitätsanalysen können zu der Erkenntnis führen, daß Wandlungsprozesse in Form von Stufenfunktionen ablaufen (vgl. das fiktive Beispiel in Übersicht 35); auf diesem Gebiet ist aber noch viel Forschung vonnöten.

Ein interessantes Modell zur Strukturwandlung ist von *Mileti/Gillespie*[31] entwickelt worden. Wir wollen dies mit der Übersicht 36 und den folgenden Thesen kurz vorstellen.

Übersicht 36 Ein integriertes Wandlungsmodell (Deutsche Übersetzung nach *Mileti, D.S./D.F. Gillespie:* An Integrated Formalization of Organization — Environment Interdependencies. In: Human Relations 1, 1967, S. 97)

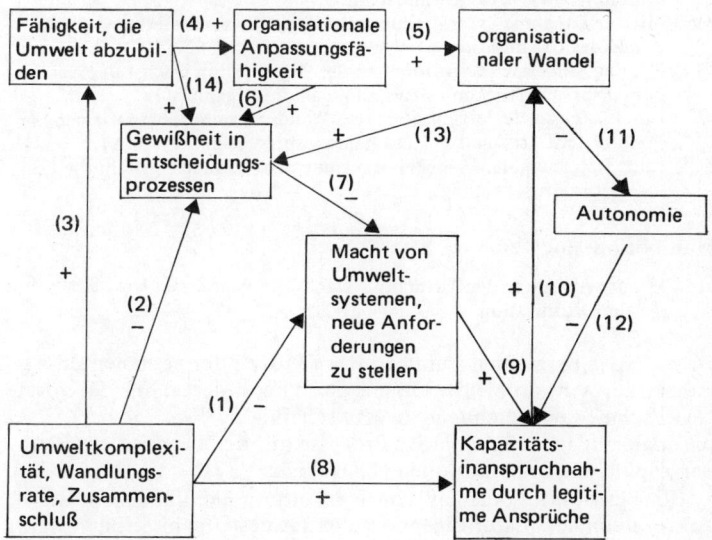

+ = positive Wirkungen
— = negative Wirkungen

Thesen

(1) Ein Anwachsen des Zusammenschlusses von Organisationen führt zu einer Abnahme der Macht anderer Umweltsysteme auf die fokale Organisation.

(2) Eine turbulente Umwelt erhöht die Ungewißheit in Entscheidungsprozessen.

(3) Ein Anwachsen der Umweltkomplexität führt zu einem zunehmenden Bedarf an Beobachtung der Umwelt.

(4) Ein Anwachsen der Fähigkeit einer Organisation, die Umwelt abzubilden, führt zu einer Zunahme der Anpassungsfähigkeit hinsichtlich sich ändernder Situationen.

(5) Mit wachsender Anpassungsfähigkeit geht eine höhere organisationale Wandlungsrate einher.

(6) Eine größere Anpassungsfähigkeit führt zu einer erhöhten Gewißheit in Entscheidungsprozessen.

(7) Ein Anwachsen der Gewißheit in Entscheidungssituationen führt zu einer Abnahme der Macht von Umweltsystemen auf die Organisation.

(8) Ein Anwachsen der Umweltkomplexität führt zu steigenden umweltbezogenen Ansprüchen an die Organisation.

(9) Ein Anwachsen der Macht eines Umweltsystems führt zu steigenden Anforderungen dieses an die Organisation.

(10) Wenn die Anforderungen eine Toleranzgrenze der Organisation überschreiten, tritt Strukturwandel auf.

(11) Mit der Zunahme extern induzierten Wandels vermindert sich die Autonomie der Organisation.

(12) Mit der Abnahme der Autonomie der Organisation wächst das Ausmaß der Ansprüche von Umweltsystemen an die Organisation.

(13) Ein Ansteigen der organisationalen Wandlungsrate führt zu einer Erhöhung der Gewißheit in Entscheidungsprozessen.

(14) Eine Steigerung der Fähigkeit, die Umwelt abzubilden, erhöht die Gewißheit in Entscheidungsprozessen.

Man könnte noch eine 15. These anschließen:

[15] Mit der Abnahme der Autonomie wächst die Macht der Umweltsysteme auf die Organisation.

Damit hätte man einen spiralförmigen Prozeß der pemanenten Abnahme der Autonomie der Organisation beschrieben, der für unsere Gesellschaft kennzeichnend zu sein scheint.

Zugleich laufen kumulative Prozesse mit der Tendenz zur Hypertrophie der Organisationen ab (Übersicht 37).

Ein bestimmtes Ausmaß von Umweltkomplexität macht die Produktion von adäquater Eigenkomplexität des Organisationssystems erforderlich. Als Folgeerfordernis dieser Eigenkomplexität sind wiederum interne Reduktionsstrategien zu entwickeln, um dieser eigenen Komplexität Herr zu werden. Diese Strategien selbst erhö-

Übersicht 37 kumulativer Prozess der Hypertrophie

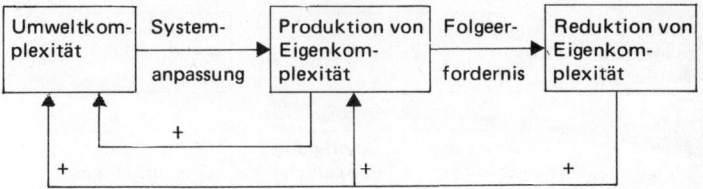

hen wiederum die Gesamtkomplexität des Organisationssystems, zugleich aber auch möglicherweise die Umweltkomplexität des Systems, z.B. dadurch, daß nun die Einstellung von Spezialisten notwendig wird und damit ein größerer Ausschnitt des Arbeitsmarktes einbezogen werden muß. Auch die Produktion von Eigenkomplexität kann schon die relevante Umweltkomplexität erhöhen, z.B. dann, wenn man sich im Rahmen einer Betriebswirtschaft vielfältigeren Bedürfnissen durch Anbieten neuer Produkte anpassen will, und dies zur Entwicklung einer Konkurrenzindustrie führt. Das erfordert dann neue Anpassungen, z.B. den Ausbau der „Marketing-Abteilung". Ähnliche Prozesse sind auch im Bereich der öffentlichen Verwaltung zu finden, wo etwa neue Sozialleistungen und Subventionen, die eine bestimmte Verwaltung benötigen, zu immer neuen Forderungen an die Unterstützung durch den Staat führen, was dann zwangsläufig mit einer Systemanpassung durch Ausdehnung verbunden ist, also eine Ausweitung der staatlichen Bürokratie impliziert.

Während wir bisher mehr umweltinduzierte Wandlungsprozesse behandelt haben, entwickelt z.B. *Crozier*[32] mit seinem „bürokratischen circulus vitiosus" ein Modell der selbstinduzierten Strukturwandlung im Sinne von „Strukturverhärtungen".

Die Übersicht 38 zeigt die Elemente und Zusammenhänge dieses Zirkels.

Ein anderes Modell von selbstinduzierten Strukturverhärtungen liegt dem „ehernen Gesetz der Oligarchie" von Robert *Michels* zugrunde. Dieses Modell, das *Michels* in seiner Studie über das Parteiwesen[33] entwickelte, ist inzwischen Allgemeingut der Organisationssoziologie geworden. Übersicht 39 zeigt dessen Bestandteile und Zusammenhänge.

Andere Autoren − wie z.B. *Peter M. Blau*[34] − gehen nicht von solchen komparativ-statischen Strukturmodellen des Wandels aus, sondern von der These, daß „man nicht zweimal in denselben Fluß treten kann", was einmal heißt, daß Wandlungen permanent sind,

Übersicht 38 Der *Crozier*sche „Bürokratische Circulus Vitiosus"

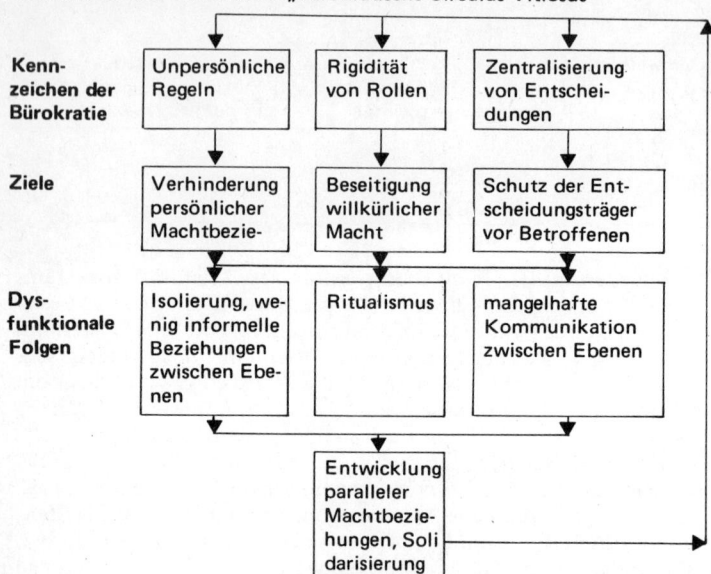

Kenn-zeichen der Bürokratie	Unpersönliche Regeln	Rigidität von Rollen	Zentralisierung von Entscheidungen
Ziele	Verhinderung persönlicher Machtbezie-	Beseitigung willkürlicher Macht	Schutz der Entscheidungsträger vor Betroffenen
Dysfunktionale Folgen	Isolierung, wenig informelle Beziehungen zwischen Ebenen	Ritualismus	mangelhafte Kommunikation zwischen Ebenen
		Entwicklung paralleler Machtbeziehungen, Solidarisierung auf Ebenen (je)	

und zum anderen, daß man diese Änderungen nicht durch Vergleiche von Momentaufnahmen erfassen kann, sondern nur durch eine dynamische Analyse. *Blaus* Untersuchungen in der Verwaltung machen deutlich, daß ständige Anpassungen und faktische (nicht unbedingt formale) Wandlungen der Verfahrensweisen im Wege von Interaktionsprozessen stattfinden. Solche Überlegungen führen uns aber schon in die mikrosozialen Prozesse hinein, denen wir uns erst im nächsten Kapitel widmen wollen. Gleiches gilt für Konzepte des „geplanten organisatorischen Wandels" bzw. der „Organisationsentwicklung".

d) Organisationseffizienz

Wir haben bisher in unserer Mesosoziologie der Organisation die Frage der Ziele und der Strukturen behandelt, so daß noch ein Bereich verbleibt, der diese beiden in Beziehung zueinander setzt. Dies ist der Fragenkreis der Organisationseffizienz. Da diese eine

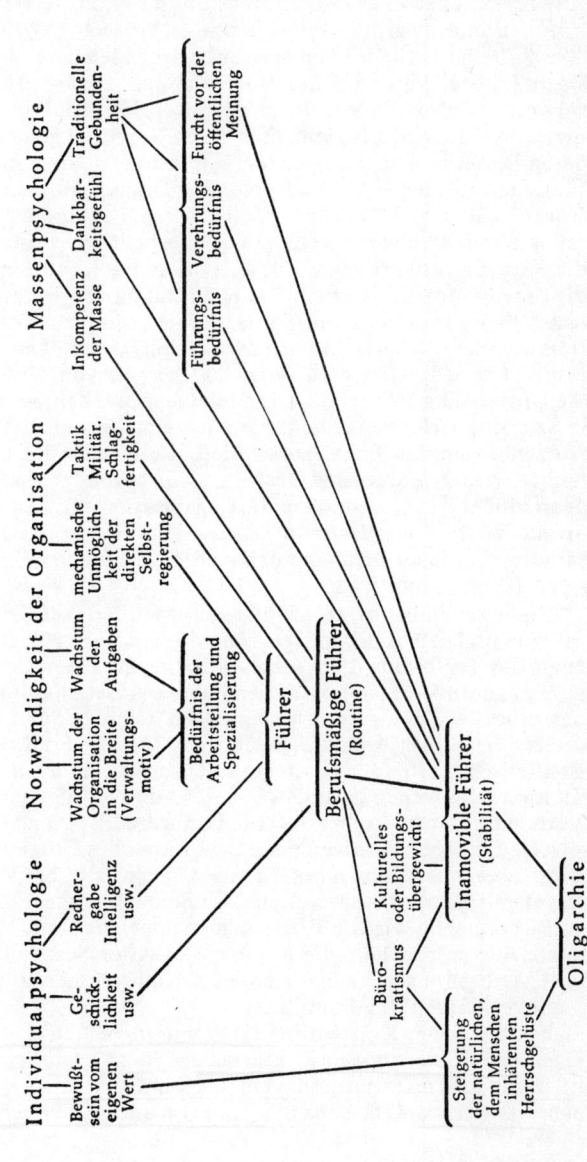

Übersicht 39 Versuch eines Schemas zur Ätiologie der Oligarchie in den Parteien der Demokratie (aus *Michels, R.*: Zur Soziologie des Parteiwesens in der modernen Demokratie. Stuttgart 1970, S. 368)

Beziehungsgröße ist (z.B. Vergleich von Soll und Ist), ist es nicht verwunderlich, daß es in der Literatur und Praxis so viele Effizienz-kriterien und -begriffe gibt wie unterschiedliche Vorstellungen über Soll und Ist und deren Messung vorhanden sind. Wir können an dieser Stelle also auf das obige Kapitel „Organisationsziele" verweisen. Je nach theoretischer Konzeptionalisierung der Organisationsziele wird Effizienz in anderen Begriffen gefaßt und in anderen Dimensionen gemessen werden. Dann, wenn man Organisationsziele mit den Individualzielen der Organisationsspitze identifiziert, wird man die Effizienz einer Organisation in dem Zielerfüllungsgrad messen wollen. Gleiches gilt im Prinzip für die Koalitionstheorie, wonach jedes einzelne Koalitionsmitglied die organisationale Effizienz in der Erfüllung der je eigenen Ziele feststellen wird. Im „constraints-Ansatz" wird eine Organisation dann als effizient zu betrachten sein, wenn allen Restriktionen Genüge getan wird. Wie das Beispiel von *Gross* über die Universitätsziele zeigte, kann es eine große Zahl verschiedener Effizienzdimensionen geben, die alle zugleich gelten. Die vielen Aufzählungen von Effizienzkriterien, die man in der Literatur immer wieder findet, sind deshalb nicht besonders interessant; denn immer dann, wenn man die Organisationseffizienz an den Individualzielen von „Erwartungshegern" messen will, ist jede Aufzählung möglicher Ziele und damit Effizienzmaße immer nur beispielhaft und kasuistisch.

Einen scheinbar bestechenden Ansatz, um dieser Kriterienvielfalt zu entgehen, schlagen *Yuchtman/Seashore*[35] vor, indem sie als alleiniges Kriterium die Verhandlungsmacht einer Organisation gegenüber ihrer Umwelt vorsehen. Dieser Ansatz hat implizit sein bestechendes Argument offenbar darin, daß man dann, wenn man die Macht besitzt, sich alle beliebigen Wünsche erfüllen kann. Es ist aber recht zweifelhaft, ob ein solches Kriterium auf alle Organisationen anwendbar ist. Zwar ist es gut vorstellbar, daß diese Verhandlungsmacht für Unternehmungen, Parteien, Gewerkschaften, Bürgerinitiativen u.ä.m. ein sinnvolles Effizienzmaß sein kann, aber was soll man mit diesem Konzept z.B. bei Verwaltungen, Krankenhäusern, Haftanstalten oder Schulen anfangen?

Bisher haben wir von Effizienzmessungen an Hand von Individualzielen gesprochen, die durch organisationales Handeln mehr oder weniger gut befriedigt werden. Organisationen sind in dieser Sichtweise Handlungskomplexe.

Einer solchen Konzeption der *Handlungseffizienz* steht diejenige der *Systemrationalität* gegenüber. Während im ersten Falle Effizienz durch Outputgrößen erfaßt werden soll, die von einzelnen erstrebt werden, bezieht sich das Konzept der Systemrationalität auf die *organisatorischen Funktionen* von Organisationen.

So wäre in dem *Parsons*schen Vier-Funktionsschema eine Organisation dann effizient, wenn dieses System so strukturiert ist, daß es Zielerreichung ermöglicht, an Umweltsituationen sich flexibel anpassen kann, wenn es Instrumente zur Spannungsbewältigung bereithält bzw. ausreichende Konflikttoleranz oder Konfliktfähigkeit verfügt und wenn es eine Handlungsintegration herzustellen in der Lage ist. Dieses Schema ist so allgemein, daß es auf alle Organisationen anwendbar ist, also in einer Allgemeinen Organisationssoziologie seinen richtigen Platz hätte. Eine solche funktionalistische Betrachtungsweise kann man auch abstrakter fassen, wenn man als Bezugspunkt der Effizienz-/Rationalitätsuntersuchung Komplexität und Kontingenz wählt. Die Systemrationalität würde sich dann in einer adäquaten Beziehung von Umweltkomplexität und -kontingenz zur Eigenkomplexität und -kontingenz der Organisation darstellen, d.h. in dem „strategischen Management" von System-Umwelt-Relationen (vgl. dazu auch nochmals *Burns/Stalker*).

Da die Orientierung in diesem Falle nun nicht mehr an dem individuellen oder kollektiven Handeln erfolgt, sondern an dem analytischen Destillat „Organisationssystem", gehörten auch die Organisationsmitglieder konzeptionell zur Organisationsumwelt, d.h. man kann Organisationssysteme auch im Hinblick auf die durch diese konstituierte Komplexität und Kontingenz untersuchen und die sich möglicherweise ergebenden Spannungsfelder zwischen verschiedenen organisational vermittelten Umweltsegmenten thematisieren. Dies kann z.B. zu einer Aufdeckung einer möglichen – vorn schon angesprochenen – Dialektik von Instrumental- und Steuerungsfunktion der Organisation führen. Ein Organisationssystem kann zugleich – je nach „fokussiertem" Umweltsegment – eufunktional *und* dysfunktional im Hinblick auf sein Komplexitätsmanagement sein. So kann z.B. ein von Bezugsorganisationen ausgehender Umweltdruck strukturelle Anforderungen stellen, die den wesentlichen Gruppen von Organisationsmitgliedern widersprechen. Man denke an die Rede der Unternehmer, die sagen: „Wir können es uns nicht leisten, das Fließband abzuschaffen".

Solche Prozesse werden uns im mikrosoziologischen Teil noch beschäftigen.

Eine Effizienzanalyse unter diesem Paradigma kann somit auch zu einer detaillierten Herrschaftsanalyse hinführen.

3. Mikrosoziologie der Organisation

a) Gegenstand und Probleme der Allgemeinen Mikrosoziologie der Organisation

Mit der Mikrosoziologie öffnen wir nun die „black box" aus soziologischer (also nicht etwa aus psychologischer oder physiologischer) Sicht ganz und schauen uns die „molekularen" Strukturen und Prozesse an. In diesem Bereich ist allerdings eine Abgrenzung zur Sozialpsychologie kaum noch möglich oder sinnvoll; wir wollen dieses auch gar nicht erst versuchen. Solche Grenzziehung wäre rein künstlich.

Ebenso wie auf makrosoziologischem Gebiet so unbeschwert von „Organisation und Gesellschaft" die Rede ist, findet man in der Mikrosoziologie häufig die Sprechweise „Individuum und Organisation", so als ob es sich dabei um zwei ontologische Objekte handelte, die man so einfach aufeinander beziehen könnte. Was darunter verstanden werden kann, muß in diesem Kapitel geklärt werden. Ein weiterer Arbeitsbereich der Mikrosoziologie der Organisation ist mit dem Titel „Interaktion in Organisationen" umrissen. Daran anschließend soll in dem Abschnitt d) von organisationalen Dysfunktionen die Rede sein; der Abschnitt e) ist den Fragen der Organisationsentwicklung gewidmet. Auch für die Allgemeine Mikrosoziologie der Organisation gelten dabei wieder Grenzen, die sich aus der unspezifischen Betrachtung einzelner Organisationsarten ergeben.

b) Individuum und Organisation

Wie hat man sich die Begriffs- und Sachverhaltsbeziehung zwischen Individuum und Organisation grundsätzlich vorzustellen? Einerseits wurde zu Beginn dieser Einführung festgestellt, daß Organisationen „keine Stühle oder Tische" seien, andererseits haben wir im vorangegangenen Kapitel von der „Strategie der Objektivierung" gesprochen, die den Organisationen einen objektivistischen Schein verleiht. Weiter war die Rede davon, daß Organisationen Handlungszusammenhänge oder Sinnzusammenhänge seien; schließlich behaupteten wir, daß Organisationen als Systeme nur in den Köpfen der Menschen existierten. Wie kann man dann Individuum und Organisation unterscheiden, identifizieren und zueinander in der Analyse in Beziehung setzen? Es liegt offenbar eine andere Relation vor, als wenn wir vom „Arbeiter und der Maschine" sprächen. Organisationen sind ohne organisational agierende Menschen nicht denkbar, identifizierbar oder erlebbar; Stühle oder Maschinen schon. Organisation ist offenbar eine spezielle Art und Weise, wie sich Menschen vergesellschaften, wie sie ihr soziales Handeln aufeinander bezogen einrichten. Somit ist eine Organisation dem an ihr partizipierenden Mitglied zugleich innerlich und äußerlich; innerlich insofern, als organisationales Handeln nur vom Individuum mittelst Applikation irgendwelcher internalisierten Handlungsmuster hervorgebracht werden kann; äußerlich insofern, als diese Muster und Interpretationsregeln sozial vermittelt sind, transsubjektive Geltung besitzen, also einen vergesellschafteten, „objektiven" Sachverhalt darstellen.

Für unsere heutige typischen (Groß-)Organisationen ist nun kennzeichnend, daß dieses Verhältnis vom Individuum zur jeweiligen Organisation ein durch Objektivitätsdenken gebrochenes ist. Dies soll nun genauer nach Substanz und Folgen hin untersucht werden.

Dies wollen wir in den folgenden Abschnitten tun:

(1) Die Trennung von Zweck und Motiv,
(2) Die organisationale Einbindung des Individuum und
(3) Vermittelnde Steuerungsstrategien.

Zu (1): Die Trennung von Zweck und Motiv

Organisationen sind auf einer speziellen menschlichen Fähigkeit aufgebaut: der Fähigkeit zur Trennung von Zweck und Motiv von Handlungen. Es dürfte kaum das Motiv eines Industriearbeiters in einem Automobilwerk sein, Kotflügel anzuschweißen, seine Arbeitshandlungen sind aber zweckhaft darauf ausgerichtet. Ebensowenig wird es das Motiv eines Buchhalters beim Deutschen Roten Kreuz sein, Spendeneingänge zu verbuchen, seine Aktionen erfüllen aber diesen Zweck. In Organisationen bzw. durch sie werden Zwecke verselbständigt, von konkreten, momentanen, individuellen Bedürfnissen oder Motiven entkoppelt und institutionalisierte Bereiche des instrumentellen Handelns geschaffen. Die subjektive Vernunft, die in individuellen Motiv-Zweck-Handlungs-Ketten sich darstellen würde, erhält in Organisationen einen Ort objektiver, instrumenteller Rationalität dadurch, daß die individuell-persönlichen Motivlagen (partiell) neutralisiert werden. Durch die Trennung von Zweckhandeln und unmittelbarem Bedürfnisbefriedigungshandeln entsteht ein „Hiatus" (Gehlen), eine Lücke, zeitlicher und sachlicher Art, die geplant, „organisiert", ausgefüllt werden kann. Darin liegt ein möglicher Gewinn, der sich in dem vorn erwähnten „Synergie-Effekt" von Organisationen niederzuschlagen vermag.

Allerdings entstehen durch diese Abkopplung von Individuum und Organisation Steuerungsprobleme. Denn zwar bedeutet die Trennung von Zweck und Motiv in systemtheoretischer Interpretation aus organisationaler Sicht eine Reduktion von (Motiv-)

126

Komplexität, die darin besteht, die zeitliche Differenz zwischen instrumenteller und „konsummatorischer" Aktion sachlich zu institutionalisieren und die Motivvielfalt der verschiedenen Organisationsmitglieder in der Wahrnehmung (nicht notwendigerweise faktisch) zu standardisieren; damit können organisationale Arbeitsfelder „motiventlastet" aufgebaut werden. Vergessen wird dabei aber leicht zu klären, ob nicht bedürfnisbezogene, konsummatorische Bezüge in allen — oder den meisten — menschlichen Handlungen vorhanden sind — hier also Motivationsprobleme entstehen können — und wie denn überhaupt eine Zweckbindung der Organisationsmitglieder — was zugleich heißt: eine Konformität mit den organisationalen Ansprüchen — erreicht wird.

Wegen dieser Trennung von Zweck und Motiv und der damit verbundenen Konformitätsprobleme muß in Organisationen irgend-

Übersicht 40: Zweck und Motiv in subjektbezogener und organisationaler Sicht

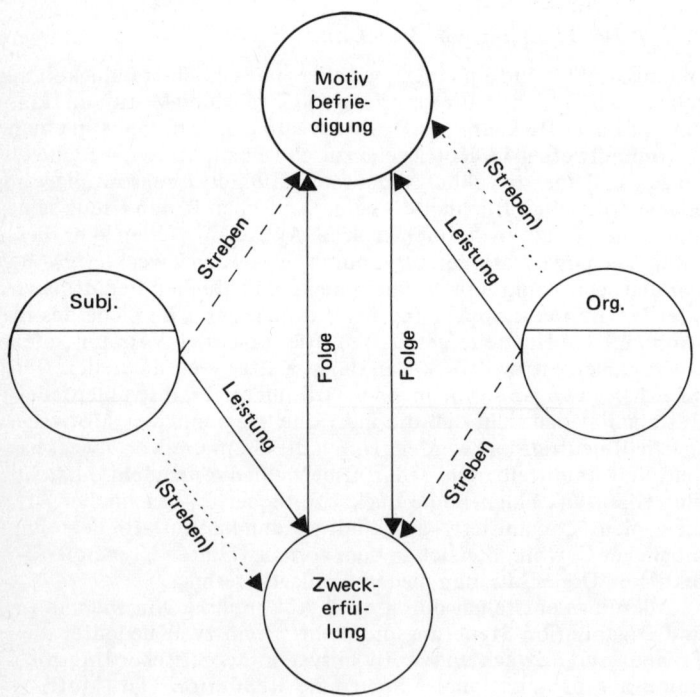

eine Form sekundärer Koppelung beider erfolgen. Dies geschieht dadurch, daß die organisationale Zweckerfüllung über den Umweg individueller Motivbefriedigung, die individuelle Motivbefriedigung über die organisationale Zweckerfüllung gewährleistet wird (vgl. Übersicht 40).

Es handelt sich hierbei also um eine doppelte künstliche Folgenkopplung; einige Beispiele enthält die Übersicht 41.

Übersicht 41: Beispielhafte, künstliche Folgenkoppelungen

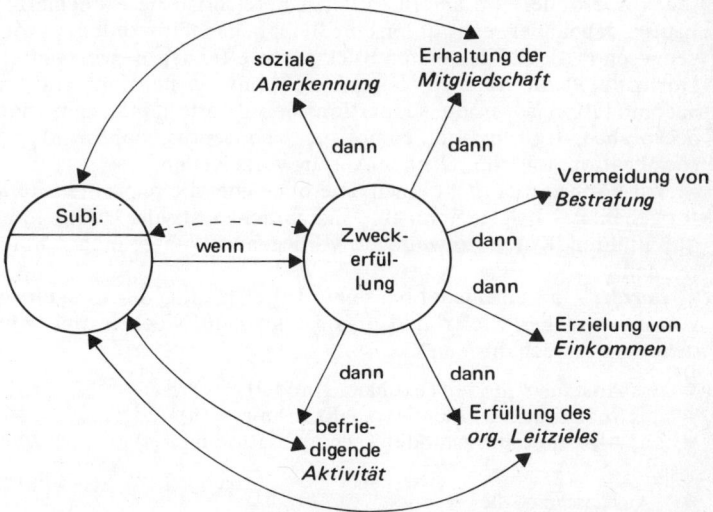

Die Identität von Zweck und Motiv wird substituiert durch sekundäre Motivation des Individuums, die entweder intrinsisch (über befriedigende Aktivitäten, Erfüllung des Organisationsleitzieles) oder extrinsisch (über Erzielung von Einkommen, Vermeidung von Bestrafung usw.) hergestellt werden kann. Im Falle intrinsischer Motivation wird die Folgenkopplung durch Empfindung von Erfolg bzw. Mißerfolg bewertet, im Falle extrinsischer Motivation durch soziale Definition der Normgemäßheit bzw. des abweichenden Charakters von Handlungen und der damit verbundenen Sanktionen.

Wenn auch durch dieses Prinzip der künstlichen Folgenkoppelung eine Antwort auf die erste Frage nach den konsummatorisch-motivationalen Bezügen jeder Einzelhandlung ins Licht gerückt werden, so bleibt doch eine Antwort auf die Frage, wieso — bzw. auf welcher Grundlage — eigentlich solche künstlichen Folgenkoppelungen an sich überhaupt von Organisationsmitgliedern akzeptiert, hingenommen oder erduldet werden, im dunkeln; dies ist die Frage nach der Basisintegration von Individuum und Organisation.

Zu (2): Die organisationale Einbindung des Individuums

Die organisationssoziologische Literatur enthält eine Reihe von Kategorien und Konzepten, um diese Integrationsproblematik zu erfassen. Insbesondere im amerikanischen Bereich ist diese Thematik häufig, dabei aber recht unterschiedlich, behandelt worden; davon zeugt schon die auf den ersten Blick anzutreffenden Begriffsvielfalt. Dort ist etwa die Rede von commitment, involvement, integration, accomodation, adoption, adaptation, identification, internalization, acceptance, legitimation, compliance, concensus, conformity, socialization, um einmal einen Auszug vorzustellen.

Wir können hier nicht einen Überblick über die relevante Literatur geben, geschweige denn eine ausführliche kritische Diskussion durchführen. Kurze Hinweise auf vorliegende Ansätze mögen hinreichen.

Barrett[36] unterschiedet bei seiner Untersuchung der Integration von individuellen Zielen und organisationalen Zwecken drei Modelle bzw. „Mechanismen":

- das Austauschmodell (exchange-model)
- das Sozialisationsmodell (socialization-model) und
- das Akkomodationsmodell (accomodation-model)

● **Austauschmodelle**

Austauschmodelle unterstellen, daß die Aktualisierung von Handlungen aus dem Handlungspotential der Organisationsmitglieder vermittelst Wertübertragung (Anreizen) als Folge von mehr oder weniger expliziten Verhandlungen (bargaining) durch die Organisation erfolgt. Hierunter fallen die Anreiz/Beitrags- und Koalitionsmodelle von *Barnard, Simon, March, Cyert*[37], das Einflußakzeptierungsmuster der „compliance" nach *Kelman*[38] sowie die Sanktionsmuster der instrumentellen Systembelohnung und instrumentellen individuellen Belohnung nach *Katz*[39].

Im strengen Sinne handelt es sich bei den Austauschmodellen nicht um Integrationsmodelle. Es geht dort nicht um die Integration individueller Handlungspotentiale und Einstellungen in organisationale Handlungsmuster, sondern eine Konformität wird nur auf der Ebene der Einzelhandlung mehr oder weniger extrinsisch erzielt.

● **Anpassungsmodelle**

Dies sieht bei Anpassungsmodellen anders aus.

Sozialisationsmodelle als eine Form von Anpassungsmodellen beschreiben die Integration als einen einseitigen Anpassungsvorgang dergestalt, daß das Individuum im Laufe der Zeit sein personales System von Werten, Einstellungen, Überzeugungen und Handlungsstrukturen dem Handlungsmuster der Organisation angleicht d.h. dieses lernend adoptiert und internalisiert, sich zu eigen macht und sich insofern auch mit ihm „identifiziert". Hier kann dann z.T. eine Re-Integration von Zweck und Motiv stattfinden. Dabei ist allerdings festzuhalten, daß diese Sozialisation in der Regel immer nur einen Teilaspekt der Persönlichkeit aufgrund der immer nur als „Partialinklusion" gegebenen Einflechtung des Individuums in die Organisation betrifft, d.h. es handelt sich nur um das Lernen und Internalisieren organisationsspezifischer Rollen.

In die Kategorie dieser Modelle gehört z.B. die Anpassungstheorie von *Presthus*[40], der die Ergebnisse dieser Adaptationsprozesse in der Ausbildung von Persönlichkeitsrollen — der „Aufsteigende", der „Indifferente", der „Ambivalente" — vorfinden will. Weiter gehört hier hinein z.B. das *Katz*'sche Motivationsmuster der „Internalisierung organisationaler Ziele" oder die von *Argyris*[41] beschriebenen Anpassungsformen von Individuen an persönlichkeitsdeformierende Organisationsstrukturen (Kurzzeitperspektive, Apathie, Kompensation durch informelle Gruppen, rein buchstabengetreues Handeln usw.).

Die Analyse von Sozialisationsprozessen kann wichtige Informationen für das Verständnis der Hinnahme von Folgenkopplungsstrukturen liefern.

Akkomodationsmodelle als eine andere Form von Anpassungsmodellen charakterisieren einen umgekehrten Anpassungsvorgang: organisationale Handlungsmuster werden (typisierten) Persönlichkeitsstrukturen entsprechend eingerichtet. In diese Kategorie gehören Vorschläge und Konzepte unter den Schlagworten der der „Humanisierung des Arbeitslebens" und der „Partizipation" sowie — und z.T. damit impliziert — die insbesondere in der Bundesrepublik in letzter Zeit verstärkte Bemühung um die Anwendung der Ergebnisse der Motivationsforschung[42]. „Motivation" bzw. „Motivierung" als Resultante persönlichkeitbedingter und situationskontextueller Bedingungen kennzeichnet dabei stets eine motivationale Bindung der Person an eine konkrete Einzel-

handlung bzw. Einzelsituation. Damit können solche Motivations-
theorien zwar prinzipiell das spezielle Funktionieren einzelner
Folgenkoppelungen erklären — insbesondere den Bereich intrinsischer Motivation — sind aber weniger geeignet, die Akzeptanz-
oder Toleranzbasis jener zu erfassen.

So kann es auch nicht verwundern, wenn sich z.B. trotz auf mo-
tivationstheoretischer Basis entwickelten Job-enrichments oder
Partizipationschancen die beteiligten Arbeitskräfte nicht stärker
„identifizieren", nicht zufrieden sind oder diese neue Form der Ar-
beitsgestaltung gar ablehnen. Hier ist dann möglicherweise u.a. das
Grundverhältnis des Individuums zu der Organisation nicht
beachtet worden.

Fusionsmodelle als letzte Form der Anpassungsmodelle sind
Konzeptionen der beiderseitigen Anpassung. Ein Beispiel ist das
„mix-model" von *Argyris*[43]. Hier soll sowohl die Arbeitsgestal-
tung (typisierten) Persönlichkeitsstrukturen als auch Persönlichkeitsstrukturen selbst den organisationalen Handlungsmustern
angepaßt werden (z.B. durch Bildung, Training). Die Fusionsmodelle sind damit sowohl auf sozialisations- als auch motivationstheoretische Erkenntnisse angewiesen.

● *Das „compliance"-Modell von A. Etzioni*

Das Integrationsmodell von *Etzioni*[44] weist zwar einige Züge von
Fusionsmodellen auf, nimmt aber hinsichtlich des hier verwendeten Klassifikationsschemas insofern einen Sonderstatus ein,
als es gerade unterschiedliche Integrationsmodi aufdecken und u.a.
zur Grundlage einer Organisationstypologie machen will, um so
eine vergleichende Organisationsanalyse vornehmen zu können. Der
Ansatz sei hier kurz vorgestellt.

„Compliance" ist eine zusammengesetzte Variable, die einerseits
die organisationalen Macht- und Steuerungsmittel und andererseits
die Art, wie das Individuum in die Organisation involviert ist („involvement"), enthält. *Etzioni* unterscheidet physische, materielle
und symbolische Machtmittel, die sich in den Machttypen der
„coercive power" (Zwangsgewalt), „remunerative power" (materielle Belohnungsgewalt) und „normative power" (normative Gewalt) niederschlagen. Demgegenüber steht das „involvement", das
Engagement, der Organisationsmitglieder, das stark oder schwach,
positiv oder negativ ausfallen kann. Positives „involvement"
wird als „commitment", Gefühl des Verpflichtetseins, negatives als
„alienation", Gefühl des Entfremdetseins, bezeichnet.

Etzioni unterscheidet nun drei Arten des „involvements" (vgl.
Übersicht 42):

- alienative (entfremdet): starkes negatives „involvement"
- moral (moralisch): starkes positives „involvement"
- calculative (berechnend): jeweils im mittleren Bereich bzw. positiv oder negativ mit mittlerer Intensität.

Übersicht 42 Arten des Involvements bei *Etzioni*

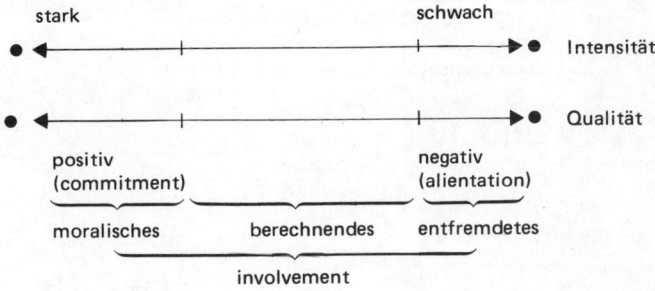

Um zu einer Typologie der „compliance" zu kommen, wird nun ein weiterer Schritt vollzogen. Dieser besteht darin, die Machttypen mit den Arten des „involvements" zu verknüpfen (vgl. Übersicht 43):

Die soziale Steuerungsbeziehung der „compliance" ist also durch Zuordnung zweier Merkmale, die organisationalen Machtmittel und die Art des „involvements" der Organisationsmitglieder gekennzeichnet. Es existieren neun theoretisch mögliche Formen, von denen drei – die Typen 1, 5 und 9 – als „kongruente Beziehungen" bezeichnet werden. Diese seien aufgrund ihrer gegenüber den anderen überlegenen Effizienz auch empirisch häufiger anzutreffen; zudem würden Organisationen zu diesen kongruenten Formen hinstreben, so lauten Hypothesen des Autors zur Organisationsdynamik.

Der Ansatz von *Etzioni* ist aber nicht ganz unproblematisch. So ist es z.B. die Frage, ob nicht jede Art von „involvement" stark oder schwach sein kann, es also z.B. nicht genauso gut schwache wie starke Entfremdung, starke wie schwache finanzielle Interessen oder starkes wie schwaches moralisches Engagement geben kann; *Etzionis* Typologisierungskriterien wären dann also wenig brauchbar. Damit verbunden scheint es etwa auch nicht einleuchtend zu sein, starkes positives „involvement" als „mora-

Übersicht 43 Die neun „compliance"-Typen bei *Etzioni*

Arten des Involvements / Machttypen	entfremdet	berechnend	moralisch
Zwangsgewalt	1 zwanghafte „compliance" (coercive c.)	2	3
Materielle Belohnungsgewalt	4	5 utilitaristische compliance (utilitarian c.)	6
Normative Gewalt	7	8	9 normative compliance (normative c.)

lisches Engagement" zu bezeichnen; warum sollte die Bejahung der Organisation nicht auch aus anderen Interssen heraus möglich sein.

Weiterhin ist es problematisch, wenn er eine Organisation lediglich aufgrund der „compliance"-Beziehung der „lower participants" charakterisieren will; vielmehr scheint es schon rein vorwissenschaftlich deutlich zu sein, daß Organisationen weder eine einheitliche, eindeutige „compliance"-Struktur aufweisen, noch die Einordnung lediglich nach der Beziehung von Basismitgliedern dem Charakter einer Gesamtorganisation gerecht wird. Man denke etwa daran, eine politische Partei durch die „compliance" ihrer Sekretärinnen kennzeichnen zu wollen oder ein Krankenhaus allein durch das soziale Steuerungsverhältnis zwischen Pflege-, Küchen- und Reinigungspersonal auf der einen Seite und der Gesamtorganisation auf der anderen Seite.

Weitere — fundamentale — Probleme liegen in den aprioristisch eingeführten Koinzidenz- und Effizenzthesen. Das Zusammenfallen sog. „kongruenter" Beziehungen wird durch bloße definitionsartige Einführung entproblematisiert. Einer möglichen Kausal- und Funktionsanalyse der Beziehungen zwischen Machtstruktur einerseits und „involvement"-Struktur andererseits wird so der Weg verbaut.

Die Effizienzthese schließlich — die besagt, daß kongruente Strukturen effizienter als nicht-kongruente seien und daß eine weitere „Kongruenz" zwischen Organisationszielen und „compliance"-Mustern Effizienz bedeute — hält empirischen Überprüfungen nicht stand[45], wobei immer wieder deutlich wird, daß das Klassifikationskriterium „compliance", wie *Etzioni* es definiert hat, ein zu grobes Raster ist. Trotz alledem haben aber die empirischen Forschungen von *Etzioni* unter diesem Konzept zahlreiche interessante Ergebnisse hervorgebracht. Diese können an dieser Stelle aber nicht ausgewertet werden.

● *Ein Konzept der organisationalen Einbindung*

Wir wollen die Basisintegration mit dem Konzept der Einbindung zu erfassen versuchen. Unter „Einbindung" soll hier das relativ überdauernde, kognitiv-kathektische Grundverhältnis zwischen Organisationsmitglied und Organisation verstanden werden. Die Einbindung einer Person in eine Organisation kennzeichnet damit die Basisbeziehung zwischen ihnen. Sie ist nicht — wie etwa die überdauernde Motivation — ein Persönlichkeitsmerkmal, sondern eine zwar veränderliche, aber doch relativ stabile Person-Umweltbeziehung hinsichtlich der organisationalen Mitgliedschaft. Allerdings kann sie ein Bestimmungsfaktor für die Aktualisierung spezifischer überdauernder Motivationslagen sein; d.h. sie determiniert den jeweils relevanten Motivbereich.

Die Einbindung einer Person in soziale Systeme kann bereichsspezifisch variieren; d.h. in die eine Organisation kann die Person in einer anderen Weise eingebunden sein als in eine andere. Weiterhin kann die Einbindung durch eine Mehrzahl unterschiedlicher Einbindungsarten gekennzeichnet sein.

Die Einbindung regelt das Grundverhältnis: Individuum zu Organisation dadurch, daß sie die Akzeptierung, Hinnahme oder Duldung von künstlichen Folgenkoppelungen vollbringt. Sie hat damit die Grundfunktion der Generalisierung und Sicherung von Einflußchancen der Organisation auf die Person in qualitativer und umfangsbezogener Hinsicht. Ähnlich wie auf seiten des Individuums die überdauernde Motivation (latente) Motivierungsmöglichkeiten und aktuelle Bindungsstärke bestimmt, produzieren in diesem Beziehungsbereich die Einbindungsmuster überdauernde Einflußregionen, die sowohl die (latenten) Einflußmöglichkeiten als auch die je aktuellen Beeinflussungen regeln. Sie können insofern als konformitätssichernde Mechanismen aufgefaßt werden.

Die Generalisierungsfunktion hat nun nicht nur einen sachlichen (im Hinblick auf den Geltungsbereich und die Art des Einflusses) und einen zeitlichen (im Sinne einer relativ überdauernden Geltung) Aspekt, sondern auch einen sozialen. Dieser ist darin zu sehen, daß sich gruppenspezifische Einbindungsmuster entwickeln, d.h. die Heterogenität individueller Motivlagen und Intentionen sich homogenisiert und damit auf dem Wege der Folgenkoppelung Motivationsmittel in Art und Zuweisungsmodus standardisiert werden können.

Über die Generalisierungsfunktion hinaus sind Einbindungsmuster Grundlagen für spezifische Interpretationen organisationaler Situationen. Sie besitzen neben dieser Grundfunktion also noch Folgefunktionen, die über bestimmte Verhaltenskorrelate wirksam werden. Dazu später mehr. Zunächst geht es uns darum, verschiedene Einbindungsmuster zu skizzieren.

- *Arten von Einbindung*

Um die verschiedenen Arten organisationaler Einbindung von Individuen zu ermitteln, bedarf es fraglos noch einiger empirischer Anstrengungen. Wenn hier eine Typologie von Einbindungsmustern dargestellt wird, so ist dies im Sinne einer hypothetischen Konzeption zu verstehen.

Kategorien für verschiedene Einbindungsmuster lassen sich gewinnen, wenn man nach den Einbindungsebenen fragt. Hier sollen vier Ebenen unterschieden werden (vgl. Übersicht 44). Jeder dieser Ebenen entspricht ein spezifisches Einbindungsmuster.

- *Instrumentalistische Einbindung*

Wenn das Grundverhältnis zwischen Organisationsmitglied und Organisation rein über die Nutzung organisationaler Gratifikations- und Deprivationsmöglichkeiten geregelt wird, soll von instrumentalistischer Einbindung gesprochen werden. Das konforme Handeln in der Organisation wird als Mittel betrachtet, „Güter" zu „erwerben"; die Organisation besitzt aufgrund ihrer Verfügungsgewalt über Kontrollmittel einen Einflußüberschuß. Die instrumentalistische Einbindung konstituiert damit nicht notwendigerweise ein nur finanzielles Verhältnis zwischen Individuum und Organisation, sondern die Instrumentalität kann z.B. in dem Streben nach Strafvermeidung oder Machtzuwachs liegen.

- *Bürokratische Einbindung*

Während bei der instrumentalistischen Einbindung die Beziehung Individuum zu Organisation – ähnlich wie bei den Austauschmodellen – gleichsam „äußerlich" bleibt, handelt es sich bei der büro-

Übersicht 44 Einbindungsebenen und Einbindungsmuster

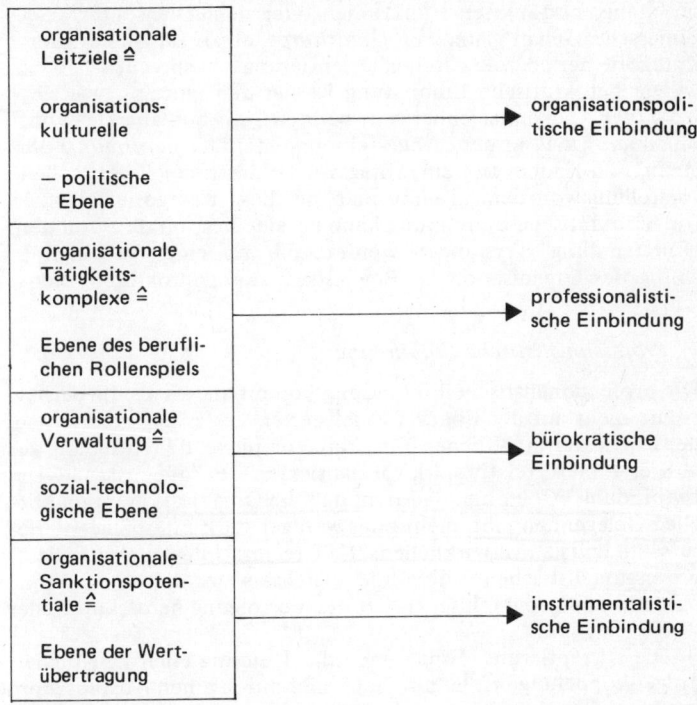

Einbindungsebenen   *Einbindungsmuster*

kratischen Einbindung, die auf der sozial-technologischen Ebene der „Organisationsverwaltung" zustande kommt, um eine „innere" Bindung an die Organisation. Von „bürokratischer Einbindung" soll dann gesprochen werden, wenn das Grundverhältnis durch eine enge Loyalitätsbeziehung des Organisationsmitgliedes hinsichtlich des organisationalen Regelgefüges gekennzeichnet werden kann durch eine „Identifikation" mit den zu tätigenden Vollzügen, Richtlinien, hierarchischen Strukturen usw. – mit dem „Apparat". Die Bindung ist weniger auf Ziele, Werte, Zwecke als vielmehr auf die Verfahren gerichtet. „Arbeit ist gleichbedeutend mit der Dienstleistung für die Organisation. . .". „Die ökonomischen Vergütungen werden nicht als Bezahlung für eine bestimmte Arbeitsleistung oder als Vergütung für die Arbeit an sich betrachtet, sondern als der einem bestimmten Rang, bestimmten Funktionen oder dem Dienstalter angemessene Gehalt", um mit *Goldthorpe* et al. im Sinne ihrer Kategorie der „bürokratischen Orientierung" zu sprechen[46].

Die bürokratische Einbindung ist bei den „locals", wie sie *Gouldner*[47] gekennzeichnet hat, bei den „job bureaucrats" von *Reissman*[48] z.T. in der „Angestelltenmentalität" bei *Braun/Fuhrmann*[49] zu finden. In dem Alltagswissen dürfte auch die Rollenvorstellung von dem „Funktionär" in diese Kategorie fallen. Die bürokratische Einbindung kann als eine bestimmte Form der „Entfremdung" verstanden werden, die auf einer Verdinglichung der Organisation im Bewußtsein der „Bürokraten" herrührt.

- *Professionalistische Einbindung*

Die professionalistische Einbindung kommt anders als die bürokratische nicht auf der Ebene formalisierter Verfahren, sondern auf der Ebene der inhaltlichen Tätigkeitskomplexe, der Ausübung gelernter — meist relativ stark spezialisierter — Berufe zustande. Die Einbindung erfolgt hier dadurch, daß die Organisation ihrem Mitglied Gelegenheit gibt, mehr oder weniger stark internalisierte Berufsstandards zu verwirklichen. Die Organisation stellt im Falle der professionalistischen Einbindung gleichsam nur den sozial-ökonomischen und geographischen Ort der Verfolgung berufskultureller Werte dar.

Die Akzeptierung, Hinnahme oder Duldung einer künstlichen Folgenkoppelung erfolgt also auch hier durch einen Austauschprozeß bzw. durch ein Austauschverhältnis.

Die Rolle der „professionals", auch „Spezialisten" genannt, ist in der Organisationssoziologie schon häufiger untersucht worden. Zu denken ist dabei an die „cosmopolitans" — im Unterschied zu den schon zitierten „locals" — bei *Gouldner,* an die Kennzeichnung der Spezialisten bei *Blau/Scott*[50], an die „functional bureaucrats" bei *Reissman,* an die Arbeiten über „professionals" bei *Scott* oder *Sorensen/Sorensen*[51].

- *Organisationspolitische Einbindung*

Die vierte Form der Einbindung schließlich, hier „organisationspolitische Einbindung" genannt, erfolgt auf der kulturell-politischen Ebene organisationaler Leitziele. Das kognitiv-kathektische Grundverhältnis ist in diesem Falle dadurch ausgezeichnet, daß die obersten Ziele und Strategien, die mit der Organisation verfolgt werden sollen, auch die des Organisationsmitgliedes sind. Daß auch hier eine Trennung von Zweck und Motiv vorliegen kann und damit Folgenkoppelungen durch Einbindung gewährleistet werden müssen, wird vielleicht deutlich, wenn man sich vorstellt, daß Handlungen in Organisationen selten unmittelbar auf das offizielle Leitziel bezogen sind. So kann etwa der Buchhalter z.B. in einer karitativen oder auch politischen Organisation organisationspolitisch eingebunden sein, obwohl seine Handlungen unmittelbar weder helfen noch politische Ziele verwirklichen.

Während der instrumentalistisch Eingebundene an sekundären Handlungsergebnissen, der bürokratisch Eingebundene an Handlungsverfahren, der professionalistisch Eingebundene an den Inhalten eines abgegrenzten Tätigkeitskomplexes interessiert ist, geht es dem organisationspolitisch Eingebundenen also um die schließliche Außenwirkung organisationalen Handelns im Sinne der Verwirklichung allgemeinerer Ziele, Werte und Interessen.

Für alle Arten der Einbindungsmuster gilt, daß sie in ihren Intensitäten variieren, d.h. auf dem Kontinuum: stark-schwach abgebildet werden können.

● *Verhaltenskorrelate organisationaler Einbindung*

Um die verschiedenen Einbindungsarten genauer zu beschreiben und in ihren Verhaltenskonsequenzen zu erfassen, soll nach ihren Verhaltenskorrelaten in der zweckbezogenen und in der Interaktionsdimension gefragt werden. In der Zweckdimension geht es um die Frage, mit welchen Einstellungen, Handlungsorientierungen das Organisationsmitglied der instrumentellen Steuerungsstruktur des Organisationssystems gegenübersteht.

Die *instrumentalistische Einbindung* führt zu einer Orientierung an sekundären Folgen, wie Belohnung oder Bestrafung, also an „externen Zwecken". Der Erfolg oder Mißerfolg wird deshalb auch nicht durch „Leistung" im Sinne einer bestimmten Quantität oder Qualität des Arbeitsergebnisses definiert, sondern an dem Ausmaß der erlangten Gratifikation bzw. vermiedenen Deprivation. Da Belohnung bzw. Bestrafung an die Erfüllung von Normen gebunden ist, ist die Handlungsorientierung eher auf die Verhaltensregeln als auf Organisationsziele gerichtet. Der instrumentalistisch Eingebundene sucht die Befriedigung seiner Bedürfnisse eher außerhalb der Organisation — u.a. durch Einsatz der erlangten Gratifikationen — als in dem System selbst. Daraus folgt eine strenge Trennung von Organisationshandeln und Freizeit, wobei die Organisation kein Ort affektiver Bindung ist. Aus dieser Einstellung zusammen mit der Regelorientierung folgt, daß die instrumentalistisch eingebundene Person eher das partiale System, dem sie angehört, als die gesamte Organisation im Blickfeld hat; dies wiederum hat eine mehr kurze als lange Zeitperspektive bei der Handlungswahl zur Folge.

Für das *bürokratisch eingebundene* Organisationsmitglied ist ein Ort der Bedürfnisbefriedigung die Organisation selbst. Hier liegt eine mehr interne als externe Orientierung vor. Der „Bürokrat" fühlt sich den Organisationsnormen verpflichtet und der Organisation positiv verbunden. Die Handlungsausrichtung betont den geregelten Verfahrenscharakter; es werden „Organisationsinteressen" im Sinne von Bestandszielen verfolgt. Die Ausrichtung ist deshalb zwar auch partial, allerdings weniger im Sinne von z.B. Abteilungsinteressen als vielmehr hinsichtlich der Aufrechterhaltung des instrumentellen Regelungsgefüges unter geringerer Beachtung oberster offizieller Leitziele. Die bürokratische Einbindung versetzt das Organisationsmitglied dadurch in die Lage, auch bei Wechsel in der Organisationsspitze und Änderung der politischen Ziele dem System loyal zu dienen. Der bürokratisch Eingebundene sieht sich in dem gelungenen erwartungskonformen Rollenspiel befriedigt, wozu auch der planmäßige Aufstieg innerhalb vorprogrammierter Laufbahnen gehört. Die Erfolgsdefinition geschieht somit auf der Basis internalisierter Rollenerwartungen; die Zeitperspektive ist − vor allem weil es in der Regel um die Erledigung standardisierter Routineprogramme geht − eher kurz als lang.

Aufgrund seiner Zweckausrichtung auf die Erfüllung beruflicher Qualitätsstandards empfindet und übt der *professionalistisch Eingebundene* weniger Loyalität gegenüber der ihn beschäftigenden Organisation als vielmehr gegenüber seiner Kollegen- bzw. Berufsgruppe, die sich zum größten Teil ja stets außerhalb seiner eigenen Organisation befindet. Somit ist auch die affektive Bindung an die konkrete ihn jeweils beschäftigende Organisation eher neutral. Dazu kommt, daß der „professional" stets bereit ist, die Organisation zu wechseln, wenn er dadurch seine beruflichen Ziele besser erreichen kann, wozu etwa auch die Vervollkommnung berufstechnologischer Fähigkeiten gehört. Auch der „professional" hat in Bezug zur Gesamtorganisation eine partiale Orientierung, hier aber auf einen abgegrenzten Tätigkeitsbereich bezogen (ihn interessiert z.B. die Organisationsverwaltung nicht). Aufgrund seiner Orientierung ist die Definition von Erfolg oder Mißerfolg berufskulturell determiniert, damit z.T. an die Internalisierung von Berufsstandards, z.T. an die Anerkennung durch die Fachkollegen gebunden, immer aber auf selbst produzierte Arbeitsergebnisse bezogen („Leistung"). Die

Zeitperspektive bei Handlungen ist wegen dieser Berufszielausrichtung eher lang; d.h. mögliche Handlungsfolgen werden für einen längeren Zeitraum antizipiert, als es etwa bei einer blossen momentanen Regelbefolgung der Fall wäre.

Der „*Organisationspolitiker*" schließlich ist von allen hier genannten Typen derjenigen, der am stärksten an seine konkrete Organisation als Ganzheit gebunden ist. Er betrachtet dies als ein Instrument zur Verwirklichung seiner eigenen Ziele, Interessen und Wünsche. Seine Orientierung ist deshalb „total" verbunden mit relativ langer Zeitperspektive. Die Definition erfolgreichen Handelns geschieht in terms der organisationalen Leitziele, wobei eine Nichterfüllung dieser durchaus nicht mit seinem eigenen Verhalten in Beziehung stehen muß (man denke an den zitierten Buchhalter in einer karitativen Organisation, der etwa dann Mißerfolg empfindet, wenn bestimmte Hilfsprogramme scheitern, ohne daß dieses durch ihn verschuldet worden wäre). Die affektive Bindung wird aus diesen Gründen eher positiv als neutral sein.

In der *Interaktionsdimension* gilt es zu untersuchen, welche Verhaltenskorrelate mit den verschiedenen Einbindungsmustern hinsichtlich des Verhaltens gegenüber und zusammen mit anderen Mitgliedern verbunden sind. Dafür sind zunächst auch wieder Vergleichskriterien notwendig. Darüber hinaus bietet es sich hier aber an, auch Auswirkungen unterschiedlicher Einbindungen interagierender Organisationsmitglieder in die Analyse mit einzubeziehen, also etwa die Frage nach möglichen Konfliktpotentialen. Wir greifen hier aber z.T. schon den folgenden Kapiteln vor. Darüber hinaus bewegen wir uns hier z.T. noch auf ungesichertem Boden, wollen aber trotzdem einige Korrelate der vier reinen Einbindungsmuster hinsichtlich der Etablierungschancen für soziale Gruppen, der Autoritätsanerkennung und der Einflußregionen sowie die Frage nach den Konfliktpotentialen kurz beleuchten. Bei alledem wird angenommen, daß es so etwas wie einen „Überstrahlungseffekt" der organisationalen Einbindung auf das soziale Interaktionsverhalten gibt. Damit ist gemeint, daß das kognitiv-kathektische Grundverhältnis des Individuums zur Organisation die gesamte soziale Situation der Person in der Organisation entscheidend mitdefiniert, d.h. den Aufbau von Interaktionssystemen und den Verlauf von Interaktionsprozessen in kognitiver sowie in affektiver Hinsicht strukturiert. So zeigen etwa die Untersuchungen von *Goldthorpe* et al., daß die instrumentalistische Orientierung von Arbeitern kein „Milieu" schafft, „das für die Entwicklung primärer Beziehungen günstig ist", und daß es deshalb nicht verwunderlich sei, „daß die von uns untersuchten Arbeiter kein großes Interesse an der Aufrechterhaltung dauerhafter

Beziehungen zu ihren Arbeitskollegen zeigen". „Arbeitskollegen sind keine Freunde"[52]. Eine ähnliche Einstellung, die die Etablierungschancen für soziale Gruppen verringert, ist — wenn auch z.T. aus anderen Gründen — bei der bürokratischen Einbindung zu vermuten. Auch dort liegt eine Rollen- und Orientierungstrennung zwischen Zweckbereich und konsummatorischem Bereich vor. Diese schlägt sich etwa in einem wenig distanzierten Spiel bürokratisch-formalisierter Rollen nieder. Bei einer gleichzeitigen Entwicklung von Primärgruppenbeziehungen zwischen dem „Bürokraten" und seinen Kollegen, Vorgesetzten oder Unterstellten könnte er Gefahr laufen, in Rollen- bzw. Loyalitätskonflikte zu geraten.

Anders sieht es bei den anderen Einbindungsmustern aus. Der professionalistisch Eingebundene orientiert sich an seiner Bezugsgruppe der Berufskollegen, und auch der Organisationspolitiker fühlt sich aufgrund gemeinsamer Identifikation mit den Organisa-tionszielen mit den Gleichgesinnten innerhalb der Organisation verbunden. Bei den „professionals" kommt hinzu, daß ihre Arbeiten häufig wenig standardisiert sind und Handlungsprogramme in Kooperation mit Fachkollegen zu entwickeln sind, so daß hier über relativ frei gestaltbare Kommunikation auch positive affektive Beziehungen sich entwickeln können. Auch ist bei dieser Gruppe die Trennung in Arbeit und Nicht-Arbeit nicht so stark ausgeprägt. Allerdings zeigt sich an diesen hypothetischen Annahmen schon, wo einige Konfliktpotentiale liegen können; denn gerade bei den professionalistisch eingebundenen Organisationsmitgliedern besteht — was vermutlich auch für einen Teil der „Organisationspolitiker" gilt — die Tendenz zur Bildung von „Elite-Cliquen", die aufgrund der Entwicklung eigener Wert- und Handlungssysteme leicht in Widerspruch zu den übrigen Organisationspersonal geraten können. Zu denken wäre hier auch an die typischen Spannungen zwischen „Bürokraten" und „professionals", zwischen Stab und Linie, die über die unterschiedlichen Primärgruppenorientierungen hinaus aber besonders in diskrepanten Anerkennungsprozessen von Autorität begründet sind. Während der professionalistisch Eingebundene anderen Organisationspartnern auf der Basis von Expertenschaft einen Einflußüberschuß zugesteht, legitimiert sich für den Bürokraten Autorität aus der Amtsperson, aus dem formalen Status, einer Person in der Organisation. Die instrumentalistische Einbindung führt zur Anerkennung bzw. Hinnahme von Einflußüberschüssen derjenigen, die über Gratifikations- oder Deprivationsmittel verfügen; dabei dabei muß es sich dann nicht in jedem Falle um die Konstituierung von Autorität handeln, sondern auch nur um eine bloße Unterwerfung unter Machtbesitzende. Das organisationspolitisch eingebundene Mitglied wird Führungspersonen auf dem Wege der Identifikation anerkennen, soweit diese seine eigenen Ziele propagieren bzw. verfolgen. Es handelt sich hierbei also um eine Form der „referent power" im Sinne von *French* und *Raven*[53]. Es ist offenbar, daß diese unterschiedlichen Modi der Autoritätskonstituierung Konfliktpotentiale in sich bergen und zugleich auch die relevanten Einflußregionen mitbestimmen. Unter „Einflußregion" wird dabei der jeweils generalisierte Bereich von Einflußmöglichkeiten verstanden. Die Übersicht 45 zeigt die Verhaltenskorrelate noch einmal im Zusammenhang.

● *Zur Genesis organisationaler Einbindung*

Bei der Analyse der Genese von Einbindungsmustern können vor- oder außerorganisationale Prozesse von innerorganisationalen Vorgängen und Faktoren unterschieden werden. Die vor- oder außerorganisationalen Prozesse, die in diesem Falle von Bedeutung sind, sind die Sozialisations- und Individuationsgeschichte des Individuums, wobei insbesondere schicht- und berufsspezifische Abläufe determinierend wirken. Zu denken dabei ist z.B. an schichtspezifische Berufsleitbilder, die im Laufe der primären Sozialisation internalisiert und durch die jeweiligen Berufsbildungswege sekundär weiter verfestigt werden. Dies können wir leider nicht weiter ausführen[54].

Im innerorganisationalen Bereich ist die Genese von Einbindungsmustern durch den Verlauf spezieller Sozialisationsprozesse bestimmt oder zumindest überlagert. Die erfolgreiche Sozialisation führt zur Internalisierung organisations- und berufsspezifischer Standards, insbesondere derjenigen Teilbereiche, mit denen das Individuum konfrontiert ist.

Während durch die Sozialisation das mehr unbewußte Lernen sozialer Normen, Werte und Rollen erfolgt, existieren daneben auch mehr bewußte, reflektierte, Prozesse der Einbindung etwa durch ausdrückliche Legitimation organisationaler Sozialstrukturen oder durch resignierende Unterwerfung unter diese. Die Sozialisation im allgemeinen sowie die ausdrückliche Legitimation und Unterwerfung im besonderen führen zu einer Legitimität der vorhandenen Steuerungsmuster; dabei können wir uns hier *Luhmann* anschließen und „Legitimität auffassen als eine generalisierte Bereitschaft, inhaltlich noch unbestimmte Entscheidungen innerhalb gewisser Toleranzgrenzen hinzunehmen"[55]. Diese Legitimitätsgeltung kann sich aus utilitaristischen, wertrationalen oder traditionalen Grundlagen entwickeln und ist stets sowohl durch die Lebensgeschichte des Individuums vorgeprägt als auch durch die konkreten Organisationsstrukturen, in die das Mitglied eingeflochten werden soll, mitbestimmt. Es ist anzunehmen, daß zwischen außerorganisational vorgepräg-

Übersicht 45: Verhaltenskorrelate organisationaler Einbindungsmuster (hypothetisch)

	Instr. Einbindung	Bürokr. Einbindung	Profess. Einbindung	Org. pol. Einbindung
Zweckdimension Orientierung	Externe Zwecke Regeln	Interne Zwecke Verfahren	Extern. „Berufsethos"	Interne Ziele, Werte
Erfolgsdefiniton	Sekund. Gratifikation	Erfüllung von Bestandsinteressen	Berufliche Vervollkommnung, Leistung	Verwirklichung Org. Ziele
Affektive Bindung	eher neutral bis ablehnend	eher „positiv"	eher neutral bis positiv	„positiv"
Normative Kontrolle	Ja, auf Stelle bezogen	Ja, auf Abteilung bezogen	Ja, auf Tätigkeitsbereich bezogen	Nein, eher „total" eingebunden
Zeitperspektive	eher kurz	eher kurz	eher lang	eher lang
Interaktionsdimension Entstehen sozialer Gruppen	erschwerend	erschwerend	eher begünstigend/Cliquen	eher begünstigend/Cliquen
Autoritätsanerkennung	über Gratifikations-/Deprivationspotentiale	über Amtsposition	über Expertenschaft	über „Identifikation"
Konfliktpotential	Verteilungskonflikte	Auslegungskonflikte; Stab-Linie-Konflikte	Konkurrenzkonflikte Stab-Linie-Konflikte	Zielkonflikte Ziel-Mittel-Konflikte
Einflußmittel	sekundäre Sanktionen	Titel, Laufbahn, formelle Belobigung	Handlungsspielräume, Anerkennung von Arbeitserfolg	Partizipation, Zurechnung von Zielerreichung

als wenn es um das spezifische Ansprechen eines speziellen Bedürfnisses eines bestimmten Organisationsmitgliedes zu einem bestimmten Zeitpunkt ginge. Die Standardisierung hat zunächst einen sachlichen und einen sozialen Aspekt: das standardisierte Mittel gilt für eine Gruppe von Motivationen und für eine Gruppe von Organisationsmitgliedern. Zu jeder Standardisierung gehört aber auch die zeitliche Dimension, d.h. für diesen Fall, daß die Sanktionsfunktion der Mittel über einen Zeitraum hinweg aufrechterhalten werden muß (Geld muß auch morgen noch extrinsische Motivationskraft besitzen), wenn die Vereinfachungswirkung der Standardisierung sich voll entfalten soll.

Die Standardisierung situativer organisationaler Motivationsmittel braucht dabei nicht auf den Bereich extrinsischer Motivation (Geld, Statussymbole, Aufstieg usw.) beschränkt bleiben, sondern man kann z.B. Aufgabenstrukturen generell selbst mit einem gewissen abstrakten Anreizwert ausstatten − etwa durch geringe Vorprogrammierung der Handlungen − ; dies stellte dann eine Standardisierung vornehmlich in sozialer Hinsicht dar; denn unabhängig von den konkreten Stelleninhabern sind die Aufgabenstrukturen unter (Leistungs-)Motivationsaspekten organisiert; daß dies zu Schwierigkeiten führen kann, liegt auf der Hand.

Neben den Motivationsmitteln selbst können auch die Zuweisungsmodi von Mitteln zu Personen standardisiert werden, d.h. es wird über die Zeit hinweg geregelt, bei welchen Handlungen bzw. Handlungserfolgen (oder auch bloßen Zeiträumen der Mitgliedschaft) welche Sanktionsmittel an welchen Positionen einzusetzen sind. Dies hätte dann normativen Charakter und würde somit auch eine Orientierungsfunktion in dem oben geschilderten Sinne erfüllen. Motivationsmittel und Zuweisungsmodi können nach Mitgliedergruppen (Schichten) differenziert auftreten; sie können insofern als Stratifikationsinstrument verwendet werden. So können z.B. in der hierarchischen Ebene Nr. 1 alle Handlungen mit Geld abgegolten werden, in der Ebene 2 existieren zusätzlich institutionalisierte Aufstiegschancen, von der Ebene 3 an können auch eigene Telefone und größere Schreibtische bereitgestellt werden usw.

● *Identitätsfördernde Strategien*

Zu den identitätsfördernden Strategien gehören soziale Rollen, Handlungs- und Interpretationsspielräume.

Soziale Rollen leisten einen Beitrag zur Lösung von Identitätsproblemen auf zweifache Weise: zum einen erlauben sie eine sinnhafte Identifikation dadurch, daß sie selbst sinnhaft integrierte Deutungsmuster sind und somit eine Sinngebungsfunktion für die

Selbstaktualisierung besitzen. Rollen stellen einerseits bestimmte organisationale Handlungsbereiche dar, ermöglichen zugleich aber über eine — mehr oder weniger starke — Internalisierung den Aufbau personaler Handlungspotentiale und stellen damit für das Individuum selbst, aber auch für die jeweils anderen, Verhaltens- und Bewertungsschemata zur Verfügung, so daß Selbsteinschätzungen und Kommunikationsmöglichkeiten eröffnet werden. An sozialen Rollen sind die eigenen Fähigkeiten erprobbar, aktualisierbar und demonstrierbar.

Zum anderen ermöglichen Rollen, da sie auch immer sozialen Systeme zuzurechnen sind, die — schon angeführte — Partialinklusion. Das Individuum kann bei mangelnder „Identifizierung" mit den organisationalen Rollen auf eben die Rollenhaftigkeit seines Verhaltens verweisen, sich somit zurückziehen und eine Kompen-

Übersicht 46 Identitätsfördernde „Strategien"

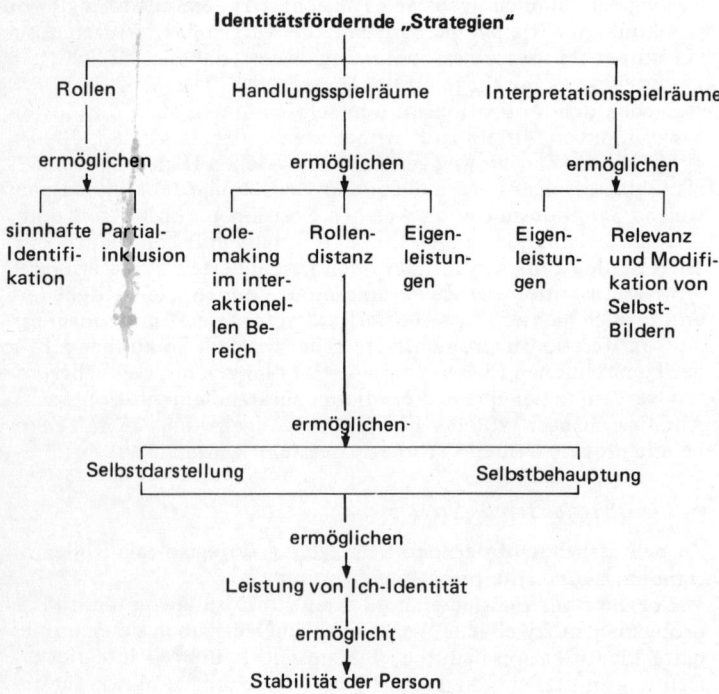

sation dieses Mangels in anderen Rollen seines Rollenhaushalts suchen.

Handlungsspielräume entstehen dadurch, daß die normative Zuordnung von Handlungen zu Situationen nicht eine eindeutig erfolgt, sondern immer mehrere Handlungen in ein und derselben Situation möglich und erlaubt und/oder Metakommunikationsmöglichkeiten vorhanden sind.

Wie in der Übersicht 46 dargestellt, ermöglichen solche Handlungsspielräume die Neuetablierung von Rollen („role-making") im Interaktionsbereich, Rollendistanz sowie Eigenleistungen des Individuums.

Rollendistanz und Eigenleistung sind zwei Leistungen, die dem Individuum, nicht aber dem Organisationssystem zuzurechnen sind. Das Organisationssystem schafft vielmehr nur über Handlungsspielräume in dem Normensystem strukturelle Vorbedingungen. Der Handlungsspielraum wird durch die Möglichkeit zur Distanzierung von sozialen Rollen einerseits und die Möglichkeit zur Erbringung von Eigenleistungen andererseits determiniert. Übersicht 47 zeigt dies schematisch auf.

Rollendistanz ermöglicht die Bewältigung ambivalenter Situationen, d.h. man kann bei widersprüchlichen normativen Erwartungen Identifikationen offen lassen und sich etwa durch die Strategie der Sequentialisierung mal dem einen, mal dem anderen Anspruch widmen. Darüber hinaus bewahrt die Rollendistanz die Individualität vor dem Aufgehen in dem Sozialkontext. Schließlich erleichtert sie die Ablösung von Rollen, insbesondere dann, wenn man z.B. im Zuge einer Laufbahn neue Positionen einnehmen soll.

Eigenleistungen dagegen erlauben die Aktualisierung der Persönlichkeit und ermöglichen damit, das eigene Selbst zu präsentieren. Sie sind also ein Mittel zur Selbstdarstellung.

Im Unterschied zu den Handlungsspielräumen kommen *Interpretationsspielräume* weniger durch Leerstellen im normativen Geflecht zustande, sondern durch die Art der Normenformulierung selbst. Normen können bewußt interpretierbar definiert worden sein, Interpretationsspielräume können aber auch in der Weise faktisch vorhanden sein, daß zwischen Normdefinition und Norminterpretation sozial oder persönlichkeitsspezifisch determinierte Diskrepanzen bestehen, ohne daß diese bewußt bei der Normdefinition berücksichtigt wurden.

Sozialisation, sozialer Status, Schichtzugehörigkeit, Interessen, Werte, kognitive Persönlichkeitsstrukturen usw. sind für solche Differenzen in der Norminterpretation verantwortlich; solche Unterschiede treten wohl zwangsläufig — d.h. der Natur des Menschen

148

Übersicht 47 Rollendistanz, Eigenleistung und Handlungsspielraum

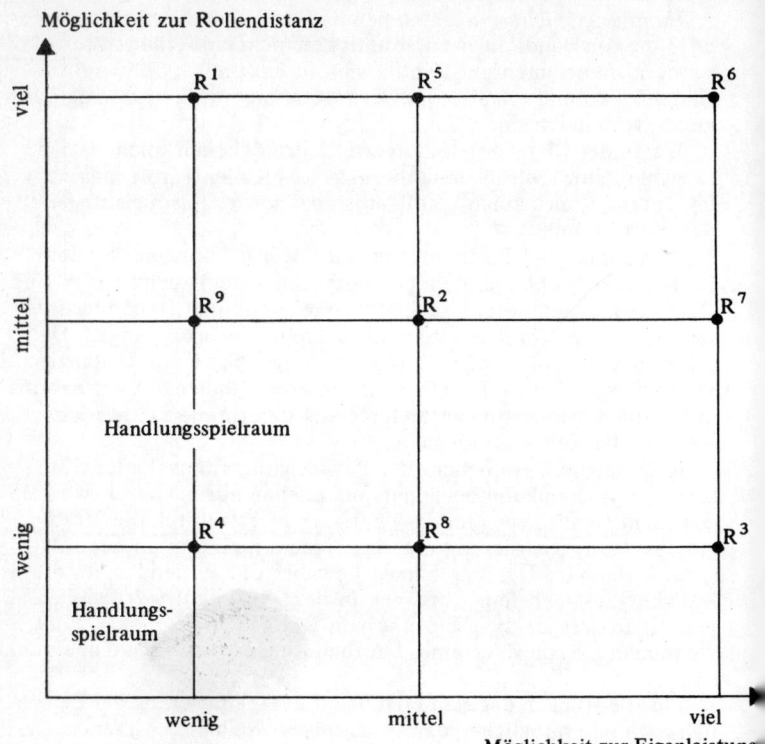

Möglichkeit zur Rollendistanz

viel	R^1	R^5	R^6
mittel	R^9	R^2	R^7
	Handlungsspielraum		
wenig	R^4	R^8	R^3

Handlungsspielraum

wenig   mittel   viel

Möglichkeit zur Eigenleistung

Beispiele:

R^1: „Rolle" mit vornehmlich Vollzugsnormen und großen Möglichkeiten zur Distanzierung: z.B. Ferienjob eines Studenten am Fließband.

R^2: „Rolle" mit Qualitätsnormen und mittleren Möglichkeiten zur Distanzierung.

R^3: „Rolle" mit Gestaltungsnormen und sehr geringer Möglichkeit zur Distanzierung: z.B. von einer autoritären Organisation unter Druck gesetzter Wissenschaftler, der Kampfmittel erfinden soll.

R^4: „Rolle" mit Vollzugsnormen und sehr geringer Möglichkeit zur Distanzierung: z.B. „kleiner" Verwaltungsbeamter (Distanzierung verträgt sich nicht mit seiner Beamtenfunktion).

entsprechend − immer dann auf, wenn zumindest noch ein Rest Subjektivität in die organisationalen Handlungsprozesse einbringbar ist.

Solche Handlungs- und Interpretationsspielräume schaffen Ungewißheiten, Kontingenzen, die Eigenleistungen und damit Selbstdarstellungen in Form von interpretativen Prozessen ermöglichen. Normenstrukturen können damit auf das eigene persönliche Handlungspotential bezogen werden. Weiterhin wird dadurch, daß auch immer andere Interpretationen möglich sind, das Wissen um die Fremdeinschätzung des eigenen Verhaltens bedeutsam. Nur dann, wenn man noch eine Chance hat, „anders zu sein", wird es interessant, wie andere mich sehen.

c) Interaktion in Organisationen

Wir sind bisher aus analytischen Gründen von der Betrachtung des Verhältnisses eines Organisationsmitgliedes zur Organisation ausgegangen. Nun ist es gerade Definitionsbestandteil eines sozialen Systems, daß mehrere Menschen miteinander interagieren. Dieses Moment soll unter drei Abschnitten zum Thema gemacht werden.

(1) Allgemeine Funktionen und Strukturen von Interaktionssystemen in Organisationen

In dem Kapitel über Organisationsstrukturen wurde festgestellt, daß man die faktischen Sozialstrukturen nicht durch die Analyse formaler Organisationsmittel (allein) aufdecken kann, sondern daß es dazu vielmehr einer Ablaufsbetrachtung des tatsächlichen Geschehens bedarf. Dies liegt daran, daß die faktischen Handlungsmuster stets erst im Wege der Interaktion der konkreten einzelnen Organisationsmitglieder ihre exakte Ausprägung und Wirksamkeit erlangen. Durch die konkreten Interaktionen der Individuen werden die formalen organisationalen Rahmenbedingungen ausgefüllt, interpretiert, angewendet, modifiziert oder auch hintergangen oder verletzt.

In der klassischen Betriebssoziologie hatte sich für einen anscheinend ähnlichen Sachverhalt das Kategorienpaar: „formell − informell" durchgesetzt. Dabei wurden unter „formaler Struktur" die bewußt geplanten Organisationsstrukturen verstanden, unter „ informeller Struktur" dagegen die spontanen, „zwischenmenschlichen" Beziehungen. Diese Unterscheidung vernachlässigt, daß alle Strukturen immer in ihrer konkreten Gestalt erst interaktionell und in diesem Sinne „informell" entstehen und ihre steuernde Kraft erlangen. Organisatorische Aufbau- und Ablaufpläne, Organisationsordnungen und Mitgliedschaftsregeln werden stets sozial interpretiert, sind stets sozial konstituierten Applikationsregeln unterworfen. Es entstehen in diesem Sinne Interaktionssysteme in Organisationen, und zwar in vielfältiger und ineinander verschachtelter Weise. Diese sind in ihrer Gestalt sowohl geprägt durch die Persönlichkeitsstrukturen, die „Personsysteme", der interagierenden Individuen, als auch durch situationale und kontexturale Bedingungen, wie sie sich aus momentanen Problemlagen bzw. organisationalen Rahmenrestriktionen — wie z.B. Vorschriften, Technologie und formales Kompetenzgefüge — ergeben.

Man kann solche Interaktionssysteme als zwischen dem formalen instrumentellen Organisationssystem einerseits und den Personsystemen der Mitglieder andererseits *intervenierende* soziale Systeme begreifen. Sie entstehen und wandeln sich durch soziale „Abstimmungsprozesse", womit nicht etwa gemeint ist, daß dort kollektive Entscheidungen durch „Handheben" getroffen werden, sondern daß es sich um Prozesse der gegenseitigen Einregulierung aufeinander und Erwartungsstabilisierung handelt, so daß man schließlich Strukturen, Muster, Redundanzen feststellen kann.

Die genannte Interventionsfunktion von Interaktionssystemen läßt sich nun im Hinblick auf die drei Klassen von Handlungsproblemen im Orientierungs-, Motivations- und Identitätsbereich spezifizieren. Übersicht 48 gibt dazu eine Zusammenfassung.

Im *Bereich der Orientierung* entstehen kollektive Interpretationen der Strategien und Strukturen des Organisationssystems, d.h. Auslegung und Bestimmung der Bedeutung von organisationalen Werten, Zielen, Grenzen, Normen, Informationen usw. durch schrittweise Abstimmung individueller Kognitionen auf gemeinsame Orientierungsmuster hin. Die organisationalen Handlungsbereiche werden damit gruppenspezifisch definiert. Darüber hinaus werden neue Handlungsbereiche errichtet, soweit das Organisationssystem bestimmte Möglichkeiten offenläßt. Dazu gehört z.B. die Festlegung von Umgangsregeln, aber auch etwa die Definition der Toleranzbereiche abweichenden Verhaltens.

Im Laufe der Interaktion entwickeln sich dann Wahrnehmungs- und Handlungsstandardisierungen, die die soziale Kontingenz verringern. Es bilden sich z.B. kollektive Fremdbilder, Sterotypen aus. Andererseits sind Handlungen nicht mehr ohne weiteres frei wählbar, sondern man erwartet von dem jeweiligen anderen, daß er sich in ähnlichen Situationen ähnlich verhält, d.h. daß er bei ähnlichen Aktionen seitens des einen ähnliche Reaktionen wie vorher zeigen läßt. Dadurch werden einmal vollzogene Handlungen zu Orientierungspunkten weiteren Handelns. Auf diese Weise verstrickt sich

Übersicht 48 Interventionsfunktion von Interaktionssystemen

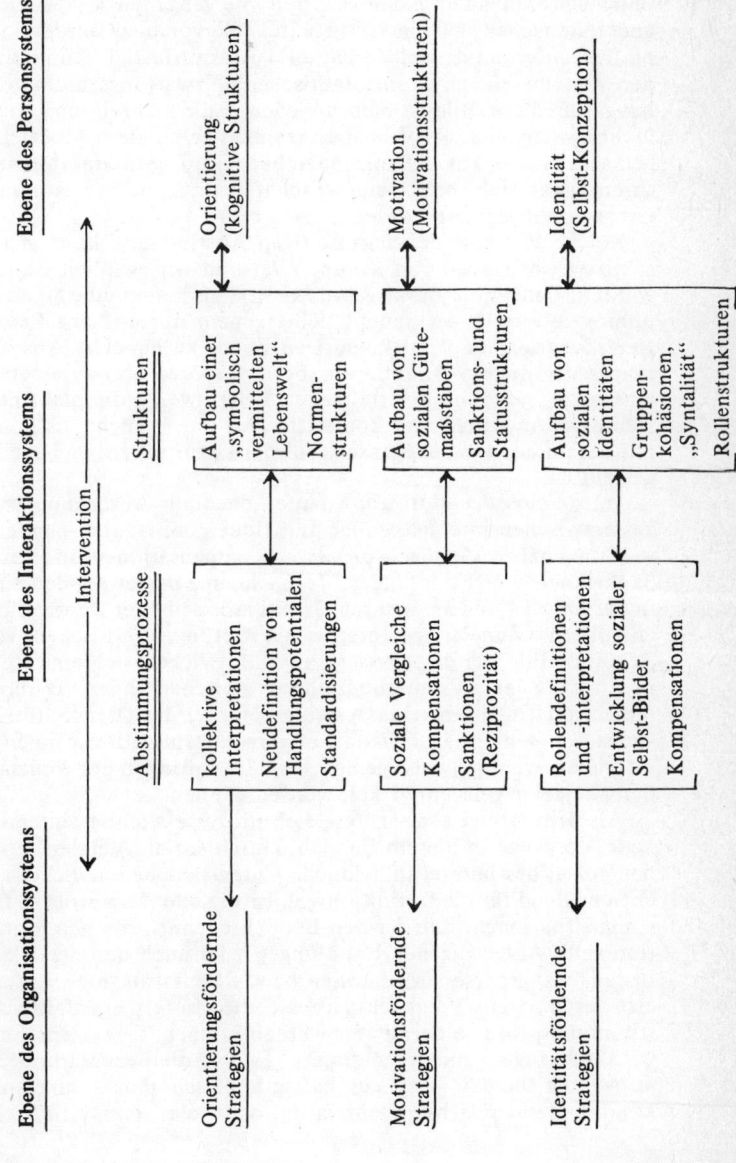

Ebene des Organisationssystems   **Ebene des Interaktionssystems**   **Ebene des Personsystems**

Intervention

Abstimmungsprozesse / Strukturen

Orientierung (kognitive Strukturen)

Aufbau einer „symbolisch vermittelten Lebenswelt" / Normenstrukturen

kollektive Interpretationen / Neudefinition von Handlungspotentialen / Standardisierungen

Orientierungsfördernde Strategien

Motivation (Motivationsstrukturen)

Aufbau von sozialen Gütemaßstäben / Sanktions- und Statusstrukturen

Soziale Vergleiche / Kompensationen / Sanktionen (Reziprozität)

Motivationsfördernde Strategien

Identität (Selbst-Konzeption)

Aufbau von sozialen Identitäten / Gruppenkohäsionen, „Syntalität" / Rollenstrukturen

Rollendefinitionen und -interpretationen / Entwicklung sozialer Selbst-Bilder / Kompensationen

Identitätsfördernde Strategien

das Individuum gleichsam in sein eigenes Tun und kann sich ohne Schaden nicht mehr von dem Vergangenen lösen. Die anderen machen sich ein konsistentes Bild von dem Interaktionspartner aufgrund dessen Verhalten. Dieses verfestigt sich im Laufe der Zeit zu einem „kontrafaktischen" Erwartungszusammenhang, d.h. dieses Bild ist nicht in jedem Falle mehr durch — nunmehr abweichendes — Verhalten revidierbar, sondern Abweichungen sind mit negativen Sanktionen bedroht. Die Interaktionsstrukturen haben sich somit vergesellschaftet. Sie sind in bestimmten Grenzen objektiviert worden.

Solche Prozesse der gegenseitigen Abstimmung können als schrittweiser Abbau von Komplexität und Ungewißheit begriffen werden. Dabei muß das Ergebnis keinesfalls immer eine Meinungshomogenität sein, es braucht sich vielmehr nur um eine Erwartungskongruenz auf der kognitiven Ebene zu handeln. Abstimmungen in diesem Orientierungsbereich führen also zu einer geeinsamen „symbolisch vermittelten Lebenswelt", die nicht notwendig harmonisch oder konfliktfrei zu sein braucht. Es kommt nur darauf an, daß der Konsens auf der kognitiven Sinnebene hergestellt ist.

Im *Bereich der Motivation* laufen ebenfalls Abstimmungsprozesse zwischen interagierenden Individuen ab. Hierbei handelt es sich um soziale Vergleichsprozesse, Kompensationen und soziale Sanktionen von Handlungen. Je nachdem, inwieweit der eine in der Lage ist, einem anderen Gratifikationen oder Deprivationen zuzufügen (Zuneigung, Interessenvertretung, Vertuschen von Fehlern, Hilfe bei der Karriere usw.) entwickelt sich eine Reziprozitäts- oder Austauschbeziehung zwischen ihnen. Darüber hinaus sind in Interaktionssystemen Mängel des Organisationssystems kompensierbar. Frustration, Ärger, Deprivation können dort artikuliert werden, wenn gemeinsame Definitionen der verursachenden Mängel jeweils entwickelt werden können.

Als drittes sind soziale Vergleichsprozesse wichtige interaktionelle Vorgänge in diesem Bereich. Durch soziale Vergleiche werden sozial bestimmte, individuelle Gütemaßstäbe entwickelt, die entscheidend für die Definition von Erfolg oder Mißerfolg in Leistungssituationen, d.h. für den Bereich der intrinsischen Motivation sind. Außer eigenen Handlungen wird auch der eigene Status an Bezugspersonen gemessen bzw. Statusstrukturen erstehen erst durch soziale Vergleichsprozesse, die insofern ebenfalls als Abstimmungsprozesse betrachtet werden können. Die eigene Lage wird in bezug zu anderen definiert — wobei die Bezugsgruppe nicht notwendig auch die Mitgliedschaftsgruppe sein muß —, und somit kommt es zur relativen Deprivation oder relativen Gratifikation und zu relativen Über- bzw. Unterordnungen und damit zu relativen sozialen Distanzen bezüglich der Sozialstruktur. Soziale Vergleiche schieben sich als intervenierende Prozesse zwischen organisationale Aufgabenstrukturen und individuelle Motivation. Diese Prozesse werden meist unter dem Stichwort „social facilitation" (soziale Erleichterung im Sinne von Vermittlungs- oder Katalysatorwirkung) in der Sozialpsychologie behandelt.

Im *Bereich der Identitätsproblematik* besitzen Interaktionssysteme ebenfalls eine wichtige Interventionsfunktion. Im Rahmen der Behandlung sozialer Rollen haben wir bereits angedeutet, daß Rollen als Deutungsmuster zu verstehen sind. Diese Kennzeichnung verweist auf interpretative Leistungen und Definitionsprozesse, die im Rahmen konkreten Rollenspiels in gegenseitiger Abstimmung aufeinander vollbracht werden müssen. Organisationale Rollen, die an Positionen in der formalen Organisationsstruktur geknüpft sind, stehen nicht einem monadologischen Individuum gegenüber, sondern in die Anwendung solcher Deutungsmuster gehen Interpretationen ein, die sich an den „erwarteten Erwartungen" der jeweils anderen orientieren. Konkretes Rollenverhalten stabilisiert sich damit erst im Laufe gegenseitiger Abstimmungsprozesse zwischen den Rollensendern und Rollenempfängern.

Außer der Leistung von Interpretationen konstituieren Interaktionssysteme neue Rollen, die nur im Verkehr eines beschränkten Kreises von Interaktionspartnern Geltung besitzen. Dazu gehören spezifische Führer-, Sündenbock-, Spaßmacher-, Intrigantenrollen, um nur einige Beispiele zu nennen. Solche Rollen ergänzen im sozio-emotionalen Bereich die eher instrumentell definierten Rollen des Organisationssystems.

Interaktionale Rollen in diesem Sinne können kompensatorische Wirkung besitzen, wenn im Organisationssystem eine sinnhafte Identifikation nicht oder nur in ungenügendem Maße über instrumentelle Rollen zustande kommt. Über den Rollenbereich hinaus erfüllen Interaktionssysteme identitätsbezogene Funktionen bezüglich der Entwicklung sozialer Selbstbilder. In der Interaktion mit anderen wird das Bild, das andere von mir haben, mir selbst deutlich. Die Kenntnis solcher sozialen Einschätzungen ist für die Selbststeuerung des Individuums unerläßlich.

Die genannten gegenseitigen Abstimmungsprozesse können zum Aufbau relativ fester Rollenstrukturen und -interpretationen führen und damit die sozialen Identitäten der beteiligten Individuen mitbestimmen. Darüber hinaus kann die Entwicklung solcher Strukturen einen Zusammenhalt (Kohäsion) der Interaktionspartner bewirken. Es können soziale Gruppen entstehen.

154

(2) Soziale Gruppen in Organisationen

Soziale Gruppen sind spezielle Interaktionssysteme, die sich durch eine besondere emotionale und strukturelle Verdichtung auszeichnen. Sie weisen ein gewisses „Wir-Gefühl", eine interne Rollenstrukturierung, spezielle Verhaltensnormen und Interaktionsmuster auf, sind durch diese Charakteristika nach außen hin abgegrenzt bzw. von anderen als ein soziales System identifizierbar. Für den einzelnen übernehmen sie wichtige Funktionen in Organisationen, wobei neben den angeführten allgemeinen Orientierungs-, Motivations- und Identifikationsfunktionen insbesondere auch an die Funktion des Sozialkontaktes, des Schutzes, der Kompensation (Ventilfunktion: man kann in seiner Gruppe seinem Ärger Luft verschaffen) besitzen. Darüber hinaus wird durch Entformalisierung der Umgangsformen in sozialen Gruppen — was häufig durch Ablösung des „Sie" durch das „Du" angezeigt wird — der Informations- und Meinungsaustausch erleichtert (von formalem Ballast und Versteckspiele) sowie die — insbesondere in Problemsituationen spontane — Kooperation begünstigt.

In einem vereinfachendem Schema von „fünf magischen K-s der Gruppendynamik" lassen sich Konstitutierungsprozesse von sozialen Gruppen erfassen (Übersicht 49).

Übersicht 49 Fünf magische „K-s" der Gruppendynamik

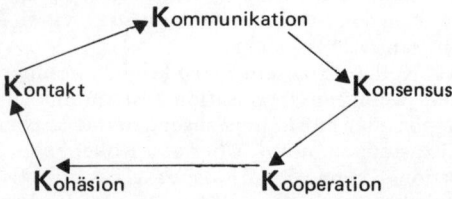

Man kann bei einem beliebigen „K" beginnen, z.B.: aufgrund organisatorisch vorgegebener Kontaktmöglichkeiten treten Individuen in eine Kommunikation ein; diese führt im Wege von sozialen Abstimmungsprozessen zu einem Konsensus hinsichtlich der Erwartungen oder Verhaltensmuster; diese begünstigt die Kooperation, durch welche die Kohäsion zwischen den Individuen gefördert wird. Die Kohäsion wiederum erhöht die Wahrscheinlichkeit des sozialen Kontaktes, was zu intensivierter Kommunikation führt usw.

Oder: ein vorgängig vorhandener Konsensus (z.B. gleiche Interessenlage) erhöht die Kooperationschancen, welche einen sozialen Zusammenhalt der Gruppe entstehen läßt usw. usw.

Für jede Organisation haben Gruppen über ihre soziale Kontrollfunktion prinzipiell eine Stabilisierungswirkung. Allerdings können sie sich zu Cliquen verfestigen, was bedeutet, daß die Innen-Außen-Abgrenzung extrem wird. Damit werden Intergruppen-Kooperationen erschwert oder gar unmöglich gemacht. Im Extremfall kann eine Organisation in Einzelcliquen zerfallen. Cliquenbildung ist z.T. ein Element innerorganisationaler machtpolitischer Prozesse. Je nach Interessen- und Problemlagen können sich Koalitionen bilden zur Durchsetzung je eigener Ziele.

Soziale Gruppen oder Cliquen können nun je nach organisationalen und persönlichen Antezedenzbedingungen unterschiedlich intern strukturiert und verschieden im Verhalten ausgerichtet sein. Eine in diesem Zusammenhang interessante Zusammenstellung bringt *Tichy*[56]. Wir haben sie in der Übersicht 50 in übersetzter Form abgebildet.

Bei dieser Entwicklung von Gruppenarten in Organisationen verwendet *Tichy* ein Klassifikationsschema für Organisationen, das von *Etzioni* entwickelt wurde. Wir sind darauf bereits bei der Diskussion des *Etzioni*schen Konzepts der „compliance" kurz eingegangen. Zwangsorganisationen sind z.B. Gefängnisse, normative Organisationen sind Kirchen, utilitaristische Organisationen sind Betriebswirtschaften oder Verwaltungen. Ein weiteres Differenzierungskriterium ist die interne Mobilität, wobei Organisationen mit Beförderung nach „Leistung", nach Dienstalter und solche ohne Mobilitätschancen unterschieden werden.

Wir würden es vorziehen, die Typologisierungskriterien zu „dimensionalisieren", dadurch würde man dem Sachverhalt Rechnung tragen, daß in ein und derselben Organisation je nach Ebene, Abteilung, oder Art von Organisationsmitgliedschaft sowohl zwanghafte, normative, als auch utilitaristische Strukturen herrschen und ebenfalls alle Mobilitätsprinzipien differenziert prinzipiell vorliegen können. Damit würde man auch besser erklären können, daß in ein und derselben Organisation die unterschiedlichsten Gruppentypen vertreten sind.

Andere Typologisierungen sind in der Betriebssoziologie zu finden, so z.B. bei *Sayles,* der je nach Aktivitätsstruktur und Stellung der Gruppe zum Management bzw. zu den Gewerkschaften „apathische", „erratische", „konservative" und „strategische" Gruppen unterscheidet[57]. Diese Differenzierung ist aber für die Allgemeine Organisationssoziologie nicht allgemein genug.

Übersicht 50 Gruppentypologie (Deutsche Übersetzung *Tichy, N.M.:* An Analysis of Clique Formation and Structure in Organizations. In: Administrative Science Quarterly 18 (1973) 200)

Gruppentyp	Grund für Gruppenbildung	Ausmaß der Gruppenbildung in einer Organisation	Gruppengröße	hierarchische Ebenen übergreifende Mitgliedschaft	Unterschiedlichkeit der Gruppenmitglieder hinsichtlich ihrer organisationalen Beschäftigungsart	Ausmaß der Intergruppen-Hierarchie	Offenheit der Gruppe
Gruppen in Zwangsorganisationen („coercive clique")	Verteidigung Unterstützung interne Gruppenkontrolle	hoch	groß	wenig	groß	viele Ebenen	gering
Gruppen in normativen Organisationen („normative clique")	Freundschaft soziale Kontaktbedürfnisse	gering	klein	viele	gering	mittel	groß
Gruppen in utilitaristischen Organisationen mit großer interner Mobilität	instrumentelle Mobilität	hoch	klein	viele	gering	viele Ebenen	groß

Übersicht 50 (Forts.)

Gruppentyp	Grund für Gruppenbildung	Ausmaß der Gruppenbildung in einer Organisation	Gruppengröße	hierarchische Ebenen übergreifende Mitgliedschaft	Unterschiedlichkeit der Gruppenmitglieder hinsichtlich ihrer organisationalen Beschäftigungsart	Ausmaß der Intergruppen-Hierarchie	Offenheit der Gruppe
Gruppen in utilitaristischen Organisationen mit Senioritätsprinzip	soziale Kontaktbedürfnisse Freundschaft	mittel	mittel	mittel	mittel	mittel	mittel
Gruppen in utilitaristischen Organisationen ohne Mobilität	soziale Kontaktbedürfnisse Freundschaft	gering	groß	wenig	groß	gering	gering

(3) Führung, Macht und Partizipation

Ein weiteres wichtiges Feld von mikro-organisationssoziologischem Interesse wird durch die Kategorien der Führung, Macht und Partizipation abgesteckt. In der Literatur bezieht man sich bei der Behandlung von Führungsproblemen häufig auf die (sozial-) psychologische Führungsforschung und gelangt zu einer Unterscheidung der folgenden „Ansätze":

● *Eigenschaftstheorien der Führung.* Diese auch als „trait approach" oder „great man theory" bezeichneten Konzeptionen behaupten, daß die Genese der Führerschaft, das Führungsverhalten und der Führungserfolg allein der Persönlichkeitsstruktur, den Fähigkeiten und Fertigkeiten der Person des Führers zuzurechnen sind. Dieser Ansatz ist häufig kritisiert worden[58] nicht nur, weil er einseitig ist, sondern auch weil er einer empirisch-statistischen Überprüfung nicht standhält. Zudem wäre noch anzumerken, daß dieser Ansatz prinzipiell zu kurz greift; denn er müßte auch und gerade fragen, warum es denn überhaupt zu einem Folgen einer Person mit den genannten Eigenschaften wie z.B. Intelligenz, Körperkraft, Maskulinität und Dominanz kommt. Eine mögliche Relevanz solcher Eigenschaften könnte nur soziologisch erklärt werden.

● *Situations- und Interdependenztheorien der Führung.* Situations- und Interdependenztheorien der Führung versuchen, den Mangel der Einseitigkeit in der Eigenschaftstheorie zu beheben, indem sie als Erklärungsfaktoren entweder allein Situationsvariable hinzuziehen (Situationstheorie) wie die Art der zu lösenden Aufgabe, die Art der zu führenden Gruppe und die Umweltbedingungen der Gruppe (z.B. Druck) oder Situationsvariable mit Persönlichkeitsvariablen bzw. Verhaltensweisen des Führers korrelieren (Interdependenztheorie, in der Regel „Interaktionstheorie" genannt). Ein Ansatz zu einer solchen Interdependenztheorie ist z.B. die vielzitierte Konzeption der *Fiedler*schen „Kontingenztheorie der Führung", in der Persönlichkeitsvariablen („Führungsstil"), Situationsvariablen (Art der Aufgabe, Gruppenatmosphäre, Positionsmacht des Führers) und Effizienzvariablen (Produktivität) zueinander in Beziehung gesetzt werden. Die *Fiedler*schen Forschungsinstrumente und -ergebnisse sind allerdings so wenig überzeugend, daß die weite Verbreitung dieser Konzeption in wohl allen Lehrbüchern zur Organisationspsychologie und Sozialpsychologie nur wissenschaftspsychologisch und -soziologisch erklärt werden kann[59]. Allerdings stellt der Ansatz von der Grundidee her einen Fortschritt gegenüber älteren Führungsstiltheorien dar[60].

● *Funktionstheorien der Führung.* Funktionstheoretische Konzeptionen knüpfen nicht an der Person eines Führers an, sondern an spezifischen Wirkungsweisen von Handlungen in sozialen Gruppen hinsichtlich bestimmter Folgendimensionen. Diese sind entweder extrovers ausgerichtet, wie z.B. die Funktion der „Repräsentation von Kollektiven" bei *Geiger*[61] , oder introvers wie die Funktionen der Aktivierung einer Gruppe zur Zielerreichung und der Stiftung von Gruppenzusammenhalt. Die funktionsbezogene Betrachtungsweise hat den Weg für eine rollentheoretische Konzeptionalisierung eröffnet, die in „Lokomotions- und Kohäsionsfunktion" von Führungsrollenspiel unterscheidet und z.T. eine Dualisierung von Führungsstrukturen analog zu diesen Funktionen feststellt[62] . Solche funktionstheoretischen Ansätze arbeiten aber noch mit einem zu wenig geklärten Funktionsbegriff, ebenso wie der Situationsbegriff in der Situations- und Interdependenztheorie theoretisch kaum fundiert ist.

Einen sehr umfassenden Analyserahmen zur Erforschung von Führung bieten *Morris* und *Seeman* an; wir haben ihn in Übersicht 51 reproduziert.

Leider handelt es sich dabei um eine bloße gegliederte Aufzählung von möglichen Faktoren; ein theoretisches zusammenhangstiftenden Paradigma fehlt.

Führung wird häufig als „Einflußhandeln" verstanden. Wir wollen hier nicht anzweifeln, daß durch *Führen* beeinflußt wird, aber doch etwas tiefer ansetzen und *Führung* als ein spezielles soziales Interpretations- und Interaktionsmuster, durch das Situationen definiert bzw. das in Situationen angewendet, „appliziert", wird, begreifen.

Ein kollektives Interpretationsmuster ist Führung auf der kognitiv-symbolischen Ebene, ein soziales Interaktionsmuster auf der Handlungsebene menschlichen Verhaltens. Führung ist als ein Strukturmuster bestimmter sozialer Interaktion Bestandteil basalen Alltagswissens und Alltagshandelns, deren Inhalte im Laufe von Sozialisationsprozessen erworben werden. Konkrete Erscheinungsformen von Führung in sozialen Gruppen, Organisationen und politischen Systemen sind dann stets Anwendungen dieses abstrakten Musters: eine Situation wird als Führungssituation interpretiert und in ihr dann auf der Basis gelernter Regeln agiert, wobei Art der Situation und der Kontext die konkreten Ausprägungen der Strukturen und Handlungen, d.h. auch die Rollenzuweisungen, mitbestimmen.

Das soziale Strukturmuster Führung besteht — wie andere soziale Interpretations- und Interaktionsmuster auch — aus Rollen und Szenen, die seine Grundregeln formulieren. Führung besteht aus Führer- und Geführtenrollen die durch Szenen — gleichsam Interak-

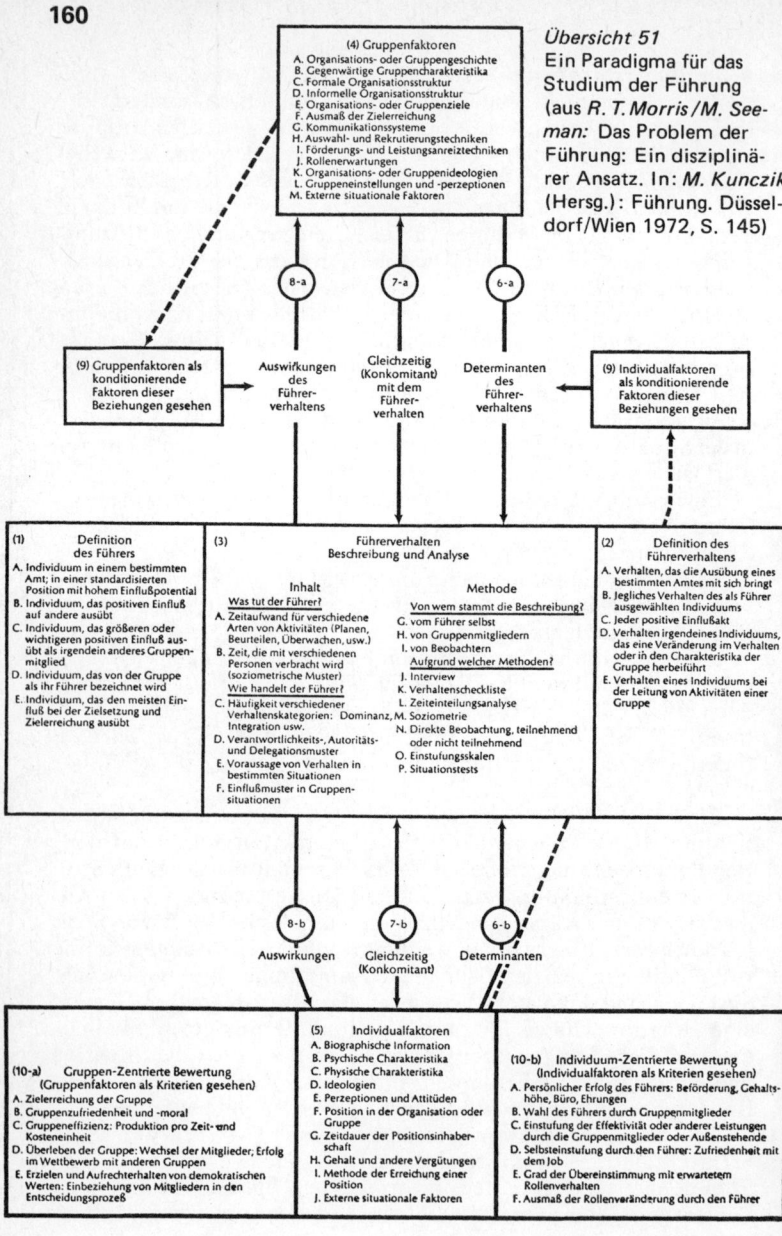

(4) Gruppenfaktoren
A. Organisations- oder Gruppengeschichte
B. Gegenwärtige Gruppencharakteristika
C. Formale Organisationsstruktur
D. Informelle Organisationsstruktur
E. Organisations- oder Gruppenziele
F. Ausmaß der Zielerreichung
G. Kommunikationssysteme
H. Auswahl- und Rekrutierungstechniken
I. Förderungs- und Leistungsanreiztechniken
J. Rollenerwartungen
K. Organisations- oder Gruppenideologien
L. Gruppeneinstellungen und -perzeptionen
M. Externe situationale Faktoren

Übersicht 51
Ein Paradigma für das Studium der Führung (aus *R. T. Morris / M. Seeman:* Das Problem der Führung: Ein disziplinärer Ansatz. In: *M. Kunczik* (Hersg.): Führung. Düsseldorf/Wien 1972, S. 145)

8-a 7-a 6-a

(9) Gruppenfaktoren als konditionierende Faktoren dieser Beziehungen gesehen

Auswirkungen des Führerverhaltens

Gleichzeitig (Konkomitant) mit dem Führerverhalten

Determinanten des Führerverhaltens

(9) Individualfaktoren als konditionierende Faktoren dieser Beziehungen gesehen

(1) Definition des Führers
A. Individuum in einem bestimmten Amt; in einer standardisierten Position mit hohem Einflußpotential
B. Individuum, das positiven Einfluß auf andere ausübt
C. Individuum, das größeren oder wichtigeren positiven Einfluß ausübt als irgendein anderes Gruppenmitglied
D. Individuum, das von der Gruppe als ihr Führer bezeichnet wird
E. Individuum, das den meisten Einfluß bei der Zielsetzung und Zielerreichung ausübt

(3) Führerverhalten Beschreibung und Analyse

Inhalt
Was tut der Führer?
A. Zeitaufwand für verschiedene Arten von Aktivitäten (Planen, Beurteilen, Überwachen, usw.)
B. Zeit, die mit verschiedenen Personen verbracht wird (soziometrische Muster)
Wie handelt der Führer?
C. Häufigkeit verschiedener Verhaltenskategorien: Dominanz, Integration usw.
D. Verantwortlichkeits-, Autoritäts- und Delegationsmuster
E. Voraussage von Verhalten in bestimmten Situationen
F. Einflußmuster in Gruppensituationen

Methode
Von wem stammt die Beschreibung?
G. vom Führer selbst
H. von Gruppenmitgliedern
I. von Beobachtern
Aufgrund welcher Methoden?
J. Interview
K. Verhaltenscheckliste
L. Zeiteinteilungsanalyse
M. Soziometrie
N. Direkte Beobachtung, teilnehmend oder nicht teilnehmend
O. Einstufungsskalen
P. Situationstests

(2) Definition des Führerverhaltens
A. Verhalten, das die Ausübung eines bestimmten Amtes mit sich bringt
B. Jegliches Verhalten des als Führer ausgewählten Individuums
C. Jeder positive Einflußakt
D. Verhalten irgendeines Individuums, das eine Veränderung im Verhalten oder in den Charakteristika der Gruppe herbeiführt
E. Verhalten eines Individuums bei der Leitung von Aktivitäten einer Gruppe

8-b 7-b 6-b

Auswirkungen

Gleichzeitig (Konkomitant)

Determinanten

(10-a) Gruppen-Zentrierte Bewertung (Gruppenfaktoren als Kriterien gesehen)
A. Zielerreichung der Gruppe
B. Gruppenzufriedenheit und -moral
C. Gruppeneffizienz: Produktion pro Zeit- und Kosteneinheit
D. Überleben der Gruppe: Wechsel der Mitglieder; Erfolg im Wettbewerb mit anderen Gruppen
E. Erzielen und Aufrechterhalten von demokratischen Werten: Einbeziehung von Mitgliedern in den Entscheidungsprozeß

(5) Individualfaktoren
A. Biographische Information
B. Psychische Charakteristika
C. Physische Charakteristika
D. Ideologien
E. Perzeptionen und Attitüden
F. Position in der Organisation oder Gruppe
G. Zeitdauer der Positionsinhaberschaft
H. Gehalt und andere Vergütungen
I. Methode der Erreichung einer Position
J. Externe situationale Faktoren

(10-b) Individuum-Zentrierte Bewertung (Individualfaktoren als Kriterien gesehen)
A. Persönlicher Erfolg des Führers: Beförderung, Gehaltshöhe, Büro, Ehrungen
B. Wahl des Führers durch Gruppenmitglieder
C. Einstufung der Effektivität oder anderer Leistungen durch die Gruppenmitglieder oder Außenstehende
D. Selbsteinstufung durch den Führer: Zufriedenheit mit dem Job
E. Grad der Übereinstimmung mit erwartetem Rollenverhalten
F. Ausmaß der Rollenveränderung durch den Führer

tionsprogramme — aufeinander bezogen werden. Szenen dienen wie Rollen der Handlungsstandardisierung in jeweils bestimmten Situationen. Die Besetzung solcher Führer- und Geführtenrollen ist in Organisationen z.T. formal vordefiniert, z.T. geschieht ihre konkrete Entwicklung aber erst im Laufe der organisationalen Interaktion konkreter Organisationsmitglieder.

Welche spezifischen Funktionen hat nun dieses Interaktions- und Interpretationsmuster „Führung"? Interaktionsmuster besitzen eine selektive Kraft, die daraus resultiert, daß sie Basisregeln für den Umgang miteinander sowie Handlungspotentiale für die involvierten Individuen bereitstellen. Eine Vielzahl solcher Muster erhalten eine weitere selektive Potenz durch eine Differenzierung der konstituierenden Rollen und der Einrichtung asymmetrisch aufgebauter Szenen. Zu dieser Art von Muster gehört auch Führung. Führung schafft ungleichgewichtige Potentiale zur Bestimmung zukünfiger Handlungen. Dabei ist Führung ein besonders offenes Interaktionsmuster. Es wählt zunächst nur Möglichkeiten für weitere Wahlen und weist solche Potentiale überproportional dem Inhaber der Führerrolle zu. Führen heißt also zunächst einmal reduzieren von Komplexität und Kontingenz. Geführtwerden heißt Übernahme der so fremdreduzierten Komplexität und Kontingenz. Eine erste führungsspezifische Funktion besteht also in der *Leistung* von Selektionen für andere, was sich z.B. im Setzen von Entscheidungsprämissen ausdrückt. Fremdreduzierte Komplexität, die als Selektionsansinnen anderen angetragen wird, ist allerdings sowohl legitimationsbedürftig als auch potentiellen Annahmeverweigerungen ausgesetzt. Neben der Leistung dient nun etablierte Führung offenbar auch der *Durchsetzung* von Selektionen. Dies gilt gerade für Organisationen, in denen ja Handlungsbereiche, Normen, Verfahrensweisen formal vordefiniert sind. Dazu ist Führung mit den sozialen Kommunikationsverstärkern oder Kommunikationsmedien Macht und Autorität ausgestattet. Macht ist dadurch ein Kommunikationsverstärker, daß der Machthabende über ein sozial definiertes Potential an negativen und/oder positiven Sanktionen verfügt, welches allerdings nicht beliebig eingesetzt werden kann, wenn der Führer seine Legitimation nicht verlieren will. Autorität ist dadurch ein Kommunikationsverstärker, daß die Selektionen des „Autoritätshabenden" vermittelst unterstellter Gültigkeit („Wahrheit") angenommen werden. Macht und Autorität sind dabei in Grenzen funktional äquivalent. Sie sind also in Grenzen gegeneinander austauschbar.

In Organisationen sind zwei verschiedene Grundlagen der Macht bzw. Autorität typisch. Zum einen handelt es sich um von der Position her bestimmte Potentiale. Dabei ist nicht nur daran zu denken, daß z.B. Vorgesetztenpositionen qua Organisationsplan mit Einfluß-

162

überschüssen ausgestattet sind, sondern auch an Grenz- und Schaltstellen, die dem Positionsinhaber Macht verleihen. Stets sind dies Stellen, über die Ressourcen in das oder aus dem System geschleust werden. Dabei kann es sich um Informationsschaltstellen handeln, um Stellen, über die der Außenverkehr der Organisation gesteuert wird oder über die Finanzmittel in die Organisation hineingeleitet werden.

Das zweite große Potential liegt in der Expertenschaft bestimmter Organisationsmitglieder. In den sich ständig differenzierenden und spezialisierenden Organisationen kommt man nicht mehr ohne Expertenwissen aus. Die Professionalisierung unseres organisationa-

Übersicht 52   Einige hypothetische Verteilungen von Kontrolle aus: *Tannenbaum, A.S.:* Kontrolle in Organisationen. In: *K. Türk* (Herg.):Organisationstheorie. Hamburg 1975, S. 178)

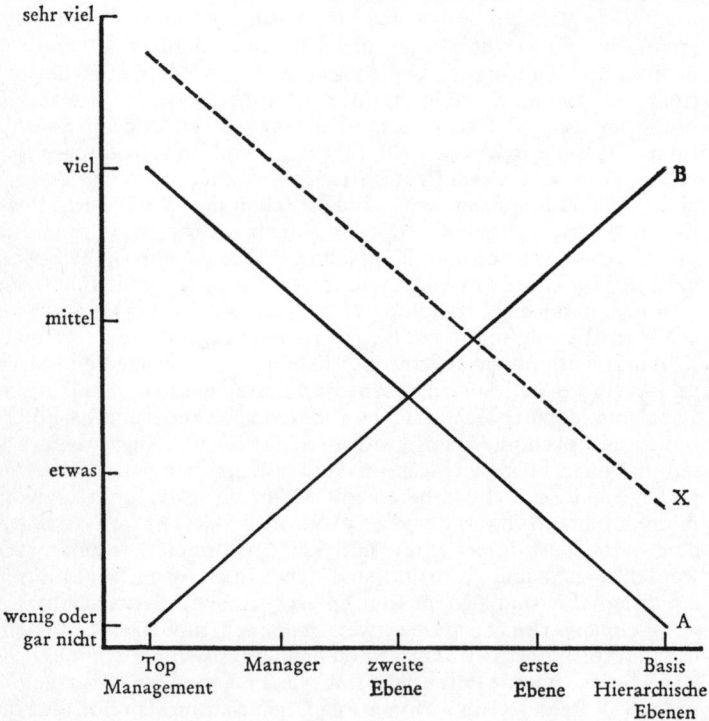

len Handelns verleiht den Spezialisten einen erheblichen Einfluß, der auch kaum durch Einräumung formaler Partizipations- oder Mitbestimmungschancen gebrochen werden kann. Spezialisten können in Organisationen faktisch eine Nebenhierarchie aufbauen, die die Einflußpotentiale der formal legitimierten Organisationsmitglieder im Extremfall ganz vernichten kann. Schon *Michels* beschrieb solche Prozesse der Oligarchisierung des Einflusses (vgl. Übersicht 39 auf S. 122).

Organisationale Machtstrukturen lassen sich in Kontrollkurven abbilden. Übersicht 52 zeigt einige Beispiele, wie sie in den Unter-

Übersicht 53 Konzentrationskurve der Machtverteilung (fiktives Beipiel)

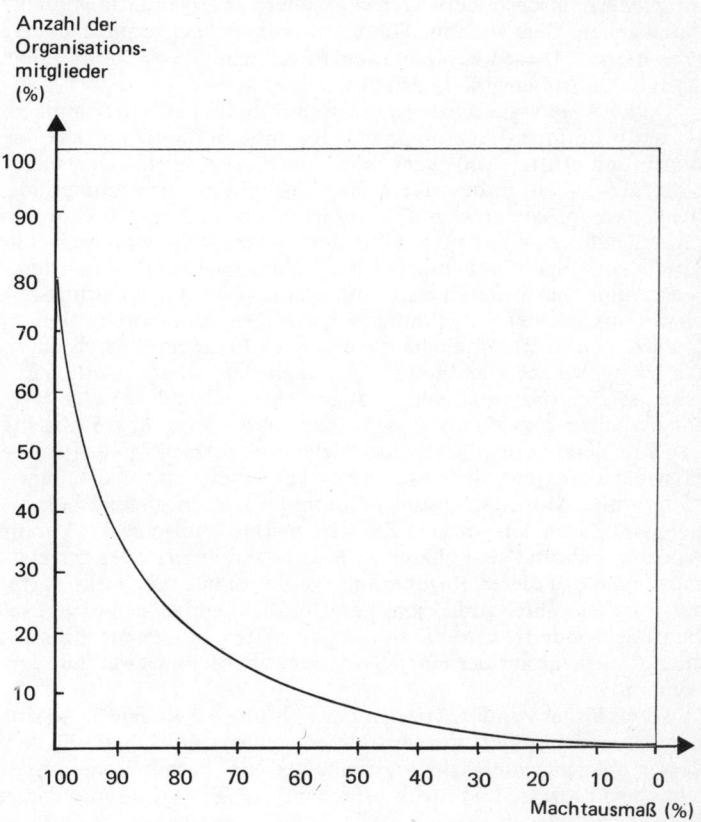

suchungen von *Tannenbaum* vielfach verwendet wurden. Die Gerade B bedeutet „Demokratie" in dem Sinne, daß die Basis gegenüber der Spitze stärkere Kontrollmittel zur Verfügung hat; A und X sind Abbildungen eher autokratischer Kontrollstrukturen. Machtverteilungen lassen sich auch in Konzentrationskurven verdeutlichen; Übersicht 53 zeigt dies schematisch auf. In diesem Beispiel besitzen z.B. 10 % der Organisationsmitglieder 60 % der Macht.

Eine weitere Führungsfunktion liegt nun darin, daß soziale Systeme der Außendarstellung bedürfen, bzw. darin, daß das einzel-Organisationsmitglied in komplexen Organisationen kaum die Chance oder das Vermögen hat, sich gegenüber anderen Organisationsmitgliedern, insbesondere auch gegenüber der Organisationsspitze, darzustellen. Eine wichtige Führungsfunktion liegt somit in der *Repräsentation*. Diese Repräsentationsfunktion muß sowohl im Innen- als auch im Außenverkehr erfüllt werden.

Da im Wege von Führungsprozessen fremdreduzierte Komplexität und Kontingenz übernommen wird, müssen für diejenigen (Geführte und Dritte, Außenstehende), die eigene Selektionen nicht vollzogen haben, insbesondere für Fehler Fremdzurechnungsmöglichkeiten vorhanden sein. Das Interaktions- und Interpretationsmuster Führung weist auch dafür einen sozialen Steuerungsmechanismus auf: den der *Verantwortung*. Verantwortung ist ein den Kommunikationsverstärkern reziproker sozialer Attribuierungsmechanismus, der der Zurechnung von Erfolgen insbesondere aber von Mißerfolgen dient. In einem gleichsam rückläufigen Prozeß zieht der Führer solche Handlungsfolgen auch sich, wobei Erfolg sein Durchsetzungspotential stärkt, Mißerfolg es schwächt. Verantwortung reguliert also Macht- und Autoritätsbeziehungen; ein Abschieben von Verantwortung brächte zugleich eine Macht- und Autoritätsverlagerung mit sich. Verantwortung kann somit überzogene Macht- und Autoritätsansprüche bremsen. Wegen dieser Funktionen wird durch den sozialen Zurechnungsmechanismus der Verantwortung Führung als kohärentes Muster stabilisiert oder gar erst möglich. Ohne diesen Regulierungsmechanismus, der Selektionsfolgen auf den Führer zurückschlagen läßt, handelte es sich nicht um Führung, sondern entweder um ein Verhältnis bloßen unverbindlichen Ratgebens auf der einen Seite oder um bloße Gewalt auf der anderen.

Wenn bisher von Funktionen der Führung die Rede war, so soll damit nicht suggeriert werden, daß es sich bei der Etablierung konkreter Führungsinteraktionssysteme stets um harmonische repressionsfreie Prozesse und Strukturen handelte. Funktionsnotwendige Führung entwickelt sich nur zu leicht zu repressiven Herrschaftssystemen. Dies liegt auch daran, daß es im Wesen der Führung liegt, daß sie nicht organisatorisch vorplanbar ist. Führungshandlungen sollen gerade nicht vordeterminierbare Handlungsfelder spontan durch Entscheidungen ausfüllen. Dadurch wird Führern Möglichkeit gegeben, Situationen und Kontextbedinungen subjektiv der eigenen Interessenlage gemäß zu definieren. Der Führungsbedarf einer Organisation, was den Bedarf an Leistung für Selektionen angeht, wird ja gerade durch das Ausmaß der Unbestimmbarkeit von Umweltereignissen bestimmt. Diese Art von Führungsbedarf wächst mit der Eigenkomplexität und notwendigen Eigenflexibilität des Organisationssystems, weiterhin mit dem Anwachsen von Umweltkomplexität und -kontingenz sowie mit einer Verringerung der Kompetenz des größten Teils der Organisationsmitglieder, was oben mit den Professionalisierungstendenzen bereits angedeutet wurde. Zugleich steigt mit dem Anwachsen der Komplexität der Organisationen auch der Durchsetzungsbedarf und der Repräsentationsbedarf. Damit müssen in vermehrter Weise Legitimationsgrundlagen für Führung geschaffen werden. Dies verweist auf das Problemfeld: „Organisation und Demokratie"[63]. Hier entsteht eine doppelte Fragestellung: Erstens: inwieweit läßt sich Führung in Organisationen demokratisch legitimieren? und zweitens: inwieweit läßt sich Führung durch Partizipation substituieren?

Führung ist dabei in dem dialektischen Spannungsfeld zwischen Entbürokratisierung und Willkür angesiedelt. Hochformalisierte und hochstandardisierte Systeme bedürfen der Führung nur in geringem Maße. Eine Entbürokratisierung durch Schaffung von Unbestimmtheiten und Handlungsfreiräumen läßt den Führungsbedarf dagegen anwachsen, was aus der Sache selbst heraus mit der Eröffnung von Möglichkeiten zur Willkür verbunden ist.

Die bisher bekannten Modelle der (formalen) Demokratisierung von Organisationen, wie sie etwa *Naschold* diskutiert hat, scheitern im wesentlichen gerade daran, daß versucht wird, auf dem *Verfahrenswege* Demokratie einzuführen, d.h. Führung in Organisationen durch formale Verfahren zu legitimieren und im Zaume zu halten, was dann in der Regel entweder zu einer Verselbständigung der Führungsgruppe gegenüber der Basis und zu einer Oligarchisierung des Einflusses führt oder zu einer aus Kontrollgründen übermäßigen Verfahrensreglementierung der Führer, die dann nur noch „Sachzwänge" verwalten können. Demokratie erstickt hier dann in ihrer eigenen Formalität.

In ähnlicher Weise sind die Demokratisierungspotentiale durch Partizipation zur Zeit skeptisch zu beurteilen. Eine Mitwirkung aller Beteiligten an organisationalen Entscheidungsprozessen von Gewicht setzt neben einer Partizipationsbereitschaft auch eine Partizipationskompetenz voraus, Es ist kaum zu erwarten, daß in absehbarer Zeit der Trend zur mit der Professionalisierung verbundenen fachlichen Elitenbildung abbrechen wird und daß alle Organisationsmitglieder in die Lage versetzt werden, fachkompetent zu partizipieren. Hier wird die Einräumung von Partizipationschancen wieder nur auf der formalen Ebene Demokratie schaffen, die faktisch — da nun scheinbar demokratisch legitimiert — die Macht der „professionals" verstärkt wird. Der Ruf nach Entbürokratisierung unserer komplexen Organisationen mag zwar berechtigt sein, nur darf man nicht meinen, daß man faktische Machtkonzentrationsprozesse durch Abbau von Reglementierungen schon verhindern kann. Es wäre weiterhin noch zu untersuchen, inwieweit unsere komplexen Organisationssysteme selbst überhaupt partizipationsfähig sind; vermutlich wird man eine materielle Demokratisierung nur über eine Segmentierung von Organisationen erreichen. Dies ist aber angesicht der Gesellschaftsstrukturen ein eher utopisches Ansinnen.

d) Organisationale Dysfunktionen

Wir haben an mehreren Stellen dieser Einführung bereits organisationale Dysfunktionen gestreift. So war z.B. die Rede von einer „Dialektik von Steuerungsfunktion und Instrumentalfunktion" der Organisation oder von der Entwicklung repressiver Herrschaft. Im Rahmen einer Mikroanalyse lassen sich solche „pathologischen" Strukturen und Prozesse im Detail in ihrer Feinwirkung aufspüren. Mehr als eine knappe Skizze können wir an dieser Stelle allerdings nicht leisten[64].

Wesentliche dysfunktionale Potentiale lassen sich in folgenden pathologischen Grundmustern lokalisieren:

(1) *Überkomplizierung*

Eine Überkomplizierung liegt dann vor, wenn die Organisationsstrukturen oder das für ein Organisationsmitglied relevante Handlungsfeld so komplex sind, daß sie die kognitive Informationsverarbeitungskapazität des Individuums überfordern.

Die kann im einzelnen heißen:

● *strukturelle Überlastung*. Diese liegt bei übermäßiger Vielfalt vor, also z.B. dann, wenn die Organisation zu groß und unüberschaubar wird, wenn die Aufgabenkomplexität zu wenig reduziert worden ist oder wenn die Kontrollspanne von Vorgesetzten zu groß ist.

● *strukturelle Ambivalenz*. Im Gegensatz zur strukturellen Überlastung wird bei der strukturellen Ambivalenz nicht die zu berücksichtigende Vielfalt, sondern die Unsicherheit zu groß. Es entstehen damit Rollenambiguitäten. Ursachen dafür sind z.B. unklare Zweckvorgaben, mangelhafte Ausbildung, fehlende Informationsrückmeldungen oder auch mangelhafte Kompetenzabgrenzungen.

● *strukturelle Widersprüchlichkeit.* Strukturelle Widersprüchlichkeit als dritte Form schafft deshalb eine Überkomplizierung, weil Widersprüche in den Anforderungen in der Regel ein übergroßes Feld von Handlungsalternativen produzieren bzw. Ungewißheit über Handlungsfolgen beinhalten. Solche strukturellen Widersprüche sind z.B. in Rollen- oder Abteilungskonflikten zu finden.

(2) *Übersteuerung*

Ein zweites pathologisches Grundmuster ist die Übersteuerung des Individuums, die darin besteht, daß die Organisationsstrukturen zur Reduktion von Komplexität und Kontingenz die Eigenkomplexität des Individuums erheblich unterschreiten.
Erscheinungsformen sind:

● *strukturelle Simplizität.* Die strukturelle Simplizität hat ihr pathologisches Potential in einer Unterforderung der Persönlichkeiten, die durch monotone, stark routinisierte, repetitive oder kurzzyklische Tätigkeiten entstehen kann.

● *strukturelle Rigidität.* Während die strukturelle Simplizität in zu geringen Anforderungshöhen sich ausdrückt, handelt es sich bei der strukturellen Rigidität um eine übermäßige Verringerung der Varianz von Handlungsmöglichkeiten. Es kann sich dabei auch durchaus um hohe Anforderungen handeln, die aber im Extremfall keine Bandbreite vorsehen. Daran liegt z.B. unter anderem die Starrheit der Bürokratie begründet.

● *strukturelle Repressivität.* Strukturelle Repressivität liegt dann vor, wenn durch die Organisationsstrukturen ein nur zu geringer Ausschnitt aus dem Handlungsrepertoire der Individuen aktualisiert werden kann, die „Partialinklusion" also zu stark beschränkt ist. Dies kann z.B. durch übermäßige Differenzierung in der Organisation geschehen.

(3) *Überstabilisierung*

Von einer Überstabilisierung der Organisation spricht man dann, wenn im Bewußtsein der Organisationsmitglieder ausgeblendet wird, daß es sich bei Organisationen um Menschenwerk handelt, das prinzipiell zur Disposition steht, verändert, abgeschafft, neu etabliert werden kann. Die Organisation erscheint dann als objektive Faktizität, der man gleichsam wie einem Naturereignis unter-

worfen ist. Zwei Erscheinungsformen der Überstabilisierung
sind hier zu unterscheiden:

● *Verselbständigung.* Verselbständigung bedeutet, daß die Organisation als eigengesetzliche Entität betrachtet und erlebt wird. Dies
ist ein Entfremdungszustand, in dem der Mensch nicht mehr sein
eigenes Werk als solches erkennt. Diese pathologische Erscheinungsform kann z.b. durch fehlende Entscheidungspartizipation,
durch Verselbständigung von Hierarchien („Amtsautorität") und
Rollen (man verhält sich nur noch als Rollenträger, z.b. „als
Abteilungsleiter"), wie insbesondere durch starke Formalisierung
entstehen.

● *Verdinglichung.* Verdinglichung stellt gegenüber der Verselbständigung eine Steigerung insofern dar, als nun die verselbständigte Organisation im Bewußtsein der handelnden Menschen
Priorität erlangt, so daß das Organisationsmitglied in die Abhängigkeit eines eigenen Produktes gerät. Ausdruck des Vorliegens eines
solchen pathologischen Musters ist z.b. die Rede vom „Sachzwang"
oder von dem von den Individuen abgelösten „Organisationsziel", das es in jedem Falle zu erreichen gelte.

Der pathologische Charakter von Organisationsstrukturen
kommt nun in Verhaltensstörungen zum Ausdruck. Solche Störungen lassen sich in verschiedenen Dimensionen lokalisieren.

Typischerweise sind dies

● *Orientierungsstörungen,* die als Unsicherheit, undifferenzierte
Informationsverarbeitung oder auch als apathisches Verhalten in Erscheinung treten.

● *Motivationsstörungen,* die sich z.b. in emotionaler Bindungs-
schwäche oder auch ritualisiertem Verhalten niederschlagen.

● *Identitätsstörungen,* die durch fehlende Möglichkeiten zur Präsentation der eigenen Persönlichkeit ausgezeichnet sind und zu
mangelnden Selbstwertgefühlen führen können.

● *Konformitätsstörungen,* welche sich z.b. in Leistungsbeschrän-
kungen, Rebellion oder Aufkündigung der Mitgliedschaft ausdrük-
ken können.

● *Abstimmungsstörungen* zwischen Kommunikations- und Interaktionspartnern, was Konfliktverhalten, Kommunikationsabbruch
oder auch Wertunsicherheit bedeuten kann.

● *Etablierungsstörungen,* was heißt, daß es aufgrund organisations-
struktureller Mängel nicht zur Bildung von funktionsfähigen sozia-

len Interaktionssystemen kommt, sondern u.U. zur Isolation von Organisationsmitgliedern führt.

● *Kooperationsstörungen,* die in Informationsmanipulationen, Konkurrenzdenken oder gar Sabotage sich manifestieren können.

Man kann nun nicht davon ausgehen, daß unmittelbar nach Auftreten einer pathologischen Ursache in direkter Weise irgendeine bestimmte Störung auftritt, sondern hat sich diese Zusammenhänge vielmehr als dynamische Prozesse vorzustellen. So können durch pathologische Strukturen verursachte Spannungen u.U. auch durch spezifische Mechanismen absorbiert werden. Andererseits kann es bei der Thematisierung der pathologischen Erscheinungen im Verhalten zu folgenden Änderungen kommen:

● *Intensitätsänderungen;* so können sich z.B. leichte Motivationsstörungen zu Motivationskrisen oder -verlusten verstärken. Ebenso sind rückläufige De-Eskalationsprozesse feststellbar.

● *Verschiebungen;* damit ist der Sachverhalt angesprochen, daß Spannungsverhalten sich nicht zur Zeit, nicht am geographischen Ort, nicht am Objekt oder nicht am Träger der Verursachung zeigen muß, sondern daß Zeit-, Orts-, Objekt- oder Adressatverschiebungen eintreten können. Dies ist eine in der Konfliktforschung geläufige Erkenntnis.

● *Wirkungsfortpflanzungen;* schließlich können sich Verhaltensstörungen auf andere Bereiche oder andere Personen übertragen. Das kann durch Verschiebungen oder Eskalationsprozesse begünstigt werden. In der Regel reicht aber schon die Betroffenheit aus.

Verhaltensstörungen schlagen sich als „Kosten" nieder. Hier kann man je nach Zieldimension unterscheiden in

● *Herrschaftskosten.* Dies sind Kosten, die bei einer optimalen Organisationsstrukturierung nicht anfielen, sondern nur dann, wenn pathologische Strukturen aufrechterhalten werden, d.h. dann, wenn man die Inkongruenz zwischen Organisationsstruktur und Persönlichkeitsstrukturen in Kauf nimmt, sie „erkauft". Diese Kosten erscheinen als Aufwandserhöhungen oder Ertragseinbußen wie z.B. im Sinne von „Mängelkosten" (Fluktuationskosten, Leistungsrestriktion, Qualitätsminderung, Sabotage, schlechte Entscheidungsqualität) oder „Kompensationskosten", welche einmal darin bestehen, daß finanzielle Anreize erhöht werden müssen, um Mitgliedschaften und Leistungsniveau zu erhalten; zum anderen schlagen sie als zusätzliche Kontrollkosten zu Buche, weil z.B. Motivationsverluste, Kooperationsstörungen oder Orientierungskrisen einen erhöhten Kontrollaufwand erfordern.

Übersicht 54 Folgen der Überkomplizierung

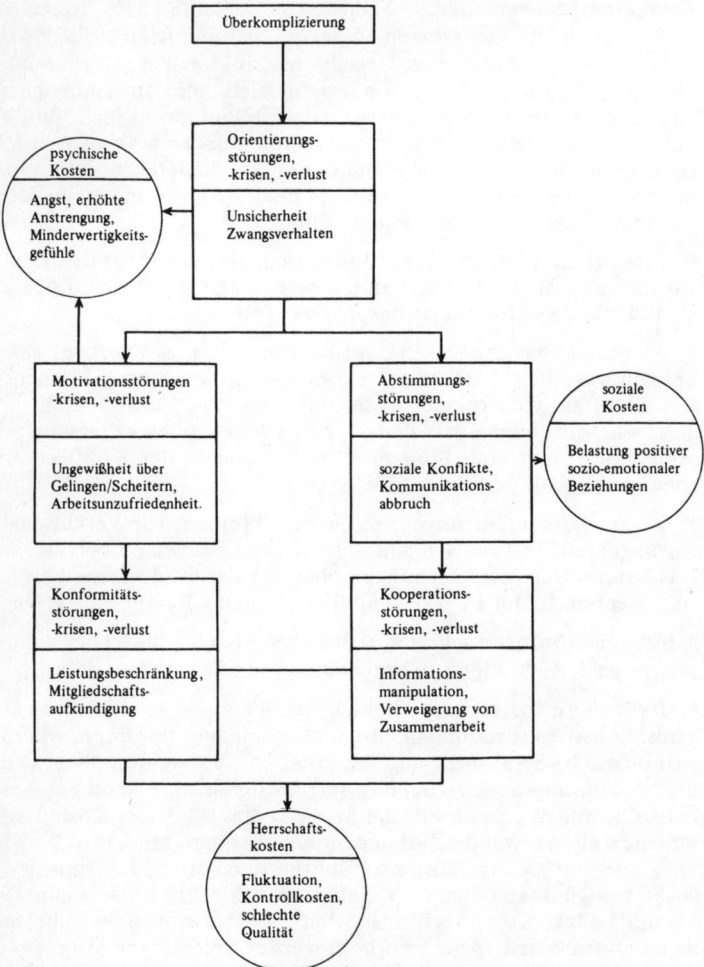

Übersicht 55 Folgen der Übersteuerung

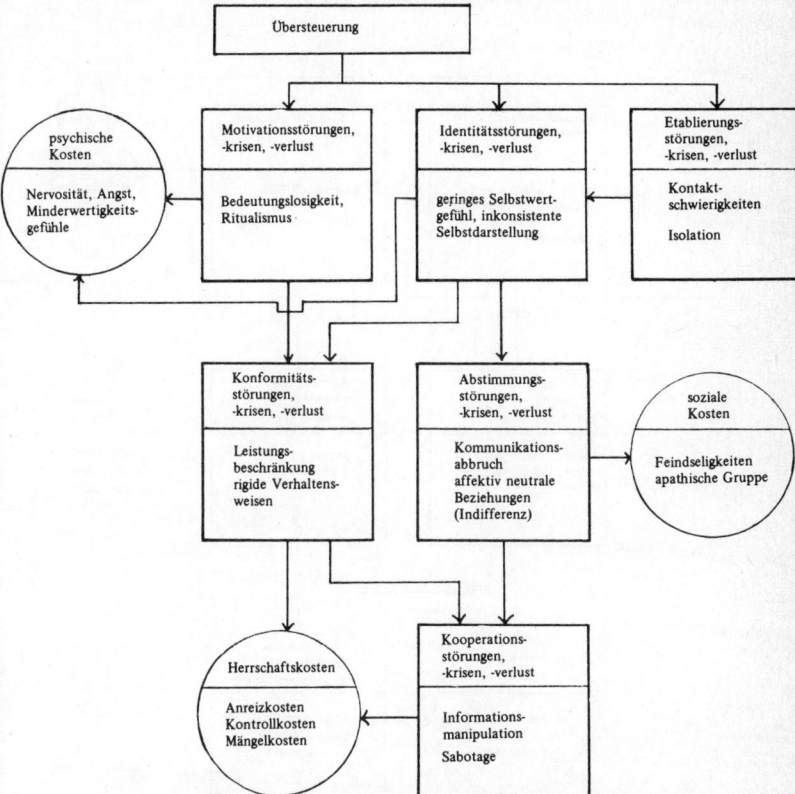

● *Psychische Kosten.* Hierzu zählen auf seiten des Individuums Frustrationen, erhöhte Anstrengungen zur Überwindung von Motivationsstörungen sowie auch psychische Störungen, wie Angst, Minderwertigkeitsgefühle, empfundene Nutzlosigkeit bis hin zur Geisteskrankheit, die im wesentlichen auf Orientierunngs- und Identitätsverluste zurückzuführen ist.

● *Soziale Kosten.* Damit ist in diesem Falle gemeint, daß z.B. Arbeitsbeziehungen nur unter Preisgabe positiver sozio-emotionaler Beziehungen weiter aufrechterhalten werden können, daß die „Gruppenpersönlichkeit" („Syntalität") beschädigt oder daß etwa die Kompensationsfähigkeit sozialer Gruppen für Frustrationen und Konfliktpotentiale überstrapaziert wird.

172

Übersicht 56 Folgen der Überstabilisierung

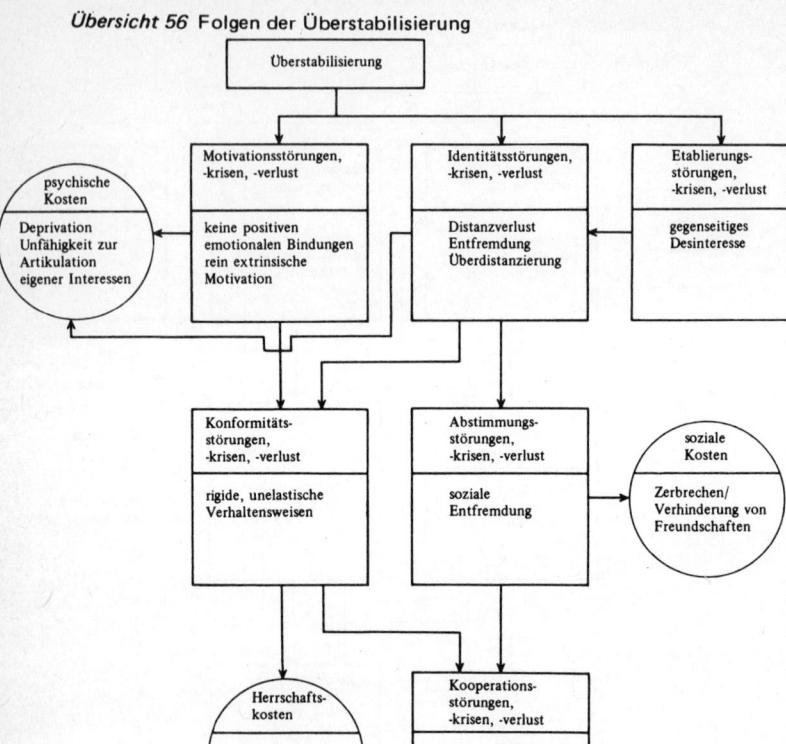

Die Zusammenhänge zwischen Ursachen, Störungen, dynamischen Prozessen und Kosten aufzudecken, ist nun Aufgabe einer Pathologie der Organisation. Zu einem nicht geringen Teil steht die Forschung hier erst im Anfang. Einige typische Verläufe, wie sie sich aufgrund der bisherigen Forschung darstellen, enthalten die Übersichten 54, 55 und 56.

e) Organisationsentwicklung

Mit „Organisationsentwicklung" meint man nicht den Sachverhalt, daß Organisationen sich ständig verändern, ständig in Entwicklung sind, sondern man versteht darunter den geplanten innovativen Wandel von Organisationen durch zielgerichtete, systematische und von wissenschaftlichen Methoden begleitete und kontrollierte Intervention in das Organisationsgeschehen.

In den letzten Jahren ist auf diesem Gebiet eine umfangreiche Literatur erschienen; die Abgrenzung verschiedener Ansätze und Konzeptionen ist dabei häufig aber rein künstlich. Inzwischen hat sich in der Theorie und Praxis der Organisationsentwicklung die Ansicht durchgesetzt, daß man in aller Regel nur durch ein „Methoden-Mix" solche Wandlungsprozesse erfassen bzw. durchführen kann.

Die Organisationsentwicklung ist prinzipiell ein gesteuerter Lernvorgang, der aber nicht nur zum Ziel hat, Verhaltensänderungen bei den Organisationsmitglieder hervorzurufen, sondern auch deren Lern- und Änderungsfähigkeit zu trainieren, um Wandlungsprozesse nach einer Eingangsphase selbst tragen zu können.

In der Literatur ist eine Reihe von Stufen- oder Phasenschemata solcher Entwicklungsprozesse zu finden. Je nach Differenzierung läßt sich die Phasenanzahl dabei beliebig erhöhen (wodurch sich beliebig viele „Ansätze" entwickeln lassen). So unterscheidet das Modell des Niederländischen Pädagogischen Instituts — Institut für Organisationsforschung folgende fünf Phasen[65]:

„1. Die Orientierungs(entree-)Phase: der erste Kontakt kommt zustande zwischen dem Entwicklungshelfer und denjenigen aus dem Klienten-System, die um Hilfe gebeten haben.

Während dieser Phase müssen die Ausgangs-Probleme, um die es sich in der betreffenden Organisation handelt, deutlich werden. Gleichzeitig kann ein Vertrauensverhältnis entstehen als Voraussetzung für die gemeinsame Entscheidung von Klient und Entwicklungshelfer, die Beziehung aufrechzuerhalten.

2. Die Phase des *Erarbeitens einer globalen Zukunftskonzeption und der Situationsdiagnose:* Anhand von Entwicklungskonzeptionen wird eine Standortbestimmung der Organisation vorgenommen; gleichzeitig versucht man zu umschreiben, in welche Richtung sich die Organisation weiter entwickeln könnte. Eine Situationsdiagnose im Klienten-System wird mit der Absicht erstellt, die bestehende Situation als Produkt früherer Konzeptionen zu verstehen. Möglichkeiten und Beschränkungen im Hinblick auf eine weitere Entwicklung werden hierdurch sichtbar. Ein globales Leitbild für die Entwicklung der Organisation wird formuliert.

3. Die Phase der *operationalen Zielsetzungen und Analysen:* Das globale Leitbild, das in der zweiten Phase formuliert wurde, wird zu operationalen Zielsetzungen verdichtet. Operationale Analysen werden durchgeführt, um Einsicht in das tatsächliche Funktionieren der Organisation zu bekommen und die Bedingungen festzulegen, unter denen die Ziele erreicht werden können. Danach kann die Wahl konkreter Veränderungsprojekte stattfinden.

4. Die Phase der *experimentellen Projekte und Situationen:* Die in der vori-

gen Phase gewählten konkreten Veränderungsprojekte müssen geplant werden. Gleichzeitig werden experimentelle Situationen vorbereitet, in denen man Erfahrungen mit den neuen Arbeitsmethoden machen kann. Wenn die Pläne fertig und die experimentellen Situationen vorbereitet sind, kann mit der Realisierung begonnen werden. 5. *Realisierungsphase:* Die Veränderungen werden schrittweise durchgeführt. Organisationsentwicklung als kontinuierlicher Prozeß wird in der Organisation verankert."

Zu dem vielfältigen interventionistischen Instrumentarium gehören insbesondere[66]:

● *diagnostische Aktivitäten:* dazu gehören alle Aktivitäten zur Feststellung der momentanen Situation einer Organisation. Dabei wird das klassische Instrumentarium aus Interviews, Fragebogen, Datenanalyse und Gesprächen angewendet.

● *Gruppenbildungsaktivitäten:* dies sind solche Aktivitäten, die der Effizienzsteigerung von Organisationsgruppen dienen sollen. Dazu kann man je nach Fragestellung die unterschiedlichsten Arbeitsgruppen zusammenstellen.

● *Intergruppen-Aktivitäten:* dazu gehören solche Verfahren, die die Beziehungen zwischen Gruppen verbessern sollen. Dabei werden die Transaktionsbeziehungen zwischen diesen Gruppen analysiert und effizienzfördernde Verhaltensweisen eingeübt.

● *Survey-feedback-Aktivitäten:* Hierbei geht es um eine genaue Analyse von Ursachen des bisherigen Organisationszustandes. Jede Verhaltensänderung wird dabei wieder in ihren Wirkungen mit den Beteiligten durchdiskutiert.

● *Ausbildungsaktivitäten:* dazu gehören alle Arten von Trainingsveranstaltungen zur Verbesserung von Fähigkeiten und Fertigkeiten aufgabenbezogener und sozialer Art, also z.B. Trainingsgruppen, Rollenspiel, Fallstudie.

● *Techno-strukturelle Aktivitäten:* Hier wird versucht, durch technische oder strukturelle Innovationen eine Organisation effektiver zu machen.

● *Prozeßberatung:* durch Prozeßberatung soll der „Klient" in die Lage versetzt werden, die organisationalen Prozesse wahrzunehmen, zu verstehen und selbst zu verändern. Besonderes Schwergewicht wird dabei auf Kommunikations- und Führungsprozesse gelegt wie auch auf Problemlösung und Entscheidungsfällung in Gruppen.

● *„Grid"-Methoden:* dabei handelt es sich um Trainingsmethoden, die den Führungsstil von Managern verbessern sollen. Sie orientieren sich an dem sogenannten „Managerial Grid" von *Blake* und *Mouton*, die in einem zweidimensionalen „Verhaltensgitter" aufgabenorientiertes bzw. mitarbeiterorientiertes Führungsverhalten schematisch abbilden.

● *Friedensstiftung durch Dritte:* In diesem Fall ist es die Aufgabe des „change agents", Konfliktlösungen innerhalb von Organisationen zu ermöglichen.

● *Einführung von Planungssystemen:* Schließlich kann der Entwicklungshelfer im Wege der Organisationsberatung versuchen, in einer Organisation Verfahren zur Personal- oder Organisationsplanung einzuführen.

Es liegt auf der Hand, daß Organisationsentwicklung mit ihrem verhaltensändernden Instrumentarium nie interesse- oder wertfrei verwendet werden kann. Organisationsentwicklung ist stets ein politischer Prozeß. Sie kann je nach Macht- und Interessenlage sowohl zur Erreichung besserer Fügsamkeit der Organisationsmitglieder als auch unter emanzipatorischem Interesse zur Erreichung höherer Freiheits- und Selbstentfaltungsgrade eingesetzt werden. Der Sozialwissenschaftler kann sich spätestens auf diesem Feld nicht mehr hinter einer Wertfreiheitsideologie verstecken.

II. Differentielle Organisationssoziologie

Die Aufgabe der Differentiellen Organisationssoziologie ist zweifacher Art. Einmal soll sie erforschen, ob es sinnvoll identifizierbare verschiedene Organisationsarten oder -typen gibt, die sich so stark voneinander unterscheiden, daß diese Differenzen soziale Relevanz besitzen. Insofern würde die Differentielle Organisationssoziologie Vorarbeit für Spezielle Organisationssoziologien leisten, deren Existenzberechtigung sie damit zu liefern hätte.

Die zweite Fragestellung liegt darin, inwieweit durch den Vergleich verschiedener Organisationsarten über Organisationen im allgemeinen Erkenntnisse gewonnen werden können.

Wir können die Differentielle Organisationssoziologie also trennen in die typologisierende und in die vergleichende Organisationssoziologie.

1. Typologisierende Organisationssoziologie

Wenn wir eine Schale voll von verschiedenstem Obst vor uns haben, können wir auf vielfältige Weise unterschiedliche Teilmengen bilden. So können wir z.b. die traditionellen Bezeichnungen übernehmen und in Äpfel, Birnen, Pflaumen, Bananen, Apfelsinen usw. differenzieren. Wir können aber auch Teilmengen nach den Kriteriumspaaren: groß – klein, süß – sauer, weich – fest etc. bilden oder eine Unterscheidung nach der Farbe vornehmen, nach dem Reifegrad oder der Anzahl der Kerne bzw. Steine. Wir können aber auch all diese Kriterien gemeinsam verwenden und versuchen, jedes Stück Obst in jede Kriteriumsdimension einzuordnen.

Im ersten Falle würden wir eindimensional, im zweiten Falle mehrdimensional vorgehen. In analoger Weise können wir mit den Organisationen verfahren. Man kann einmal die traditionelle Bezeichnung aus der Umgangssprache verwenden und so z.B. Betriebe, Kirchen, Parteien, Verwaltungen und Gangsterorganisationen unterscheiden. Damit nennen wir aber explizit weder das Charakteristikum dieser jeweiligen Organisationsarten noch deren Unterschiede.

Für wissenschaftliche Untersuchungszwecke ist die Explikation und Kenntnis der differentiae specificae aber unerläßlich. Zudem ist es offenbar, daß z.B. Betrieb nicht gleich Betrieb ist, sondern daß hier wieder vielfältigste Unterscheidungen – auch im Alltagsleben – getroffen werden können.

In der Organisationssoziologie (bzw. -theorie) gibt es nun eine Reihe von Typologisierungsversuchen.

a) Eindimensionale Typologisierungen

Je nachdem auf welcher Ebene man ansetzt, sind auch hier makro-, meso- und mikrosoziologisch orientierte Differenzierungen zu finden.

(1) Makrosoziologisch orientierte Typologisierungen

Zu den makrosoziologisch orientierten Klassifikationen gehören die Differenzierungen von *Parsons, Katz/Kahn* sowie *Blau/Scott.*

Parsons[67] unterscheidet – wir haben dies bereits vorn gesehen – Organisationen nach ihrer gesamtgesellschaftlichen Funktion. Danach existieren:

● *Organisationen mit adaptiven Funktionen;* dies sind solche mit primär ökonomischer Ausrichtung, also instrumentell konzipierte Betriebswirtschaften;

● *Organisationen mit zielimplementierender Funktion;* darunter faßt *Parsons* politische Organisationen wie Regierungsorgane, aber auch andere, die der Allokation von Macht dienen. Insofern subsummiert er auch z.b. das Bankensystem unter diese Kategorie;

● *Organisationen mit integrativer Funktion;* hierzu zählen solche Organisationen, die eine Konfliktregulierung besorgen oder Willensbildungsprozesse organisieren, also z.b. Gerichte, politische Parteien, Interessengruppen;

● *Organisationen mit strukturerhaltender Funktion;* dies sind z.B. Kirchen und Schulen.

Das eindimensionale Schema von *Parsons* bleibt allerdings deshalb etwas unbefriedigend, weil die verschiedenen Organisationen durchaus unterschiedliche Funktionen zugleich erfüllen können. So dienen z.b. Schulen neben der Strukturerhaltung auch der Integration und der Zielimplementierung.

Katz/Kahn[68] differenzieren Organisationen in einem zweistufigen Verfahren. Zunächst unterschieden sie − ähnlich wie *Parsons* − hinsichtlich gesamtgesellschaftlicher Funktionen. In einem zweiten Schritt führen sie dann mehrere (mesosoziologische) Dimensionen ein. Im Moment interessiert uns die erste Stufe. Sie nennen:

● *Produktive oder ökonomische Organisationen,* also Betriebswirtschaften;

● *Erhaltungsorganisationen,* wie Schulen oder Kirchen;

● *Adaptive Organisationen,* worunter Universitäten und Forschungsinstitute fallen;

● *Politische Organisationen,* also Regierungsorganisationen, Verwaltungen, politische Parteien, Gewerkschaften.

Ihre Differenzierung basiert auf der Vorstellung, mit diesen vier Bereichen zugleich die Grundfunktionen, die in jedem System erfüllt werden müssen, erschöpfend erfaßt zu haben. Im Vergleich zu *Parsons* läßt sich eine gewisse Willkür bei der Funktionsbezeichnung nicht verleugnen.

Blau/Scott[69] schließlich unterscheiden gemäß ihrem „cui-bono-Kriterium":

● *gewerkschaftliche („mutual-benefit") Assoziationen,* deren Erträge allen Mitgliedern selbst zugute kommen; dazu zählen sie z.B. politische Parteien, Klubs, Standesorganisationen;

● *betriebswirtschaftliche Unternehmungen,* deren Erträge den Eigentümern zufließen;

- *Dienstleistungsorganisationen,* die zum Wohl der Klienten arbeiten (sollen), also Krankenhäuser, Schulen, soziale Institutionen;

- *am Gemeinwohl orientierte Organisationen,* die der Öffentlichkeit insgesamt Vorteile bringen sollen; hierunter subsummieren *Blau/Scott* das Militär, die Polizei, aber auch z.B. Forschungsorganisationen.

Ein Grundproblem dieser Typologie liegt darin, daß sie rein definitorisch tatsächliche Nutznießer und Ertragsempfänger verschleiert; so können z.b. Krankenhäuser durchaus tatsächlich weniger dem Patienten als vielmehr dem ökonomischen Ertrag ihrer Träger dienen, das Militär oder die Polizei kann für Partialinteressen weniger Personen eingesetzt werden, Forschungsorganisationen können mehr den Forschern als der Allgemeinheit Nutzen bringen usw.

(2) Mesosoziologisch orientierte Typologisierungen

Auf der mesosoziologischen Ebene finden sich häufiger mehr- als eindimensionale Klassifikationen. Aber wenn wir an die dargestellten Strukturtypen von *Burns/Stalker* oder *Bosetzky* denken, so handelt es sich dabei eigentlich doch nur um eine eindimensionale Betrachtungsweise. So wird bei *Burns/Stalker* auf der Dimension: „mechanistisch-organisch" und bei *Bosetzky* auf der Achse: „bürokratisch-assoziativ" differenziert. Beide verwenden ihre vielen Unterscheidungskriterien selbst nicht als Dimensionen, sondern sie tun so, als ob die Ausprägungen hinsichtlich dieser Merkmale mit einem Korrelationskoeffizienten von + 1.0 miteinander variieren[70].

(3) Mikrosoziologisch orientierte Typologisierungen

Auf mikrosoziologischer Ebene angesiedelt ist die Typologisierung von *Etzioni,* dessen Differenzierungskriterium — wie ausgeführt — die „compliance" ist, also die Art der Einflechtung der Organisationsmitglieder in die Organisation. Danach unterscheidet er:

- *Zwangsorganisationen:* Konzentrationslager, Gefängnisse, bewahrungsorientierte psychiatrische Anstalten;

- *utilitaristische Organisationen:* Industriebetriebe, Verwaltungen, Gewerkschaften, Militär in Friedenszeiten;

- *normative Organisationen:* Kirchen, ideologische politische Organisationen, freiwillige Organisationen wie Bruderschaften und Standesorganisationen.

Daneben kennt er aber auch Organisationen mit „dualer Struktur" wie z.B. die Mehrzahl der Gewerkschaften, die seiner Meinung nach sowohl utilitaristischer als auch normativer Art ist.

Wir haben bereits zu diesem Konzept vorn einige kritische Bemerkungen gemacht.

Alle eindimensionalen Konzeptionen leiden darunter, daß sie die Komplexität der realen Organisationen nicht recht einfangen. Deshalb dominieren seit einiger Zeit auch mehrdimensionale Ansätze.

b) Mehrdimensionale Typologisierungen

Es ist kennzeichnend für mehrdimensionale Typologisierungsversuche, daß sie — mehr oder weniger — auf allen drei Ebenen Unterscheidungskriterien bilden. Schwerpunktartig ist allerdings eine mesosoziologische Orientierung an den Organisationsstrukturen festzustellen.

Häufig verwendete Kriterien sind dabei z.B.: Komplexität, Technologie, Ausmaß der Formalisierung, Zielklarheit, Autoritätsstruktur oder die organisationsspezifischen Umweltverhältnisse.

Einen der aufwendigsten — aber trotzdem wenig ergiebigen — Versuche, zu einer Taxonomie von Organisationen stammt von *Haas, Hall* und *Johnson*[71]. Sie haben 75 verschiedene Organisationen im Hinblick auf an die 100 Variablen untersucht und jeweils solche Organisationen zu einer Klasse zusammengefaßt, die in dieser empirischen Studie gleiche Merkmalsausprägungen aufwiesen. Auf diese Weise gelangten sie zu 10 verschiedenen Klassen von Organisationen.

Gegen ein solches Unterfangen kann wohl zu Recht eingewendet werden, ob man auf diese Weise überhaupt die wirklich relevanten Faktoren erfaßt. Zudem ist die Unvollständigkeit zu bemängeln; offenbar bekamen *Haas, Hall* und *Johnson* nicht von jeder Organisation die benötigten Informationen hinsichtlich jedes Merkmals oder aber die Merkmale sind nicht universell verwendbar.

In aller Regel werden mehrdimensionale Typologisierungen aber nicht aus taxonomischen Gründen, sondern unter dem Interesse einer vergleichenden Organisationsforschung entwickelt. Wir wollen deshalb gleich darauf zu sprechen kommen.

2. Vergleichende Organisationssoziologie

Eine vergleichende Organisationssoziologie kann auf unterschiedliche Weise vorgehen. Folgende Verfahren sind möglich:

(1) nach einer Typenbildung vergleicht man die verschiedenen Organisationsarten hinsichtlich weiterer Merkmale, wie z.B. Art der Normenstruktur, Mitgliedschaftsrekrutierung, Machtprozesse, interorganisationale Beziehungen;

Übersicht 57   Typen bürokratischer Profile. Deutsche Übersetzung aus *Samuel, Y./B.F. Mannheim:* A Muldimensional Approach toward a Typology of Bureaucrac. In: Administrative Science Quarterly 15, 1970, S. 226)

Variable	Bürokratietyp					
	rudimentäre	ansatzweise	interpersonelle	ausgeglichene	managerielle	technische Bürokratie
Kontext						
Größe der Betriebseinheit	klein	klein	klein	klein	klein	groß
Produktionsverfahren	Einzelfertigung	Massenfertigung	Massenfertigung	Prozeßfertigung	Prozeßfertigung	Prozeßfertigung
Eigentümer	Gewerkschaft	Gewerkschaft	Gewerkschaft	Regierung	Regierung	privat
Größe des Gesamtunternehmens	klein	klein	groß	klein	groß	groß
Alter des Unternehmens	alt	alt	mittel	jung	alt	mittel
Struktur						
strukturelle Kontrolle	unterschiedlich	mittel bis hoch	minimal bis gering	mittel	mittel bis hoch	minimal bis gering

Übersicht 57 (Forts.)

funktionale Differenzierung	rudimentär	mittel bis fortgeschritten	rudimentär bis mittel	mittel bis fortgeschritten	rudimentär	mittel bis fortgeschritten
sozio-emotionale Beziehungen zwischen Ebenen	neutral	zweitrangig	vereinzelt	freundlich	freundlich bis mittel	freundlich
Normativität	gering	rudimentär	mittel	mittel	mittel	fortgeschritten

(2) in ein und derselben Klasse von Organisationen versucht man durch Vergleich von Merkmalsausprägungen auf verschiedenen Dimensionen Struktur- oder Prozeßzusammenhänge zu ermitteln. Hier ist etwa an die Strukturalisten zu denken, die z.B. Zusammenhänge zwischen Umweltstruktur, Organisationsstruktur und Effizienz untersuchen;

(3) ein und dieselbe Klasse von Organisationen wird einem interkulturellen Vergleich ausgesetzt. Hier können z.B. Vergleiche der Gewerkschaftsstrukturen verschiedener Länder oder auch das angeführte Beispiel von *Boulding* über den Vergleich amerikanischer und englischer Universitäten genannt werden;

(4) die Verteilung der empirischen Organisationen auf alle festgelegten Organisationsklassen wird interkulturell untersucht. Dies könnte z.B. unter der Fragestellung geschehen, ob in England Funktionen von freiwilligen Organisationen übernommen werden, die in Deutschland etwa von der Staatsverwaltung erfüllt werden;

(5) der Vergleich von Organisationen einer Klasse oder die Verteilung der Organisationen auf alle Klassen oder die Merkmalsausprägungen auf bestimmten Dimensionen wird intertemporal vorgenommen. In diesem Falle würde die Organisationssoziologie auch sozialgeschichtlich arbeiten. Erinnert sei hier an die zitierte Arbeit von *Bendix*.

Am häufigsten findet man Untersuchungen nach (1) und (2). Wir verweisen hier nochmals auf die Arbeiten von *Etzioni*, der Strukturalisten sowie auf eine Zusammenstellung von 38 Hypothesen durch *Udy*[72], die wir aus Umfangsgründen hier nicht mehr behandeln können.

Wenn man die fünf möglichen Vorgehensweisen der vergleichenden Organisationssoziologie nochmals ansieht und das dort Gesagte einen Schritt weiterdenkt, wird man feststellen, daß die — empirische — Organisationssoziologie (die gesamte Soziologie?) zum allergrößten Teil stets vergleichend verfährt. Nur durch Vergleich kann man Varianzen und Invarianzen feststellen.

Wir wollen abschließend als ein Beispiel vergleichender Organisationsforschung noch kurz auf die empirische Studie von *Samuel* und *Mannheim*[73] eingehen. Vorn der prinzipiellen Anlage der demonstriert sie recht gut die momentanen Verfahrensweise auf diesem Gebiet. *Samuel* und *Mannheim* setzen strukturelle und kontexturelle Variablen zueinander in Beziehung und kommen durch Clusteranalyse schließlich zu 6 Typen der „Bürokratie". Ihre Forschung beschränkte sich allerdings auf eine Klasse von Organisationen, nämlich Industriebetriebe, wie auch auf ein Land, nämlich Israel.

Ihre Ergebnisse sind in Übersicht 58 abgebildet.

III. Spezielle Organisationssoziologien

Prinzipiell kann man soviele Spezielle Organisationssoziologien entwickeln, wie man Typen oder Klassen von Organisationen ausdifferenziert hat. Es hat sich aber in der Soziologie eingespielt, die Unterscheidungen des Alltagslebens für diese Zwecke zu verwenden.

Im Rahmen dieser Einführung in die Organisationssoziologie verbleibt uns nur noch die Möglichkeit, auf diese Speziellen Organisationssoziologien hinzuweisen. Ohne Spezielle Organisationssoziologien bliebe die Allgemeine Organisationssoziologie leer und bloß formal, ohne Allgemeine Organisationssoziologie würden den Speziellen Organisationssoziologien erkenntnisleitende Paradigmen fehlen.

Folgende Spezielle Organisationssoziologien werden zur Zeit im besonderen Maße gepflegt:

1. Die *Soziologie der Öffentlichen Verwaltung* oder *Bürokratiesoziologie,* in deren Bereich sowohl historisch, strukturell als auch beratend gearbeitet wird. Schwerpunkte sind dabei politische Entscheidungsprozesse sowie das Problemfeld: Verwaltung und Klient bzw. Publikum.

2. Die *Betriebssoziologie,* die schwerpunktartig sich zur Zeit besonders mit Fragen der „Humanisierung der Arbeitswelt" und den damit verbundenen Problemen der Mitbestimmung und der Berufsbildung befaßt.

Weitere Spezielle Organisationssoziologien von Rang mit zum Teil noch erheblichem Forschungsbedarf sind

● die Soziologie der Verbände
● die Parteiensoziologie
● die Militärsoziologie
● die Soziologie des Gefängnisses
● die Soziologie des Krankenhauses
● die Soziologie der Kirchen
● die Soziologie der internationalen Organisationen
● die Soziologie der Bürgerinitiativen.

Da wir hier kein Kompendium, sondern nur eine erste Einführung in die Organisationssoziologie anstrebten, müssen wir auf Ausführungen zu diesen einzelnen Speziellen Organisationssoziologien verzichten.

184

C. Anhang

I. Anmerkungen

Kapitel A

1 Vgl. *B. Malinowski:* Freiheit durch Organisation. In: *B. Malinowski:* Kultur und Freiheit. Wien/Stuttgart 1951, S. 146.

2 Vgl. *B. Malinowski:* Eine wissenschaftliche Theorie der Kultur. In: *B. Malinowski:* Eine wissenschaftliche Theorie der Kultur. Frankfurt am Main 1975 (Chapel Hill 1944).

3 *G. Lapassade:* Gruppen, Organisationen, Institutionen. Stuttgart 1972 (Paris 1967).

4 Ebenda. S. 84.

5 Ebenda. S. 172.

6 Ebenda. S. 177.

7 *T. Parsons:* The Social System. New York 1964 (1951), S. 39.

8 Ebenda. S. 72.

9 Ebenda. S. 100.

10 *E. Durkheim:* Die Regeln der soziologischen Methode. Neuwied/Berlin 1965 (Paris 1895), S. 100.

11 *A. Gehlen:* Urmensch und Spätkultur. Bonn 1956.

12 *W. Burisch:* Organisation als Ideologie. Stuttgart/Berlin/Köln/Mainz 1973, S. 49.

13 Ebenda. S. 46.

14 Ebenda. S. 22 f.

15 Vgl. zu einer – allerdings nicht immer ganz klaren, weil nur an die Gruppengröße gebunden – Unterscheidung von Gruppe und Organisation: *M. Argyle:* Soziale Interaktion. Köln 1972 (London 1969), S. 266 ff.

16 Vgl. auch *N. Luhmann:* Interaktion, Organisation, Gesellschaft. Und: Allgemeine Theorie organisierter Sozialsysteme. Beide in *N. Luhmann:* Soziologische Aufklärung. Bd. 2, Opladen 1975, S. 12 f. bzw. S. 40 f.

17 Vgl. z.B. die Unterscheidung von traditionaler und rationaler Herrschaft bzw. Geltung von Ordnung bei *M. Weber:* Wirtschaft und Gesellschaft. Bd. 1, Berlin 1964, z.B. S. 26, 159 sowie die gesamte Herrschaftssoziologie des Autors und auch die Unterscheidung von „erinnerter Geschichte" und Organisation bei *N. Luhmann:* Soziologie als Theorie sozialer Systeme. In: *N. Luhmann:* Soziologische Aufklärung. Bd. 1, Opladen 1971, S. 122 f.

18 *H.L. Zetterberg:* Social Theory and Social Practice. New York 1962, S. 61 ff.

19 *H. Albert:* Markt und Organisation: Der Marktmechanismus im sozialen Kräftefeld. In: *H. Albert:* Marktsoziologie und Entscheidungslogik. Neuwied und Berlin 1967, S. 392 f.

20 Vgl. z.B. *G.C. Homans:* Elementarformen sozialen Verhaltens. Opladen 1972 (New York 1961) sowie *P.M. Blau:* Exchange and Power in Social Life. New York/London/Sydney 1964.

21 *W.G. Scott:* Organization Theory: An Overview and an Appraisal. In: Academy of Management Journal 1961, Vol. 4, S. 7 ff.; dieser Ansatz ist wohl gleichsam in jedem zweiten amerikanischen Sammelband zur „Organisationstheorie" aufgenommen worden.

22 *Renate Mayntz/R. Ziegler:* Soziologie der Organisation. In: *R. König (Hrsg.):* Handbuch der empirischen Sozialforschung. 2. Bd., Stuttgart 1969, S. 444 ff.

23 *D.K. Pfeiffer:* Organisationssoziologie. Eine Einführung. Stuttgart/ Berlin/Köln/Mainz 1976.

24 *A. Etzioni:* Soziologie der Organisationen. München 1967, hier S. 41 ff.

25 Vgl. dazu dessen Hauptwerk in deutscher Übersetzung: *F.W. Taylor:* Die Grundsätze wissenschaftlicher Betriebsführung. München/Berlin 1919.

26 Ebenda. S. 4.

27 Ebenda. S. 40.

28 Ebenda. S. 41 f.

29 Ebenda. S. 62.

30 Einen ausführlichen Bericht enthält: *F.J. Roethlisberger/W.J. Dickson:* Management and the Worker. Cambridge, Mass., 1939.

31 Als repräsentative Werke für diese Richtung nennt *Scott: J.G. March/ H.A. Simon:* Organizations. New York 1958 sowie den Sammelband: *M. Haire (Hrsg.):* Modern Organization Theory. New York 1959. Nun ist aber das Werk von *March/Simon* eigentlich nicht systemtheoretisch, sondern fundamental von dem individuellen Entscheidungshandeln her aufgebaut; eher wäre hier zu nennen *Ch. Barnard:* The Functions of the Executive. Cambridge, Mass., 1938; deutsch: Die Führung großer Organisationen. Essen 1970.

32 *F. Hoffmann:* Entwicklung der Organisationsforschung. 2. Auflage, Wiesbaden 1976.

33 *G. Lapassade:* a.a.O., S. 33 ff.

34 *R.M. Stogdill:* Dimensions of Organization Theory. In: *J.D. Thompson/ V.H. Vroom (Hrsg.):* Organizational Design and Research. London 1971, S. 1 ff.

35 Ebenda. S. 4.

36 *D.S. Pugh/R. Mansfield/M. Warner:* Research in Organizational Behaviour: A British Survey. London 1975, S. 5 ff.

37 Vgl. *T. Burns/G.M. Stalker:* The Management of Innovation. London 1961; zu den Forschungen der Aston-Gruppe siehe den Sammelband: *D.S. Pugh/D.J. Hickson (Hrsg.):* Organizational Structure and its Context. The Aston Programme I. sowie: *D.S. Pugh/C.R. Hinings (Hrsg.):* Organizational Structure-Extensions and Replications. Beide Westmead 1976.

38 Vgl. z.B. *R. Likert:* New Patterns of Management. New York/Toronto/ London 1961.

39 Einen guten Überblick über motivationstheoretische Ansätze gibt der Sammelband: *R.M. Steers/L.W. Porter (Hrsg.):* Motivation and Work Behaviour. New York usw. 1975.

40 Auf die Arbeiten des Tavistock-Institutes in London werden wir noch unten zu sprechen kommen.

41 Hier beziehen sich die Autoren auf folgende Arbeiten: *A. Marshall:* Principals of Economics. London 1890; *K.E. Boulding:* The Present Position of the Theory of the Firm. In: *K.E. Boulding/W.A. Spivey (Hrsg.):* Linear Programming and the Theory of the Firm. New York 1960. *R.M. Cyert/J.G. March:* A Behavioral Theory of the Firm. New York 1963.

42 *A. Gouldner:* Organizational Analysis. In: *R.K. Merton u.a. (Hrsg.):* Sociology Today. New York 1959.

43 *A. Etzioni:* Two Approaches to Organizational Analysis: A Critique and Suggestion. In:Administrative Science Quarterly 1960, S. 257 ff.

44 *D. Katz/R.L. Kahn:* The Social Psychology of Organizations. New York/London/Sydney 1966, hier S. 18.

45 Ebenda. S. 271.

46 *D.J. Champion:* The Sociology of Organizations. New York usw. 1975.

47 *E. Litwak:* Models of Bureaucracy which Permit Conflict. In: American Journal of Sociology, 67 (1961/62) S. 177 ff.; deutsch in: *Renate Mayntz (Hrsg.):* Bürokratische Organisation. Köln/Berlin 1968, S. 117 ff., dort unter dem Titel: „Drei alternative Bürokratiemodelle".

48 *O. Spann:* Organisation. In: Staatslexikon, Bd. 6, 4. Auflage, Jena 1925, S. 776; dieser Artikel ist auch heute noch lesenswert. Einmal, weil er in der Auffassung der Organisation als „Sinnzusammenhang" oder Handlungszusammenhang recht modern klingt, zum anderen weil er in der Behandlung der Herrschaftsfrage *Spanns* antidemokratische Haltung überaus gut verdeutlicht: „Für jede Organisation gilt daher als Grundgesetz: die wesensgemäß Besten sollen herrschen, nicht die Mehrheit. Auf den Staat als oberste Organisation angewandt, heißt das: nicht der Wille des Volkes, die Volkssouveränität ist seine innerste und natürliche Herrschergewalt, sondern die ‚Souveränität' der am meisten vergemeinschaftenden Kräfte; diese allein herrschen in Wahrheit (fördernd), die anderen dem Scheine nach. Aus dieser Wahrheit ergibt sich ein tiefer Einblick in die organisatorische Bedeutung des Grundsatzes der Gleichheit: Wenn das Beste wesensgemäß herrschen soll, so sollen nicht alle gleich herrschen, soll insbesondere nicht die Menge herrschen, die nach dem Grundsatz der Gleichheit berufen wäre. Zu Ende gedacht, bedeutet dies: daß jede Demokratie auf die Dauer die Kultur zerstören muß, weil sie grundsätzlich das geistig Niedere, nicht das geistig Höhere zur Herrschaft bringt..." (S. 774). Solche Ideologie hat ihre fatalen Folgen als Legitimationsgrundlage in der Geschichte gehabt.

49 *M. Weber:* Wirtschaft und Gesellschaft. Köln/Berlin 1964.

50 *R. Michels:* Zur Soziologie des Parteiwesens in der modernen Demokratie. Stuttgart 1970, nach der 2. Auflage von 1925.

51 *F. Tönnies:* Gemeinschaft und Gesellschaft. Darmstadt 1972, nach der 8. Auflage 1935, 1. Auflage 1887.

52 Siehe die von *D. Prokopp* eingeleitete Arbeit: *A. Comte:* Plan der wissenschaftlichen Arbeiten, die für eine Reform der Gesellschaft notwendig sind. München 1973 (1822).

53 Vgl. *K. Marx:* Das Kapital, MEW Band 23, Berlin 1974, S. 341 ff. bzw.

K. Marx: Zur Kritik der Hegelschen Rechtsphilosphie, MEW Band 1, Berlin 1972, S. 201 ff.

54 *H. Spencer:* Die Principien der Sociologie. II. Band, Stuttgart 1887.

55 Ebenda. S. 171; so betont er auch gerade als fundamentalen Unterschied zum Organismus: „Da es nun also kein sociales Sensorium gibt, ist auch die Wohlfart des Aggregates für sich und gesondert von derjenigen der Einheiten betrachtet nicht ein Ziel, das erstrebt werden könnte. Die Gesellschaft existiert zum Nutzen ihrer Mitglieder und nicht ihre Mitglieder zum Nutzen der Gesellschaft".

56 Vgl. z.B. *L. von Bertalanffy:* The Theory of Open System in Physics and Biology. In: *F.E. Emery (Hrsg.):* Systems Thinking. Bungay 1972, S. 70 ff.

57 Vgl. *M. Weber:* a.a.O., S. 701, auch S. 196.

58 *B. Malinowski:* Eine wissenschaftliche Theorie der Kultur A.a.O., S. 83.

59 Vgl. dazu die beiden Sammelbände von *F. Fürstenberg (Hrsg.):* Industriesoziologie I und II. Neuwied und Berlin 1966 bzw. 1974.

60 Vgl. die Arbeiten von *Ch. Barnard:* The Functions of the Executive. Cambridge, Mass., 1938; deutsch: Die Führung großer Organisationen. Essen 1970; *P. Selznick:* Foundations of the Theory of Organizations. In: American Sociological Review, Vol. 13, 1948, S. 25 ff.

61 So z.B. bei *Barnard:* a.a.O.; *A.W. Gouldner:* Patterns of Industrial Bureaucracy. New York 1954; *W.H. Whyte:* The Organization Man. New York 1956, deutsch: Herr und Opfer der Organisation. Düsseldorf 1958; *Ch. Argyris:* Personality and Organization. New York/ Evanston/London 1957.

62 *T. Parsons:* Suggestions for a Sociological Approach to the Theory of Organizations I und II. In: Administrative Science Quarterly, Vol. 1, 1956, S. 63 ff. sowie S. 225 ff.

63 *D.J. Champion:* a.a.O., 1975. Die ausgewählte Bibliographie von *Mayntz/Ziegler* die auch deutsche Titel erfaßt, enthält 1217 Arbeiten s. *R. Mayntz/R. Ziegler:* Soziologie der Organisation. In: *R. König (Hrsg):* Handbuch der empirischen Sozialforschung, Bd. 9 Stuttgart 1977 2. Auflage.

64 *M.S. Kassem:* Introduction: European versus American Organization Theories. In: *G. Hofstede/M.S. Kassem (Hrsg.):* European Contributions to Organization Theory. Assen/Amsterdam 1976, S. 1 ff.

65 Vgl. z.B. den Aufsatz von *Pszczolowski:* Praxiological Views of Organization Problems. In dem oben genannten Sammelband S. 148 ff.

66 Vgl. auch *J. Hoffmeister:* Wörterbuch der philosophischen Begriffe. Hamburg 1955.

67 *I. Kant:* Kritik der reinen Vernunft. B, S. 860 ff.

68 Zu den Gestaltpsychologen gehören u.a. *Wertheimer* und *Ehrenfels.*

69 *P.R. Hofstätter:* Psychologie, Frankfurt am Main 1967, S. 143.

70 *A. Lotka:* Elements of Physical Biology. Baltimore 1925.

71 *L. v. Bertalanffy:* Zu einer Allgemeinen Systemlehre. In: *K. Bleicher (Hrsg.):* Organisation als System. Wiesbaden 1972, S. 32. Dieser Aufsatz ist erstmals 1949 erschienen.

72 *L.v. Bertalanffy:* Ebenda.
73 *H.M. Mirow:* Kybernetik. Grundlagen einer allgemeinen Theorie der Organisation. Wiesbaden 1969, S. 21 f.
74 *J.A. Litterer:* Organizations. Vol. II, New York/London/Sydney/Toronto 1969, 2. Aufl., S. 4–6.
75 *C. E. Shannon/W. Weaver:* The Mathematical Theory of Communication. Urbana, Ill., 1949.
76 Vgl. dazu *W.R. Ashby:* Einführung in die Kybernetik. Frankfurt am Main 1974 (London 1956).
77 Vgl. dazu auch die deutschen Übersetzunge in dem von *St. Jensen* herausgegebenen Band: *T. Parsons:* Zur Theorie sozialer Systeme. Opladen 1976, wobei man nicht auf die lohnenswerte Lektüre der Einführung verzichten sollte.
78 Vgl. z.B. *J. Hage:* Eine axiomatische Theorie der Organisation. In: *K. Türk (Hrsg.):* Organisationstheorie. Hamburg 1975, S. 103 (Original 1965/66).
79 Vgl. dazu die Arbeiten: *N. Luhmann:* Funktionen und Folgen formaler Organisation. Berlin 1964; *N. Luhmann:* Zweckbegriff und Systemrationalität. Tübingen 1968; *N. Luhmann:* Allgemeine Theorie organisierter Sozialsysteme. A.a.O.; *N. Luhmann:* Interaktion, Organisation, Gesellschaft. A.a.O.
80 Der Formalisierung ist eigentlich das gesamte Werk: „Funktionen und Folgen formaler Organisation" gewidmet.
81 *N. Luhmann:* Interaktion, Organisation, Gesellschaft, A.a.O., S. 12.
82 Einen umfassenden Überblick über strukturalistische Konzeptionen und Forschungsergebnisse geben: *A. Kieser/H. Kubicek:* Organisation. Berlin/New York 1977.
83 *M. Weber:* Wirtschaft und Gesellschaft. A.a.O., S. 162 f.
84 Siehe z.B. die Arbeiten von *J. Woodward:* Management and Technology. London 1958, oder auch: *J. Woodward:* Industrial Organization: Theory and Practice. London 1965, oder auch: *C. Perrow:* A Framework for the Comparative Analysis of Organizations. In: American Sociological Review, 1967, S. 194 ff., oder *C. Perrow:* Organizational Analysis: A Sociological View. Belmont, Calif. 1970.
85 Vgl. z.B. die Arbeiten von *P.M. Blau/R.A. Schoenherr:* The Structure of Organizations. New York/London 1971, sowie die Arbeiten der *„Aston-Gruppe"*, die in zwei Sammelbänden zusammengefaßt sind: *D.S. Pugh/ D.J. Hickson (Hrsg.):* Organizational Structure in its Context. sowie *D.S. Pugh/C.R. Hinings (Hrsg):* Organizational Structure: Extensions and Replications. Beide Westmead 1976.
86 Siehe z.B. *P.R. Lawrence/J.W. Lorsch:* Organization and Environment. Homewood, Ill. 1969.
87 *H.Kubicek/M. Wollnik:* Zur Notwendigkeit empirischer Grundlagenforschung in der Organisationstheorie. In: Zeitschrift für Organisation 6/75.
88 Siehe zur kritischen Würdigung dieser Ansätze z.B. auch Kritiken von: *J. Child:* Organization: A Choice for Man. In: *J.Child (Hrsg.):* Man and Organization. London 1973, S. 234 ff. oder *C. Argyris:* The Applica-

bility of Organizational Sociology. Cambridge 1972, oder *D. Silverman:* Accounts of Organizations – Organizational „Structures" and the Accounting Process. In: *J. McKinley (Hrsg.):* Processing People – Cases in Organizational Behaviour. London usw. 1975.

89 Siehe zu der Produktion von Forschungsartefakten z.B. *L. Zündorf:* Forschungsartefakte bei der Messung der Organisationsstruktur. In: Soziale Welt 4 (1976), S. 468 ff.

90 Siehe etwa *D. Silverman:* A.a.O., sowie *E. Bittner:* The Concept of Organization. In: Social Research 32 (1965), S. 239 ff.

91 *E. Bittner:* A.a.O., S. 247 f.

92 Einen Überblick über diese Richtung der Soziologie gibt z.B. der Sammelband: *W.L. Bühl (Hrsg.):* Verstehende Soziologie. München 1972.

93 Dieser Anzeichencharakter wird bei *Schütz* sehr deutlich herausgearbeitet; *A. Schütz:* Der sinnhafte Aufbau der Welt. Frankfurt/M. 1974 (1932)

94 Siehe etwa *H. Garfinkel:* Studies in Ethnomethodology. Englewood Cliffs 1967.

95 Diese Begriffe sind bei A. Schütz zu finden; siehe *A. Schütz:* Der sinnhafte Aufbau der Welt. A.a.O.

96 *E Bittner:* A.a.O., S. 249.

97 *W. Hoeben:* Zur Integration von kritisch ratonalistischer Methodologie und interpretativen Theorien in der Soziologie. In: Zeitschrift für Soziologie 2 (1976), S. 118 ff.

98 Ebenda, S. 128.

99 Vgl. zu diesem Punkt auch *R. Koeck:* Das Problem der „ethnomethologischen Indifferenz". Ein Plädoyer für eine kritische Ethnomethodologie. In: Soziale Welt 3, 1976, S. 261 ff.

100 Vgl. dazu z.B. die Kritik von *Argyris* an dem Konzept von *Silverman* in *C. Argyris:* The Applicability of Organizational Sociology. A.a.O., S. 62 ff.

101 Vgl. dazu dessen Arbeit „Intervention Theory and Method". Reading, Mass. 1970.

102 Vgl. aus den umfangreichen Veröffentlichungen dieses Instituts z.B. die Arbeit von *E.J. Miller/A.K. Rice:* Systems of Organization. London usw. 1967.

103 Siehe dazu die schon angeführte Arbeit von *G. Lapassade:* Gruppen, Organisationen, Institutionen. A.a.O. Einen kleinen Überblick über Konzepte der Organisationsentwicklung gibt: *B. Sievers:* Theorien und Methoden der Organisationsentwicklung in den USA. In: Gruppendynamik 1, 1975, 29 ff.

104 *C. Argyris:* Intervention Theory and Method. A.a.O., S. VI f.

105 Siehe dazu etwa die Kurzfassung seines Ansatzes: *C. Argyris:* Das Individuum und die Organisation: Einige Probleme gegenseitiger Anpassung. In: *K. Türk (Hrsg.):* Organisationstheorie. Hamburg 1975, S. 215 ff.

106 Eine der letzten Veröffentlichungen dazu ist: *St. Clegg/D. Dunkerley (Hrsg.):* Critical Issues in Organizations. London/Henley/Boston 1977.

107 Einige Methoden der Organisationsforschung werden vorgestellt und diskutiert in: *H. Kubicek:* Empirische Organisationsforschung, Stutt-

gart 1975, und *A. Picot:* Experimentelle Organisationsforschung. Wiesbaden 1975.
108 Einen Einstieg in die Aktionsforschung gibt: *F.Haag/H. Krüger/W. Schwärzel/J. Wildt (Hrsg.):* Aktionsforschung. Forschungsstrategien, Forschungsfelder und Forschungspläne. München 1972. Eine theoretische Fundierung der Aktionsforschung versucht: *H. Moser:* Aktionsforschung als kritische Theorie der Sozialwissenschaften. München 1975. Eine kritische Würdigung der Aktionsforschung findet sich bei *F. Karl:* Aktionsforschung — Gesellschaftstheoretische Defizite und politische Illusionen. In: Das Argument 101 (1977) S. 67 ff.

Kapitel B

1 *J.D. Thompson:* Organizations in Action. New York usw. 1967, S. 25 ff.
2 *A.D. Hall/R.E. Fagen:* Definition des Systems. Deutsch in: *K.H. Tjaden (Hrsg.):* Soziale Systeme. Neuwied/Berlin 1971, S. 100.
3 *W.H. Starbuck:* Organizations and Their Environments. In: *M.D. Dunette (Hrsg.):* Handbook of Industrial and Organizational Psychology. Chicago 1976, S. 1069 ff., hier S. 1083 ff.
4 *P.N. Khandwalla:* The Design of Organizations. New York usw. 1977, S. 326 ff.
5 *J.L. Metcalfe:* Organizational Strategies and Interorganizational Networks. In: Human Relations, 4, 1976, S. 327 ff.
6 Vgl. die knappste Darstellung in: *Ch. Ackerman/T. Parsons:* Der Begriff „Sozialsystem" als theoretisches Instrument. In: *T. Parsons:* Zur Theorie sozialer Systeme, herausgegeben v. *St. Jensen.* Opladen 1976, S. 69 ff., hier S. 73 ff.; eine andersartige Fassung ist neuerdings bei *Luhmann* zu finden: *N. Luhmann:* Interpenetration — Zum Verhältnis personaler und sozialer Systeme. In: Zeitschrift für Soziologie 1, 1977, S. 62 ff.
7 Einige knappe Ansätze sind zu finden bei *F. Klein:* Das Organisationswesen als Gegenwart. Berlin 1913 und *K.E. Boulding:* The Organizational Revolution. New York 1953.
8 Vgl. dazu die oben zitierte Arbeit von Klein.
9 Vgl. *W.H. Starbuck:* a.a.O., S. 1088 f. und die dort angegebene umfangreiche Literatur.
10 *F. Klein:* a.a.O., S. 226
11 *W.M. Evan:* The Organization-Set: Toward a Theory of Interorganizational Relations. In: *J.G. Maurer (Hrsg.):* Readings in Organization Theory: Open-System Approaches. New York 1971, S. 33 ff.
12 ebenda.
13 *I.A. Akinbode/R. C. Clark:* A Framework for Analyzing Interorganizational Relationships. In: Human Relations, 2, 1976, S. 101 ff.
14 *Monopolkommission:* Mehr Wettbewerb ist möglich. Baden-Baden 1976.
15 Vgl. *T. Parsons:* Some Problems of General Theory in Sociology. In: *J.C. McKinney/E. A. Tiryakian (Hrsg.):* Theoretical Sociology, Perspectives and Developments. New York 1970, S. 27 ff., hier S. 39 ff. *N. Luhmann:*

Einführende Bemerkungen zu einer Theorie symbolisch generalisierter Kommunikationmedien. In::.*N. Luhmann:* Soziologische Aufklärung, Bd. 2, Opladen 1975, S. 170 ff.

16 So z.B. *T. Parsons:* The Social System. New York 1964 (1951) S. 72 oder *W. Burisch:* Organisation als Ideologie. Stuttgart 1973.

17 *E. Gross:* The Definition of Organizational Goals. In: British Journal of Sociology 20, 1969, S. 277 ff, hier S. 287.

18 So z.B. in der betriebswirtschaftlichen Organisationslehre: *E. Kosiol:* Organisation der Unternehmung. Wiesbaden 1962.

19 *R.M. Cyert/J.G. March:* Eine verhaltenswissenschaftliche Theorie organisationaler Ziele. In: *K. Türk (Hrsg.):* Organisationstheorie. Hamburg 1975, S. 69 ff.

20 *H.A. Simon:* On the Concept of Organisational Goal. In: Administrative Science Quarterly 1964, S. 1 ff, oder auch: *V.E. Buck:* A Model of Viewing an Organization as a System of Constraints. In: *J.D. Thompson (Hrsg.):* Approaches to Organizatinal Design. Pittsburgh 1966, S. 103 ff.

21 *H.A. Simon:* ebenda, S. 3

22 „Konsummatorisch" stammt von „to consummate", vollendet her.

23 Einen gewissen Überblick gibt: *P.M. Blau (Hrsg.):* Approaches to the Study of Social Structure. London 1976.

24 Eine ausführliche Darstellung ist zu finden in *K. Türk:* Grundlagen einer Pathologie der Organisation. Stuttgart 1976.

25 Eine Zusammenfassung und Kritik gibt: *R. Ziegler:* Kommunkationsstruktur und Leistung sozialer Systeme. Meisenheim/Glan 1968.

26 Vgl. *K. Türk:* Typen, Komplexität und Kompliziertheit organisationaler Differenzierung. In: Soziale Welt 1, 1975, hier S. 100 ff.

27 Eine ausführliche Darstellung ist zu finden in: *A. Kieser/H. Kubicek:* Organisation. Berlin/New York 1977.

28 *T. Burns/G.M. Stalker:* The Management of Innovation. London 1961, hier S. 96 ff.

29 *H. Bosetzky:* Grundzüge einer Soziologie der Industrieverwaltung. Stuttgart 1970, hier S. 124 ff.

30 *K.E. Boulding:* The Organizational Revolution. New York 1953, S. 51 f.

31 *D.S. Mileti/ D.F. Gillespie:* An Integrated Formalization of Organization – Environment Interdependences. In: Human Relation 1, 1976, S. 85 ff.

32 *M. Crozier:* Der bürokratische Circulus vitiosus und das Problem des Wandels. In: *Renate Mayntz (Hrsg.):* Bürokratische Organisation. Köln/Berlin 1968, S. 277 ff.

33 *R. Michels:* Zur Soziologie des Parteiwesens in der modernen Demokratie. Stuttgart 1970 (1911/1925).

34 *P.M. Blau:* The Dynamics of Bureaucracy. Chicago 1955.

35 *E. Yuchtman/St.E. Seashore:* Ein Systemansatz zur Erfassung organisationaler Effektivität. In: *K. Türk (Hrsg.):* Organisationstheorie. Hamburg 1975, S. 84 ff.

36 *J.H. Barrett:* Individual Goals and Organizational Objectives. Ann Arbor, Mich. 1970.

37 Vgl. z.B. *J.G. March/H.A. Simon:* Organizations. New York 1958.

38 *H.C. Kelman:* Compliance, Identification, and Internalization. In: Journal of Conflict Resolution, 1958, S. 51 ff.

39 *D. Katz:* Die motivationale Basis organisationalen Verhaltens. In: *K. Türk (Hrsg.):* Organisationstheorie. Hamburg 1975, S. 193 ff.
40 *R. Presthus:* Individuum und Organisation. Hamburg 1966.
41 *Ch. Argyris:* Das Individuum und Organisation. Einige Probleme gegenseitiger Anpassung. In: *K. Türk (Hrsg.):* Organisationstheorie. Hamburg 1975, hier S. 230 ff.
42 Vgl. z.B. *L. v. Rosenstiel:* Die motivationalen Grundlagen des Verhaltens in Organisationen. Berlin 1975.
43 *Ch. Argyris:* Integrating the Individual and the Organization. New York/London/Sydney 1964.
44 *A. Etzioni:* A Comparative Analysis of Complex Organizations. New York 1975.
45 Vgl. z.B. *J. Franklin:* Power and Commitment: An Empirical Assessment. In: Human Relations, 28 (1975) S. 737 ff.
46 *J.H. Goldthorpe et al:* Der „wohlhabende" Arbeiter in England. Band 1 München 1970, S. 49.
47 *A.W. Gouldner:* Cosmopolitans and Locals. In: *J.A. Litterer (Hrsg.):* Organizations. Vol. I. New York usw. 1969, S. 223 ff.
48 *L. Reissman:* A Study of Role Conceptions in Bureaucracy. In: Social Forces 27 (1949) S. 305 ff.
49 *S. Braun/J. Fuhrmann:* Angestelltenmentalität. Neuwied/Berlin 1970.
50 *P.M. Blau/R. Scott:* Formal Organizations. Scranton 1962.
51 *R.W. Scott:* Konflikt zwischen Spezialisten und Bürokraten in Organisationen. In: *Renate Mayntz (Hrsg.):* Bürokratische Organisation. Köln/Berlin 1968, S. 201 ff. sowie *J.E. Sorensen/Th. L. Sorensen:* The Conflict of Professionals in Bureaucratic Organizations. In: Administrative Science Quarterly 1974, S. 98 ff.
52 *J.H. Goldthorpe et al.:* A.a.O., S. 67.
53 *J.R.P. French/B. Raven:* The Basis of Social Power. In: *D. Cartwright (Hrsg.):* Studies in Social Power. Ann Arbor, Mich. 1959, S. 150 ff.
54 *W. Gottschalch et al.:* Sozialisationsforschung. Frankfurt am Main 1971 sowie *Th. Scharmann (Hrsg.):* Schule und Beruf als Sozialisationsfaktoren. Stuttgart 1974.
55 *N. Luhmann:* Legitimation durch Verfahren. Neuwied/Berlin 1969.
56 *N.M. Tichy:* An Analysis of Clique Formation and Structure in Organizations. In: Administrative Science Quarterly, 19 (1973) S. 194 ff.
57 *L.R. Sayles:* Behavior in Industrial Work Groups. New York 1958.
58 Vgl. z.B. die Zusammenfassung bei *O. Neuberger:* Führungsverhalten und Führungserfolg. Berlin 1976.
59 Vgl. z.B. *E. Fiedler:* Das Kontingenzmodell: Eine Theorie der Führungseffektivität. In: *M. Kunczik (Hrsg.):* Führung. Düsseldorf/Wien 1972, S. 179 ff. Zur Kritik siehe z.B. *G. Schreyögg:* Führungsstil und Effektivität. Arbeitspapiere des Betriebswirtschaftlichen Instituts der Friedrich-Alexander-Universität Erlangen-Nürnberg. Nürnberg 1972.
60 Z.B. gegenüber Konzepten, die ohne Klärung der Randbedingungen sog. „kooperative Führungsstile" unkritisch propagieren.
61 *Th. Geiger:* Führung. In: *A. Vierkandt (Hrsg.):* Handwörterbuch der Soziologie. Stuttgart 1959 (1931), S. 136.
62 Zur Lokomotions- und Kohäsionsfunktion vgl. *K. Lukasczyk:* Zur Theo-

tie der Führer-Rolle. In: Psychologische Rundschau, 1960, S. 179 ff.

63 Dazu sollte man lesen: *F. Naschold:* Organisation und Demokratie. Stuttgart usw., 2. Aufl., 1971.

64 Vgl. dazu ausführlicher: *K. Türk:* Grundlagen einer Pathologie der Organisation. Stuttgart 1976.

65 *F.Glasl/L. de la Houssaye:* Organisationsentwicklung. Bern und Stuttgart 1975, hier S. 17 f.

66 Eine kurze und übersichtliche Zusammenstellung geben *W.L. French/C.A. Bell:* OD-Interventions – An Overview. In: *E.F. Huse/J.L. Bowditch/D. Fisher (Hrsg.):* Readings on Behavior in Organizations. Reading, Mass. 1975, S. 379 ff.

67 *T. Parsons:* Suggestions for a Sociological Approach to the Theory of Organizations II. In: Administrative Science Quarterly 1 (1956) hier S. 228 ff.

68 *D. Katz/R.L. Kahn:* The Social Psychology of Organizations. New York/London/Sydney 1966, S. 110 ff.

69 *P.M. Blau/W.R. Scott:* Formal Organizations. Scranton 1962, S. 42 ff.

70 Es gibt noch eine Reihe weiterer mesosoziologischer Typologisierungen; häufig werden dabei allerdings nur wenige, sehr spezielle Merkmale herausgegriffen, so z.B. bei *A.W. Gouldner:* Patterns of Industrial Bureaucracy. New York 1954.

71 *J.G. Haas/R. Hall/N. Johnson:* Toward an Empirically Derived Taxonomy of Organizations. In: *R.V. Bowers (Hrsg.):* Studies on Behavior in Organizations. Athen 1966.

72 *St.H. Udy:* The Comparative Analysis of Organizations. In: *J.G. March (Hrsg.):* Handbook of Organizations. Chicago 1965, S. 678 ff.

73 *Y. Samuel/B.F. Mannheim:* A Multidimensional Approach toward a Typology of Bureaucracy. In: Administrative Science Quarterly 15 (1970) S. 216 ff.

II. Kommentierte Literatur

Wir streben mit dem folgenden Literaturverzeichnis keinesfalls irgendeine Vollständigkeit an, sondern wollen lediglich Lesehinweise zu den einzelnen Kapiteln, die ja weitgehend von Anmerkungen entlastet worden sind, geben. Der fachwissenschaftliche Leser möge verzeihen, wenn der eine oder andere seiner Lieblingstitel nicht aufgeführt ist.

A. Allgemeine Literatur

I. Einführende Literatur

Die erste deutschsprachige Einführung in die Organisationssoziologie ist
> *Renate Mayntz:* Soziologie der Organisation. Reinbek b. Hamburg 1963 (Rowohlt).

Dieses Buch ist mehrere Male unverändert neu aufgelegt worden und gibt einen Überblick über die Entwicklung der Organisationssoziologie und behandelt schwerpunktmäßig Ziele, Strukturen, Mitglieder und Zweckmäßigkeit der Organisation. Es ist, obwohl nicht mehr auf dem neuesten Stand, noch immer recht informativ, der makrosoziologische Aspekt ist allerdings so gut wie gar nicht bearbeitet.

Von derselben Autorin stammt der Abschnitt „Theoretische Perspektiven" in
> *Renate Mayntz/R. Ziegler:* Soziologie der Organisation. In: *R. König (Hrsg.):* Handbuch der empirischen Sozialforschung. Neuausgabe Stuttgart 1977, Bd. 9 (Enke).

Auch dieses Kapitel ist nicht mehr auf dem neuesten Stand. Es ist 1964 verfaßt worden. Das von *R. Ziegler* bearbeitete Kapitel „Ergebnisse der empirischen Forschung" in derselben Ausgabe dagegen gibt einen guten Überblick über meso- und mikrosoziologische Aspekte der Organisation, wie sie insbesondere in der empirischen Organisationsforschung thematisiert wurden.

Der Beitrag wird durch eine sehr umfangreiche Bibliographie abgeschlossen.

Eine neue deutschsprachige Einführung gibt
> *D.K. Pfeiffer:* Organisationssoziologie. Eine Einführung. Stuttgart/ Berlin/Köln/Mainz 1976 (Kohlhammer).

Sie deckt einmal die Gebiete ab, die auch in der Einführung von *Renate Mayntz* behandelt sind, berücksichtigt dabei aber die neuere Literatur. Darüber hinaus werden auch Fragen der Demokratisierung und Partizipation angesprochen. Makrosoziologische Aspekte werden kaum präsentiert.

Einige einführende Hinweise in die Soziologie der Organisation unter dem Gruppenaspekt enthält auch

D. Claessens: Gruppe und Gruppenverbände. Systematische Einführung in die Folgen von Vergesellschaftung. Darmstadt 1977 (Wissenschaftliche Buchgesellschaft).
In dieser Arbeit werden auch Gruppenverflechtungen behandelt. Es ist sowohl mikro- als auch meso- und markrosoziologisch ausgerichtet; allerdings außerordenlich knapp (85 Textseiten).

Angekündigt ist eine weitere „Einführung in die Organisationssoziologie":
H. Klages: Einführung in die Organisationssoziologie. Darmstadt (Wissenschaftliche Buchgesellschaft).

Darüber hinaus sind einige Übersetzungen aus dem englisch- bzw. französischsprachigen Raum in deutscher Sprache verfügbar.
A. Etzioni: Soziologie der Organisationen. München 1967 (Juventa) gibt zunäczt einen Überblick über verschiedene organisationssoziologische Konzeptionen, um dann unter „struktursoziologischem" Aspekt solche Bereiche wie Legitimität, Lenkung, Kontrolle, Autorität, Organisation und Klient, Organisation und Umwelt abzuhandeln. Auch dieses Buch ist schon etwas überaltert.

Eine Einführung unter dem Aspekt der Bürokratiekritik vermittelt
G. Lapassade: Gruppen, Oranisationen, Institutionen. Stuttgart 1972 (Klett).
Wir haben im Text schon darauf hingewiesen, daß *Lapassade* ein interventionistisches Interesse hat.

Einen Überblick über einige organisationssoziologische Konzepte verschafft
D. Silverman: Theorie der Organisationen. Soziologische Aspekte zu System, Bürokratie und Management. Wien/Köln/Graz 1972 (Böhlau).
Die von *Sivermann* durchgeführte Theoriekritik erfolgt auf dem Hintergrund seines Alternativkonzepts einer „Handlungstheorie" der Organisation, was auf eine phänomenologisch orientierte Analyse hinausläuft.

Mehr psychologisch orientiert und daher nur für eine mikrosoziologische Einführung geeignet sind
L. v. Rosenstiel/W. Molt/B. Rüttinger: Organisationspsychologie. Stuttgart/Berlin/Köln/Mainz 1972 (Kohlhammer)
und
P. Morin: Einführung in die angewandte Organisationspsychologie. Stuttgart 1974 (Klett),
wobei die Arbeit von *v. Rosenstiel u.a.* alle wichtigen Gebiete anspricht (Organisation und Gruppe, Sozialisation, Entscheidung, Kooperation, Konflikt, Führung, geplanter Wandel), Morin dagegen beschränkt im wesentlichen nur Organisationsentwicklung im Sinne der Verbesserung der Qualität des Arbeitslebens behandelt.

Umfassender dagegen ist wieder
E. Schein: Organizational Psychology. Englewood Cliffs, N.J. 1970 (Prentice-Hall).

Neuere englischsprachige Kurz-Einführungen sind:
> *D. Dunkerley:* The Study of Organizations. London/Boston 1972
> (Routledge & Kegan Paul)

und

> *D.S. Pugh/R. Mansfield/M. Warner:* Research in Organizational Be-
> haviour: A British Survey. London 1975 (Heinemann).

Beide Arbeiten sind zunächst dogmengeschichtlich, dann systematisch gegliedert. Die Übersicht von *Pugh* u.a. bietet im Unterschied zu *Dunkerley*
ein recht umfangreiches Literaturverzeichnis.

Die Anzahl der umfassenderen englischsprachigen Monographien, die auch
als Einführung gelesen werden können, die aber eher allgemein organisations-
theoretisch als speziell organisationssoziologisch sind, ist außerordentlich
groß. Die folgenden Titel stellen einige Lektürevorschläge dar, wobei es sich
um mehr soziologisch orientierte Werke handelt.

Hier wären zunächst einmal „Klassiker" zu nennen, z.B.
> *Ch.I. Barnard:* The Functions of the Executive.Cambridge, Mass.
> 1938 (Harvard University Press), inzwischen in Übersetzung erschie-
> nen als: „Die Führung großer Organisationen". Essen 1970 (Girardet)

und

> *J.G. March/H.A. Simon:* Organizations. New York 1958 (Wiley), in-
> zwischen auch in deutscher Sprache: „Organisation und Individuum.
> Wiesbaden 1977 (Gabler),

wobei die Arbeit von *Barnard* in ihrer „Systemkonzeption" außerordentlich
„modern" ist, das Werk von *March/Simon* ist eher organisationspsycholo-
gisch und stellt insbesondere auf intraorganisationale Entscheidungsprozesse
ab.

Auch schon „klassisch" ist
> *P.M. Blau/W.R. Scott:* Formal Organizations: A Comparative Approach.
> Scranton, Penns.1962 (Chandler),

die versuchen, auf der Grundlage empirischer Forschungsergebnisse durch
Organisationsvergleich zu theoretischen Erkenntnissen zu gelangen.

Weitere Vorschläge sind
> *J.D. Thompson:* Organizations in Action. New York usw. 1967
> (McGraw-Hill),

der an Hand eines Komplexitäts- und Ungewißheitsparadigmas systemtheoretisch vorgeht und zu einer Reihe von interessanten Hypothesen gelangt,
> *D. Katz/R. L. Kahn:* The Social Psychology of Organizations. New
> York/London/Sydney 1966 (Wiley),

die einen system- und rollentheoretischen Ansatz vertreten,
> *N.P. Mouzelis:* Organization and Bureaucracy. An Analysis of Modern
> Theories. London 1975 (Routledge & Kegan Paul),

der Bürokratie- und Managementansätze einer kritischen Würdigung unterzieht,
> *D.J. Champion:* The Sociology of Organizations. New York usw.
> 1975 (McGraw-Hill),

der wichtigste meso- und mikrosoziologische Problemfelder behandelt und eine weite, systematische Bibliographie anbietet,

> *P.N. Khandwalla:* The Design of Organizations. New York usw. 1977 (Harcourt Brace Jovanovich),

der außerordentlich breit angelegt eine multidisziplinäre Organisationstheorie vorstellt.

Nicht unerwähnt bleiben sollen drei mehr betriebswirtschaftlich orientierte Einführungswerke, die allerdings auch für Soziologen von Interesse sein sollten:

> *W.Hill/R. Fehlbaum/P. Ulrich:* Organisationslehre I und II, 2 Bände. Bern/Stuttgart 1976, 2. Auflage (Haupt),
>
> *F. Hoffmann:* Entwicklung der Organisationsforschung. Wiesbaden 1976, 2. Auflage (Gabler)

und

> *A. Kieser/H. Kubicek:* Organisation. Berlin/New York 1977 (de Gruyter),

wobei letztere sich dem „strukturalistischen Ansatz" verpflichtet fühlen.

Mit Problemen und Möglichkeiten der *empirischen Organisationsforschung* befassen sich:

> *H. Kubicek:* Empirische Organisationsforschung. Stuttgart 1975 (Poeschel),
>
> *A. Picot:* Experimentelle Organisationsforschung. Wiesbaden 1975 (Gabler)

und

> *G. Büschges/P. Lütke-Bornefeld:* Praktische Organisationsforschung. Reinbek b. Hamburg 1977 (Rowohlt),

wobei letztere am umfassendsten in der Präsentation von Methoden und Beispielen sind.

II. Sammelwerke

Inzwischen gibt es eine Vielzahl von Sammelwerken zum Gebiet der „Organisationstheorie", die alle auch mehr oder weniger von soziologischem Interesse sind.

Systemtheoretisch orientierte Reader sind:

> *K. Azumi (Hrsg.):* Organizational Systems. Lexington 1972 (Heatti),
>
> *F. Baker (Hrsg.):* Organizational Systems. Homewood, Ill. 1973 (Irwin),
>
> *J.G. Maurer (Hrsg.):* Readings in Organization Theory: Open-System Approaches. New York 1971 (Random House).

Insbesondere der Reader von *Maurer* wäre zu empfehlen, da er soziologisch besonders wichtige und interessante Beiträge enthält.

Allgemeiner orientierte Reader sind:
> *A. Etzioni (Hrsg.):* A Sociological Reader of Complex Organization.
> London uw. 1970 (Holt, Rinehart & Winston),
> *J.A. Litterer (Hrsg.):* Organizations. 2 Bände, New York usw. 1969
> (Wiley),
> *W.G. Scott/L.L. Cummings (Hrsg.):* Readings in Organizational Be-
> havior and Human Performance. Homewood, Ill. (Irwin),
> *W.W. Cooper/H.J. Leavitt/M.W. Shelly II (Hrsg.):* New Perspectives in
> Organization Research. New York/London/Sydney 1964 (Wiley),

der wichtige Tagungspapers enthält
sowie
> *W.A. Hill/D.M. Egan (Hrsg.):* Readings in Organization Theory: A Be-
> havioral Approach. Boston 1967 (Allyn and Bacon),

der die Komplexität der verschiedensten Forschungsgebiete besonders gut
repräsentiert.

Deutschsprachige Sammelwerke mit organisationssoziologischem Inhalt sind:
> *Renate Mayntz (Hrsg.):* Bürokratische Organisation. Köln/Berlin 1968
> (Kiepenheuer & Witsch),

mit einer Reihe fundamentaler deutscher, amerikanischer und französischer
Beiträge zu Problemen der Bürokratie,
> *G. Büschges (Hrsg.):* Organisation und Herrschaft. Reinbek b. Hamburg
> 1976 (Rowohlt),

der klassische und moderne Texte zur Organisation als Herrschaftsverband
sammelt sowie
> *K. Türk (Hrsg.):* Organisationstheorie. Hamburg 1975 (Hoffman &
> Campe),

in dem Beiträge zu typischen intraorganisationalen Problemfeldern zusammengestellt wurden.

Darüber hinaus dürfen folgende Sammelwerke nicht fehlen:
> *J.G. March (Hrsg.):* Handbook of Organizations. Chicago 1965 (Rand
> McNally),

in dem ein umfassender Überblick über Problembereiche der Organisationstheorie auf dem damaligen Erkenntnisstand gegeben wird,
> *M.D. Dunnette (Hrsg.):* Handbook of Industrial and Organizational
> Psychology. Chicago 1976 (Rand McNally),

das ähnlich umfassend für den Bereich der Organisationspsychologie ist, obwohl sich auf vielen Gebieten kaum Unterschiede zur soziologischen Fragestellung werden finden lassen.

Ein Nachschlagewerk mit mehr betriebswirtschaftlicher Ausrichtung schließlich ist
> *E Grochla (Hrsg.):* Handwörterbuch der Organisation. Stuttgart 1978,
> 2. Auflage, (Poeschel).

B.　Literatur zu den einzelnen Hauptproblembereichen

I.　Allgemeine Organisationssoziologie

1.　Makrosoziologie der Organisation

Die Literatur zur Allgemeinen Makrosoziologie der Organisation ist recht dünn gesät. Häufiger sind schon makrosoziologische Untersuchungen zu speziellen Organisationstypen (z.B. der Bürokratie oder der Parteien); darauf werden wir aber später im Teil „Spezielle Organisationssoziologie" erst noch zu sprechen kommen.

Neben den im Anmerkungsteil bereits aufgeführten Arbeiten von *Starbuck, Metcalfe, Boulding, Klein, Evan* und *Akinbode/Clark* sind als makroorganisationssoziologisch relevante Arbeiten zu nennen:

> *W.H. Whyte:* The Organization Man. New York 1956 (Simon & Schuster); deutsche Fassung: „Herr und Opfer der Organisation". Düsseldorf 1958 (Econ),

der die mit dem technizistischen Organisationsdenken verbundene „soziale Ethik" einer Kritik unterzieht,

> *R. Bendix:* Work and Authority in Industry. New York 1956 (Wiley); deutsche Fassung: „Herrschaft und Industriearbeit". Frankfurt a.M. 1960 (Europäische Verlagsanstalt),

in dessen Werk die Entwicklung der Industrialisierung und der Managementideologien sowie deren Rückwirkungen auf die Gesellschaft in einem Vergleich von England, den USA und der Sowjetunion behandelt werden.

Weiterhin sind zu nennen die bereits zitierte Arbeit von

> *D. Claessens:* Gruppe und Gruppenverbände. Darmstadt 1977 (Wissenschaftliche Buchgesellschaft)

und

> *O. Ullrich:* Technik und Herrschaft. Frankfurt a.M. 1977 (Suhrkamp),

dessen historische Analyse der Entwicklung „vom Hand-werk zur verdinglichten Blockstruktur industrieller Produktion" — wie der Untertitel lautet — gerade für eine sozial- und ideologiegeschichtlich orientierte Makrosoziologie der Organisation wichtige Erkenntnisse beizusteuern vermag.

Zu den *Interorganisationsbeziehungen* gibt es eine Reihe von Spezialuntersuchungen, in denen zunächst häufig auch ein „allgemeiner Bezugsrahmen" vorgestellt wird. Dem Interessenten sei empfohlen, dazu einmal die Inhaltsverzeichnisse der auf dem Gebiet der Organisationstheorie führenden Zeitschrift „Administrative Science Quarterly" durchzusehen. Er wird dann feststellen, daß der Schwerpunkt in diesem Gebiet im Bereich der Verwaltungsorganisationen liegt.

Einen gewissen Überblick geben auch

> *D. Grunow/F. Hegner:* Von der Bürokratiekritik zur Analyse des Netzes bürokratischer Organisationen. In: *Th. Leuenberger (Hrsg.):* Bürokratieprobleme in Industriegesellschaften des 20. Jahrhunderts. Bern 1977.

2. Mesoziologie der Organisation

Neben den bereits zitierten Werken von *Kieser/Kubicek* und *Khandwalla* soll hier noch auf folgende Arbeiten mit allgemeiner mesosoziologischer Orientierung hingewiesen werden:

W.H. Staehle: Organisation und Führung sozio-technischer Systeme. Grundlagen einer Situationstheorie. Stuttgart 1973 (Enke).

In diesem Band wird eine Vielzahl von Literaturquellen aufgearbeitet.

R.H. Hall: Organizations. Structure and Process. Englewood Cliffs, N. J., 1972 (Prentice-Hall),

der eine gut lesbare Einführung in diesen Bereich anbietet.

R. Carzo/J.N. Yanouzas: Formal Organization. A System Approach. Homewood, Ill. 1971 (Irsin/Dorsey),

die mehr betriebswirtschaftlich-technologisch arbeiten.

Spezielle Werke sind:

D.S. Pugh/D.J. Hickson: The Aston Programme I

und

D.S. Pugh/L.R. Hinings: The Aston Programme II. Beide: Westmead 1976 (Saxon House),

die die wichtigsten Arbeiten der schon mehrfach zitierten Aston-Gruppe sammeln.

P.M. Blau/R.A. Schoenherr: The Structure of Organizations. New York/London 1971 (Basic Books),

die über umfangreiche empirische Studien insbesondere über die strukturellen Effekte der Organisationsgröße berichten.

Weiterhin sind zu nennen die „technologischen Ansätze", herausragend hier:

J. Woodward: Management and Technology. In: D.S. Pugh (Hrsg.): Organization Theory. London 1971 (Penguin).

von derselben Autorin: Industrial Organization: Theory and Practice. London 1965 (Oxford University Press).

Mit deren Konzept setzt sich kritisch auseinander:

W.L. Zwerman: New Perspectives on Organization Theory. Westport 1970 (Greenwood Publishing Corporation).

Weitere Arbeiten sind:

J.D. Thompson/F.L. Bates: Technology, Organization, and Administration

und

Ch. Perrow: A Framework for the Comparative Analysis of Organizations,

die beide abgedruckt sind in:

J.G. Maurer (Hrsg.): Readings in Organization Theory: Open-System Approaches. New York 1971 (Random House).

Empirische Fallstudien untersucht:

A.D. Chandler: Strategy and Structure. Chapters in the History of the Industrial Enterprise. Cambridge, Mass. 1962 (MIT Press).

Bürokratische Ansätze werden verwendet bei:
>   *M. Crozier:* The Bureaucratic Phenomenon. Chicago 1964 (University of Chicago Press)

und
>   *A.W. Gouldner:* Patterns in Industrial Bureaucracy. New York/London 1974 (The Free Press),

der zu drei differenzierten Strukturmuster gelangt.

Die Strategie der Formalisierung wird systemtheoretisch analysiert von:
>   *N. Luhmann:* Funktionen und Folgen formaler Organisation. Berlin 1964 (Duncker & Humblot).

Zur organisationalen Effizienz wäre nachzutragen:
>   *J.L. Price:* Organizational Effectiveness. An Inventory of Propositions. Homewood, Ill. 1968 (Irwin),

der zu zahlreichen Hypothesen gelangt.

Nicht versäumt werden sollte, in dem vorn bereits genannten Buch von *Barnard* die Effizienz- bzw. Effektivitätsdiskussion nachzulesen.

Mehr zusammenfassendere Referate bieten:
>   *Th.A. Mahoney/W. Weitzel:* Managerial Models of Organizational Effectiveness. In: Administrative Science Quarterly 3, 1969, S. 357 ff.

sowie
>   *R.M. Steers:* Problems in the Measurement of Organizational Effectiveness. In: Administrative Science Qiarterly 4, 1975, S. 546 ff.

Einen Versuch zur Integration von meso- und mikrosoziologischer Analyse ist in dem ersten Teil des folgendes Buches zu finden:
>   *K. Türk:* Grundlagen einer Pathologie der Organisation. Stuttgart 1976 (Enke).

Kritische Beiträge bieten:
>   *Ch. Argyris:* The Applicability of Organizational Sociology. Cambridge, Mass. 1972 (Cambridge University Press),

der sich insbesondere mit *Blau, Thompson, Perrow* und *Goldthorpe/Lockwood* auseinandersetzt.
>   *W. Burisch:* Organisation als Ideologie. Stuttgart 1972 (Kohlhammer),
>   *Sh. Krupp:* Pattern in Organization Analysis. A Critical Examination. New York 1961 (Holt, Rinehart, and Winston),
>   *J. Child:* Organization Structure, Environment, and Performance: The Role of Strategic Choice. In: Sociology 6, 1972, S. 1 ff.

sowie
>   *G. Ortmann:* Unternehmungsziele als Ideologie. Zur Kritik betriebswirtschaftlicher und organisationstheoretischer Entwürfe einer Theorie der Unternehmungsziele. Köln 1976 (Kiepenheuer & Witsch),

eine Analyse, die allerdings leider den Nachweis der Ideologiehaftigkeit nur in äußerst spärlichen Fragmenten anbietet und ihren Wert mehr in der immanenten Kritik vorliegender Konzeptionen hat.

Kritische Arbeiten, die sich mit dem Herrschaftsproblem auseinandersetzen sind:

> *U. Schumm-Garling:* Herrschaft in der industriellen Arbeitsorganisation. Frankfurt/M. 1972 (Suhrkamp),
> *W. Schluchter:* Aspekte bürokratischer Herrschaft. Studien zur Interpretation der fortschreitenden Industriegesellschaft. München 1972 (List)

und

> *F. Naschold:* Organisation und Demokratie. Untersuchung zum Demokratisierungspotential in komplexen Organisationen. Stuttgart usw. 1972, 3. Auflage (Kohlhammer).

3. Mikrosoziologie der Organisation

Neben den in den Anmerkungen aufgeführten Titeln sollte der Leser folgende Werke zur Hand nehmen:

> *F. Neumark (Hrsg.):* Darmstädter Gespräch: Individuum und Organisation. Darmstadt 1954 (Neue Darmstädter Verlagsanstalt).

Dieser Band enthält Vorträge und Diskussionsbeiträge u.a. von *Adorno, Friedmann, Horkheimer, Hyppolite, Jahnn, Jungk, König, Mitscherlich, Ortega y Gasset* und *Popitz* aus philosophischer, psychologischer, soziologischer und ökonomischer Sicht zu Problemen aus der Konfrontation von Individuum und Organisation.

Eine interessante Zusammenstellung enthält auch der Sammelband

> *D.R. Domm et al. (Hrsg.):* The Individual and the Organization. New York 1973 (Harper & Row).

Weiterhin bietet die Organisationspsychologie wichtige Einsichten, wozu wir auf die bereits genannten Arbeiten von *Schein, v. Rosenstiel et al.* und insbesondere auf das Handbuch von *Dunnette* verweisen.

Der Reader von

> *R. Dubin (Hrsg.):* Human Relations in Administration. Englewood Cliffs, N.J., 2. Aufl. 1961 (1951) (Prentice-Hall)

umfaßt in einer immer noch aktuellen Sammlung Arbeiten zu allen mikrosoziologisch bedeutsamen Fragestellungen.

Zum Problembereich der sozialen bzw. „informellen" Gruppen in Organisationen sei der Leser auch verwiesen auf

> *P.B. Smith:* Groups within Organizations. London usw. 1973 (Harper & Row), das inzwischen auch in deutscher Sprache erschienen ist: „Kleingruppen in Organisationen". Stuttgart 1976 (Klett).

Man sollte aber auch nicht versäumen, einmal in die klassische betriebssoziologische Hawthorne-Studie hineinzusehen:

> *F.J. Roethlisberger/W.J. Dickson:* Management and the Worker. Cambridge, Mass. 1939 (Harward University Press).

Einen Ansatz, der die Entstehung „informeller" Gruppen aus Autonomiebestrebungen erklärt, bietet
> *F.E. Katz:* Explaining Informal Work Groups in Complex Organizations: The Case for Autonomy in Structure. In: Administrative Science Quarterly 10, 1965, S. 204 ff.

Dort findet der Leser auch weitere interessante Literaturhinweise.

Zum Problembereich der Führung, der Macht und des Einflusses gibt der Aufsatz von
> *D. Cartwright:* Influence, Leadership, Control. In: *J.G. March (Hrsg.):* Handbook of Organizations. Chicago 1965 (Rand McNally), S. 1 ff.

einen umfassenden Überblick.

Auch der Reader von
> *G.Büschges (Hrsg.):* Organisation und Herrschaft. Reinbek b. Hamburg 1976 (Rowohlt)

befaßt sich mit diesen Fragen. Er enthält Beiträge von *Marx, Engels, Weber, Michels, Dahrendorf, Barnard, Simon, Irle, Luhmann, Hegner, Touraine, Schluchter* und *Gabriel.*

Macht- und Konfliktthematik verbindet der Sammelband
> *R.L. Kahn/E. Boulding (Hrsg.):* Power and Conflict in Organizations. New York 1964 (Wiley).

Einer der wesentlichsten Forschungsberichte zu organisationalen Dysfunktionen ist:
> *R.L. Kahn et al.:* Organizational Stress: Studies in Role Conflict and Ambiguity. New York/London/Sydney 1964 (Wiley).

Eine kritische Beurteilung des möglichen Machtausgleichs durch Partizipation ist zu finden bei:
> *M. Mulder:* Power Equalization through Partizipation? In: Administrative Science Quarterly 16 (1971) S. 31 ff.

Überblicke über Konzeptionen der Organisationsentwicklung geben:
> *B. Sievers:* Theorien und Methoden der Organisationsentwicklung in den USA. In: Gruppendynamik 1, 1975, S. 29 ff.,
> *K. Aregger:* Innovation in sozialen Systemen. 2 Bde., Bern und Stuttgart 1976 (Haupt),
> *D. Gebert:* Organisationsentwicklung. Stuttgart 1974 (Kohlhammer)

und
> *P.A. Clark:* Action Research and Organizational Change. London usw. 1972 (Harper and Row),

um einmal eine kleine Auswahl vorzustellen.

Zu den klassischen Arbeiten in diesem Bereich gehört:
> *R. Chin/K.D. Benne:* Strategien zur Veränderung sozialer Systeme. Wiederabgedruckt in: *K. Türk (Hrsg.):* Organisationstheorie. Hamburg 1975, S. 125 ff.,

genauso wie die Veröffentlichungen des Tavistock Institutes London z.B.
>   *P.G. Herbst:* Sozio-Technical Design: Strategies in Multidisciplinary
>   Research. London 1974 (Tavistock).

Weiterhin sei noch einmal auf das Werk von *Ch. Argyris:* „Intervention
Theory and Method" hingewiesen.

II.   Differentielle Organisationssoziologie

An informativen Arbeiten zur Differentiellen Organisationssoziologie sind
in Ergänzung der Anmerkungen noch hinzuzufügen:
>   *R.H. Hall:* Organizations, Structure and Process. Engelwood Cliffs,
>   N.J., 1972 (Prentice-Hall), S. 39 ff,

der eine Reihe von verschiedenen Typologisierungsversuchen diskutiert;
>   *R.H. Hall/J.E. Haas/N.J. Johnson:* An Examination of the Blau-Scott
>   and Etzioni Typologies. In: Administrative Science Quarterly 12
>   (1967) S. 118 ff.,

die die Typologisierungen von *Blau/Scott* und *Etzioni* einer empirischen
Überprüfung unterziehen.

Einige Differenzierungsvorschläge enthält auch:
>   *S.B. Sells:* Toward a Taxonomy of Organizations. In: *W.W. Cooper/
>   H.J. Leavitt/M.W. Shelly II (Hrsg.):* New Perspectives in Organiza-
>   tion Research. New York/London/Sydney 1964 (Wiley), S. 515 ff.

Recht umfassend und interessant ist
>   *T. Burns:* The Comparative Study of Organziations. In: *V.H. Vroom
>   (Hrsg.):* Methods of Organizational Research. Pittsburgh 1971
>   (University of Pittsburgh Press), S. 113 ff.

III.   Spezielle Organisationssoziologien

Literaturangaben zu Speziellen Organisationssoziologien würden unseren
Rahmen sprengen. Der Leser sei auf die Spezialliteratur verwiesen, die er
unter den entsprechenden Stichworten wie „Betrieb", „Bürokratie", „Verwaltung", „Parteien" usw. findet.

III. Sachregister

Enke

Soziologie-autobiographisch	Von T. PARSONS / E. SHILS / P. F. LAZARSFELD 1975. X, 232 S., ⟨flexibles Taschenbuch⟩ DM 9,80 ISBN 3 432 87991 1
Die gesellschaft-lichen Leiden und das Leiden an der Gesellschaft	Von H. P. DREITZEL 1972. XV, 380 S., ⟨flexibles Taschenbuch⟩ DM 10,80 ISBN 3 432 81051 2
Die Krise der Soziologie	Hrsg. von. G. EISERMANN 1976. X, 104 S., kart. DM 28,— ISBN 3 432 88461 3 (Bonner Beiträge zur Soziologie, Nr. 16)
Zwischenbilanz der Soziologie	Hrsg. von. M. R. LEPSIUS 1976. 455 S., kart. DM 49,80 ISBN 3 432 88471 0

 **Ferdinand Enke Verlag Stuttgart**

Enke

Forschung im Konflikt mit Recht und Ethik

Zur Problematik von Zeugnisverweigerungsrecht, strafrechtlicher Immunität und freiem Datenzugang des Forschers

Herausgegeben von A. ESER und K. F. SCHUMANN

1976. VIII, 496 S., 14 Abb., ⟨flexibles Taschenbuch⟩
DM 24,80   ISBN 3 432 88191 6

Inhaltsübersicht:

Konfliktfelder-Fallmaterial
Rechtliche Grundfragen und rechtspolitische Lösungsansätze
Zeugnisverweigerungsrecht und Immunität für Forscher
Zugangsprobleme in der Forschung
Vertrauensschutz und Forschungsethik
Ausblick

Forscher der verschiedensten Fachrichtungen — Biologen, Historiker, Kriminologen, Psychologen, Juristen, Soziologen — aus den USA und der Bundesrepublik diskutieren über die Frage, wie die Forschungsfreiheit gegenüber kollidierenden Interessen durchgehalten werden kann und welche rechtlichen Zusatzgarantien erforderlich sind. Außerdem enthält der Band eine umfassende Sammlung von Fällen, in denen die Beschränkung des Zugangs zu Datenmaterial, sowie das Fehlen strafrechtlicher Immunität und eines Zeugnisverweigerungsrechts für Forscher, in ihren realen Konsequenzen dokumentiert werden.

 Ferdinand Enke Verlag Stuttgart